JN116989

田原春次と堺利彦農民労働学校

小正路淑泰

堺利彦農民労働学校
田原春次と

◉社会民主主義派の水平運動と農民運動

花乱社

まえがき

田原春次（一九〇〇・七・二八〜七三・七・一四）は、福岡県行橋市出身の水平運動・農民運動指導者である。一九三〇年代に三〇歳代で全国水平社九州連合会（全水九連）組織宣伝部委員、全国農民組合総本部派福岡県連合会（全農福連、一三支部・六六四名、一九三三年現在）執行委員長となり、先行する左派の全国農民組合全国会議派福佐連合会（全農福佐、四八支部・一七五〇名）や、右派の日本農民組合九州同盟会（日農九同、一一一支部・五二八四名）と競合・対抗しながら豊前地方の被差別部落小作農民を組織し、差別と貧困からの解放に全力を傾注した。

全国農民組合総本部派福岡県連合会執行委員長時代の田原春次。1933年。『田原春次自伝』（田中秀明）より転載。

早稲田大学建設者同盟以来の盟友浅沼稲次郎ら日本労農党―日本大衆党系の社会民主主義派（『社会新聞』派）の系譜に連なり、社会大衆党（社大党）が大躍進した一九三七年総選挙において、同党公認候補として福岡第四区（現在の第一〇区と第一一区）で初当選を果たした。社大党―社会党（右派）所属の衆議院議員を七期務め、部落差別撤廃の法整備や人権行政の確立に尽力する。

田原春次が、戦後改革期の一九四六年七月一六日、第九〇回衆議院帝国憲法改正案委員会において、改正案第一三条（現憲法第一四条　法の下の平等）をめぐり、高松地裁結婚差別裁判事件を例示しながら国務大臣金森徳次郎、司法大臣木村篤太郎、文部大臣田中耕太郎と鋭い論戦を交え、高松事件に対する司法大臣の公式な陳謝と憲法第一四条を根拠とする部落差別解消のための

早稲田大学建設者同盟同人の記念写真。1922年頃。後列左から浅沼稲次郎，一人おいて大山郁夫，田原春次。前列右が中村高一。田原はこの年３月に早大を卒業し，大山は４月に早大教授に復帰した。中村高一『三多摩社会運動史』（都政研究会）より転載。

積極的な施策の推進という答弁を引き出したことは、周知のとおりである。

二〇二二年に創立一〇〇年を迎えた全国水平社（全水）との関連で付け加えておくと、田原春次は苦学生だった早大専門部法律科在学中の一九二〇年九月、浅沼稲次郎、中村高一、実弟の吉川兼光らと豊多摩郡戸塚町下戸塚に学生合宿冷人《レーニン》社（冷忍社）を創設し、翌年に早大商学部経済学講師佐野学を講師とする社会主義研究会を主宰した。田原はそこで佐野に部落差別の現実・実態や差別に対する激しい怒り、あるいは部落青年としての煩悶を伝え、佐野の著名な論文「特殊部落民解放論」（『解放』第三巻第七号、一九二一年七月）の執筆に協力する。『田原春次自伝』（田中秀明、一九七三年）の「実は、この解放論は私が代筆したものである」は極端な飛躍だが、全水創立を促す一つの契機の隠れた貢献者であったことは間違いない。

佐野学「特殊部落の婦人達に」（『闘争によりて解放へ――新興社会群と新社会秩序』早稲田泰文社、一九二三年、一六一ページ、初出誌への加筆部分）は、全水創立前後の被差別部落当事者との出会いを次のように記している。

私の育った郷国には部落というものが少なく、幼時よりこの現実なる悲劇を見聞することが少なかったが、数年来、部落の人々と交りを深くするにつれ、幾多の非道な有様を見せつけられ、或は心より憤りを覚え、或は涙を落とすことが少なくない。

全水創立メンバーである奈良の阪本清一郎、西光万吉、駒井喜作が上京して佐野学と堺利彦を訪ね、水平社創立の相談をしたのは一九二一年一二月であり、佐野学がそれ以前に「数年来、部落の人々と交りを深くしていたのが田原春次であった。

田原春次については、近年、次のような研究が光を当てている。関口寛「アメリカに渡った被差別部落民――太平洋を巡る「人種化」と「つながり」の歴史経験」（田辺明生・竹沢泰子・成田龍一編『環太平洋地域の移動と人種――統治から管理へ、遭遇から連帯へ』京都大学学術出版会、二〇二〇年）。山下隆章「高松結婚差別裁判糺弾闘争を研究するための第一級史料――『高松地方裁判所検事局差別事件／闘争日誌』の紹介にあたって」（『水平社博物館紀要』第二二号、二〇二〇年三月）。同「高松結婚差別裁判糺弾闘争と香川」（四国部落史研究協議会編『四国の水平運動』解放出版社、二〇二二年）。立本紘之「社会民衆党・社会大衆党の無産者芸術・文化へのまなざし」（『大原社会問題研究所雑誌』第七四〇号、二〇二〇年六月）。平原守「農民運動・水平運動指導者田原春次に関する新史料について」（『リベラシオン』第一八一号、二〇二一年三月）。朝治武『全国水平社1922－1942――差別と解放の苦悩』（筑摩書房、二〇二二年）。大串夏身「東京の水平社運動史――「東京水平社」研究の新たな視点」（部落解放同盟東京都連合会編『東京の部落解放運動100年の歩み』解放出版社、二〇二二年）。

ここでは、関口寛の田原春次再評価を引用したい。

反差別の社会運動と移民支援を結びつける田原の活動の原点には、立場を同じくする人々への共感や被差別体験で結ばれた彼らとの連帯があったことは想像に難くない。残念ながら戦後、国民国家の枠組に規定された部落解放運動や社会主義の理論が主潮流となり、田原の活動は脚光を浴びることもなかった。だが、太平洋を越えて移動した人びとのトランスナショナルな歴史経験という観点から眺めるとき、社会運動家、政治家としての彼の相貌は、ひときわ異彩を放つ。

田原春次は、水平運動・農民運動の指導者のなかで、アメリカ留学や豊富な海外視察経験を持つ希有の存在であった。戦前・戦後一貫して海外への留学や移民を推奨し、孤立し不安定な状況に置かれた在外日本人や移民二世、三世に対する支援の拡充を政治家としてのライフワークとした。

二年前に刊行した拙著『堺利彦と葉山嘉樹――無産政党の社会運動と文化運動』（論創社、二〇二一年）の第Ⅳ部には、田原春次に関する論考を収録した。参考までにその表題を掲げておく。

第一章　水平運動・農民運動の指導者・田原春次
第二章　承認と逸脱をめぐる政治――全国水平社未組織農村における農民運動と水平運動
第三章　第五期堺利彦農民労働学校の講義内容――社会大衆党の農村対策
第四章　堺利彦農民労働学校の再編――九州植民学校構想から九州農民学校開設へ
補論四　仏教系融和運動家・豊津中学校第五代校長・二十二鉄鎧《じそじてつがい》

拙著に関しては、荒木優太（『週刊読書人』二〇二一年八月一三日）、森元斎（『西日本新聞』同年八月二八日）、杉山武子（『農民文学』第三二八号、同年九月）、黒川みどり（『リベラシオン』第一八四号、同年一二月）、山内公二（『大逆事件の真実をあきらかにする会ニュース』第六一号、二〇二二年一月）、井竿富雄（『初期社会主義研究』第三〇号、同年三月）、大和田茂（『社会文学』第五五号、同年三月）、新谷恭明（三人の会編・刊『小正路淑泰著「堺利彦と葉山嘉樹」出版記念講演会報告集――堺利彦と気骨の系譜』同年三月）、石河康国（『科学的社会主義』第二九四号、同年一〇月）の各書評や、出版記念講演会（二〇二一年七月三日、講師は川本英紀、石川捷治）、初期社会主義研究会（同年七月二五日、評者は大和田茂）、九州政治研究者フォーラム（同年八月二九日、評者は井竿富雄）の合評会などで有益な示唆を得ることができた。

しかしながら、黒川みどりの

田原春次とその弟吉川兼光も、部落民としての誇りを原動力にして部落差別と抗い続けた。一九三〇年代に展開された全国農民組合京築《けいちく》委員会と水平社の運動もまた、堺利彦農民労働学校が撒いた種から育った運動であったといえよう。本書で描かれる無産運動とマイノリティの関係は、ことさら戦術として連帯を求めるのとは異なり、人的なつながりや広がりをとおして自然に生じたもので、むしろあえて連帯などと四角張った言葉で称することは不要だったのではなかろうか。そしてそのようなマイノリティへの目は、〝敗残者〟ゆえに明治国家を〝裏側〟から見つめたのと同様、やはり無産運動内部にできあがるマジョリティをも相対化し、〝弱者〟に寄り添う姿勢を生んだといえるのではないだろうか。

という書評を除いて、水平運動と無産運動の関係が注視されず、部落問題について議論を深めることができなかった。これはひとえに筆者の力量（論点提示力）不足による。その一方で、全国部落史研究会や公益社団法人福岡県人権研究所の関係者からは、田原春次の評伝の執筆や田原に焦点化した論集の刊行を勧められた。

幸いなことに筆者はその後、公益社団法人福岡県人権研究所に寄託されている松本治一郎旧蔵資料（仮）の田原春次の松本治一郎宛書簡やそれらに同封されていた新資料を閲覧する機会を与えられた。拙稿「田原春次──福岡豊前地方の水平運動・農民運動指導者」（福岡県人権研究所松本治一郎・井元麟之研究会編『解放の父 松本治一郎への手紙──全国水平社を支えた人々との交流』解放出版社、二〇二三年）は、その研究成果であり、本書第三章と第四章の原型である。

本書の第一章、第二章、第五章は、前著『堺利彦と葉山嘉樹』に収録することができなかった田原春次に関する旧稿を加筆修正したものである。第六章は、前著第Ⅳ部第四章の若干の修正であることを予めお断りしておきたい。あえて本書に再録した理由は、一つは、前著で示した事実関係を一部訂正する必要があったからであり、もう一つは、田原春次という水平運動・農民運動指導者の軌跡を描くうえで戦時下の動向の検討は不可

堺利彦記念碑除幕式。福岡県京都郡豊津町（現みやこ町）豊津52番地の１の堺利彦農民労働学校跡地付近。1960年12月17日。碑に向かって左側の３列右が田原春次，２列目右から堺利彦の長女近藤真柄，豊津町長石本秀雄，行橋市長末松実蔵。碑に向かって右側２列目の左から荒畑寒村，向坂逸郎，鈴木茂三郎，高津正道。白石健次郎旧蔵資料。

欠だからである。

本書は、前著に引き続き、田原春次の地盤である福岡県京都《みやこ》郡地方を対象とする。

京都郡の地域的特徴は、第一に、福岡県立豊津中学校（現育徳館中学校・高等学校）の存在である。同校草創期の一八八六（明治一九）年に卒業した〝社会主義の父〟堺利彦が、晩年の帰郷記「土蜘蛛旅行」（『中央公論』一九三〇年一二月）で「豊津中学が、その後に於いて如何に多く、続々として、無産運動者、危険人物、社会主義者、共産主義者等を産出した事よ」と感慨深く述懐しているように、豊津藩（旧小倉藩）の藩校育徳館を源流とする豊津中は、明治維新の〝負け組〟の反骨のエネルギーをバネにし、〝もう一つの近代日本〟を模索した一群の思想家・作家・社会運動家などを続々と輩出した。田原春次も豊津中の反骨の系譜に連なる一人であり、その自己形成は、長女田原ルイザからの聞き取りと所蔵資料を紹介しながら第一章で論じる。

第二は、一九二六年五月に創立された独立系水平社・自治正義団である。自治正義団は、初発の段階か

堺利彦生誕100年記念碑前集会。1970年11月23日。
上：前列左から近藤真柄（堺利彦長女），次女の近藤千浪（市川房枝秘書），田原春次。渡辺英生旧蔵資料。
下：この碑前集会が，田原春次（右）最後の堺利彦顕彰事業参加となった。古賀勇一氏（後列右）提供。

ら水平運動と融和運動の双方と連携するという独自の部落差別撤廃運動を展開した。県庁所在地から遠く離れた「周縁」に位置する京都郡の社会運動は、「中心」や「中央」に収斂されない独自性や自立性を発揮する傾向にあった。自治正義団初代理事長の吉川兼光は、田原春次の実弟である。自治正義団の研究史は、第五章で整理する。

第三は、一九三一年二月に開校した堺利彦農民労働学校である。同校からは、自治正義団無産運動進出派大衆党系（全農総本部派京築委員会）や水平運動の新たな担い手（全国水平社福岡県連合会京築支部準備委員会）が誕生し、戦後の部落解放運動、農民運動、労働運動や地域の政治、教育、文化にも多くの影響を与えた。被差別部落における識字運動が、全国に先駆けて京都郡で胎動した土壌は、堺利彦農民労働学校によって耕された。識字運動胎動の真相は、第五章で簡単に触れる。

第四は、一九五六年に結成された堺利彦顕彰会という労働者文化運動である。戦前期と同様に戦後も諸党派に分立していた堺利彦農民労働学校関係者は、五五年体制成立期、党派的な対立を乗り越えて堺利彦顕彰会に再結集した。堺利彦農民労働学校に参画して自己を形成した人々にとって、同校は心の拠り所だった。堺利彦顕彰会（一九九五年に堺利彦・

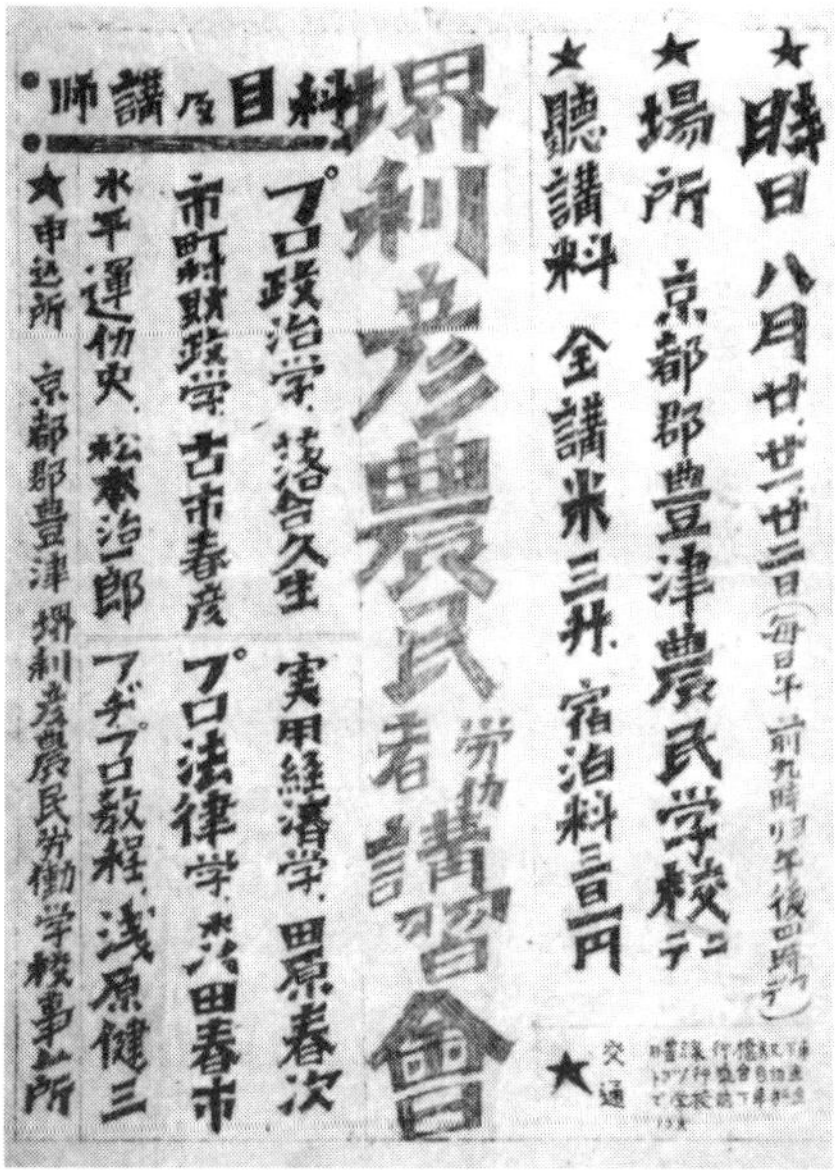

第四期堺利彦農民労働学校のチラシ。1933年８月22日，松本治一郎を招聘し，高松結婚差別裁判事件真相報告演説会として福岡県京都郡行橋町（現行橋市）で開催。法政大学大原社会問題研究所所蔵。

葉山嘉樹・鶴田知也の三人の偉業を顕彰する会と改称）の原動力となったのは、幸徳秋水や大杉栄に比べ堺利彦の知名度が低く、正当な評価が確立されていない、そしてそれは、戦旗派の小林多喜二と文芸戦線派の葉山嘉樹、鶴田知也、筑前の松本治一郎と豊前の田原春次の関係においても同様という忸怩たる思いであった。第七章の書評とエッセイは、近年の顕彰運動の成果である。

二〇二三年は、堺利彦没後九〇年、田原春次没後五〇年、平民社創立一二〇年、全九州水平社創立一〇〇年、二〇二四年は、公益社団法人福岡県人権研究所の前身、福岡部落史研究会創立から五〇年という大きな節目の年にあたる。本書はそれを記念し、田原春次と無名の被差別部落民衆が担った社会民主主義派の水平運動と農民運動の地域的展開を検討する。堺利彦農民労働学校を水平運動史に位置付けることが、本書に一貫するテーマである。

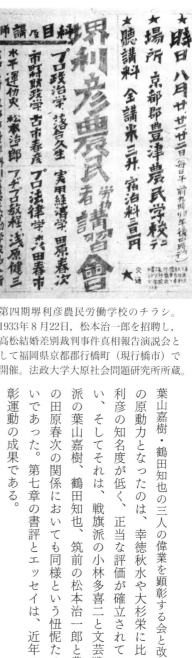

田原春次と堺利彦農民労働学校❖目次

第一章

被差別部落青年田原春次の自己形成

田原ルイザ聞き取りと所蔵写真

●●●●●●●●●●●

本章は、公益社団法人福岡県人権研究所定例研究会（二〇一〇年四月三日、福岡市）の報告原稿を加筆修正した。田原ルイザ氏には、長時間にわたる聞き取りに快く応じていただき、辰島秀洋氏と法政大学大原社会問題研究所、福岡県立育徳館高等学校錦陵同窓会、福岡県立図書館ふくおか資料室に貴重な資料を提供いただいた。

一　田原ルイザ聞き取り

田原春次の長女田原ルイザ氏（以下、敬称略）は、晩年を福岡県行橋市で過ごした。ルイザへの長時間にわたる聞き取りを行ったのは、二〇〇九年八月九日、二〇一〇年一月一七日、一〇月二三日である。本章では、ルイザからの聞き取りと所蔵写真、そして、この間に筆者が入手した新資料から、被差別部落青年田原春次の自己形成について論じてみたい。

田原ルイザは、一九三一年一月四日、東京市浅草区亀岡町二丁目四八番地で生まれた。翌年の年末、ルイザが満二歳の誕生日を迎える直前、父春次は、全国農民組合総本部派福岡県連合会の結成や中間派無産政党である全国労農大衆党の地方組織拡充と右派の社会民衆党との合同（社会大衆党への再編）という使命を帯びて福岡へ帰郷することになり、これによりルイザは小倉、門司で幼少女期を送る。

ルイザは戦時下に母春子（戸籍名ハル）の実家八王子市市台町一丁目三三六番地に疎開し、そこからプロテスタントのミッションスクール女子学院（現女子学院中学校・高等学校）に通い、明治学院大学文経学部を卒業する。一九五六年より七年間をブラジル、一九六三年より一〇年間をアメリカで過ごした。ルイザ滞伯中の一九五九年、父春次は、『アマゾン――移住と開発』（日本海外協会連合会、次ページの写真）を刊行しており、ルイザの渡伯・渡米は、戦前からの積極的移民推進論者であった父の勧めによるものと思いきや、真相は意外だった。

田原春次『アマゾン——移住と開発』（日本海外協会連合会）カバー。小正路蔵。

父には内緒で、母に三万円を借りて貨物船でアメリカに行きました。ロサンゼルス郊外にいた叔母（春次の末姉）を頼って。叔母の夫は庭師として成功していました。そこで、従兄弟たちが一〇ドル、二〇ドルをかき集めてくれて、ブラジルに南下することができました。父は、心配して領事館に捜索願を出したそうです。その後、『サンパウロ新聞』に勤務していた次弟が難病を患い、その治療のため帰国することになり、それで、私も一緒に帰国しました。一九七三年四二歳の時でした。アメリカに行ったのは、いわば、父への反発からです。父は福岡から東京の大学に進学した被差別部落出身の苦学生のために家を借りて住まわせるなど、人の世話ばかり焼いて私たち子どもには何も残しませんでした。

ルイザは帰国後、英会話学校の講師や翻訳で生計を維持した。

父の田原春次は、一九〇〇年七月二八日、農業土木請負業の父田原寅二郎と母イエの長男として行橋の被差別部落で生まれた。行橋尋常小学校の同級生で初代行橋市長末松実蔵の評伝、北原護敏『末松実譚記』（美夜古《みやこ》文化懇話会、一九五八年）によれば、当時の行橋尋常小学校は男子、女子、男女混合の三学級編成で、全校児童約八〇〇名が在籍し、「田原春次は男子組で秀才だった」という。春次の社会的な立場の自覚と部落解放への目覚めは極めて早く、行橋尋常小学校卒業前後に大和同志会機関誌『明治之光』半年分の誌代三三銭を納入している（『明治之光』第五号「領収欄」、一九一三年三月）。大正期部落改善団体（鎮西）公明会に所属する中津浄福寺行橋布教所（のちの万福寺）の福高（大友）教雄らの働きかけと思われる(1)。

一九一三年四月、春次は憧れの福岡県立豊津中学校（現育徳館中学校・高等学校）に入学した。文芸戦線派プロレタリア作家葉山嘉樹（第七章第六節）、内務官僚・内務次官坂千秋らが、この年三月の卒業であり、春次の同級生には、鉄道省技師・土佐電鉄社長稲葉権兵衛《ごんのひょうえ》（鉄道省大臣官房研究所時代に筑後川昇開橋などを設計）、ロシアマルクス主義文献の翻訳家川内唯彦（コミンテルン第四回大会参加者、第六章）、京都大学教養部教授宮西光雄（英文学、ジョン・ミルトン研究の権威）らがいた。

　ところが、この年の秋、父寅二郎が急逝したため、春次は第一学年修了で中途退学し、翌年九月、小倉市京町五番地、小倉新報社長吉田慶三郎の書生となり、門司の豊国中学校（現豊国学園高等学校）第二学年に転入する。この時の保証人が、吉田慶三郎と企救郡企救町の永万寺第六代住職光應《みつおう》智覚《ちがく》である（豊国学園高等学校所蔵資料）。春次はその後、アルバイトで学費や生活費を稼ぎながら長崎市東山手町九番地の私立中学東山学院第三学年、福岡県立小倉中学校（現小倉高等学校）第四学年、再び東山学院第五学年に転入し、一九一九年三月、同校を卒業した。

　筆者はかつて、「このたび重なる転学は、「田原春次は雄牛であり、闘牛《ブル》」、「いたるところ闘牛ぶりを発揮」（中村亀蔵『羽搏くものへ』羽搏くものへ刊行会、一九六一年、一五七ページ）したからだといわれている。田原が「闘牛ぶりを発揮」せざるをえなかった真相は、同世代の部落青年の多くが上級学校進学時に直面したような、教師・生徒からの直接的攻撃、集団からの排除・忌避など部落差別に起因するものではなかっただろうか」と指摘した。(2) この点についてルイザに尋ねたところ、

> 　父が旧制中学を転々としたことは知っていました。そこには何かがあったと思います。しかし、父は私には部落問題や自らの被差別体験についてあまり語りませんでした。

近年、平原守「農民運動・水平運動指導者田原春次に関する新史料について」（『リベラシオン』第一八一号、

二〇二一年三月）が、『福岡日日新聞』一九一七年一二月一二日、一三日の報道を紹介しながら春次の小倉中転学の真相を明らかにした。この年の一二月四日、春次は小倉中四年生の同級生三十数名から集団で暴行されるという痛ましい事件が発生しており、これにより東山学院第五学年への転学を余儀なくされたのであった。この集団暴力事件と部落差別との関連は不明だが、小倉中校長井上庄次（豊津中明治二九年卒）は、被害生徒の春次には、何の非もないことを強調している。

父と母は、英国皇太子歓迎学生大会というイベントで知り合いました。父は早大、母は歯科医専の学生としてそのイベントに参加していました。結婚に際しては、八王子の旧家だった母の実家の反対もあったようです。

写真①　渋沢栄一（前列中央）を囲む英国皇太子殿下歓迎都下各大学専門学校学生連合会（桜蕾会）の代表委員。後列左が田原春次。前列右が向若太郎。左が辰島秀夫。1922年頃。田原ルイザ氏提供。

イギリス王太子（Prince of Wales）時代のエドワード八世（Edward VIII）が訪日したのは、一九二二年の春である。都内五二校の大学・専門学校の学生を中心に英国皇太子殿下歓迎都下各大学専門学校学生連合会（桜蕾《おうしょう》会《かい》）が結成され、代表委員七五名が準備に当たった。『英国皇太子殿下歓迎学生大会紀』（桜蕾会、一九二二年）によれば、四月一八日に日比谷公園で開催された歓迎イベントは、「（一）学生整列、（二）国賓殿下御臨場、（三）歓迎文奉読、（四）歓迎文署名簿捧呈（七万人署名）、（五）国賓殿下御挨拶、（六）万歳三唱、（七）歓迎演武（剣道、柔道）」という内容であった。（三）の歓迎文は、東京外国語学校在学中の磯村英一が朗読した。(3)

春次は、代表委員七五名の中心的な働き手として、学生連合会結成や関係各省庁との折衝などに奔走し、その顛末を戯曲化した「生れるまで」（全六幕）を『英国皇太子殿下歓迎学生大会紀』に寄せている。同書所収の磯村英一「散会式記事」には、五月三日麴町区富士見軒で開催された散会式の「最後に学生側の代表として、早大の田原君が実に簡にして然かも急処を衝いた挨拶」を行ったとある。

田原ルイザ提供の写真①は、学生連合会の顧問渋沢栄一を囲む代表委員の集合写真である。春次の襟元には、イギリス国花であるバラの花をアレンジした学生連合会（桜薔会）の会員章が付けられている。前列右の向若太郎（別名向断陳）は、前年二月、帝国公道会主催の第二回同情融和大会に黎民創生会を名乗って参加し、一騒動を巻き起こした早大生の一人である。学生連合会結成時、春子は歯科医師を目指す東洋女子歯科医学専門学校（現東洋学園大学）の学生であった。二人は、このイベントを通じて知り合い、部落差別を乗り越え、数年越しの愛情で結ばれたのである。だが、春子は、春次のある決意により波乱の人生を送ることになる。

写真②　前方左が東京朝日新聞社時代の田原春次。1928 年頃。田原ルイザ氏提供。

写真②は、父が東京朝日新聞社にいた頃、外国船の一等船室で撮ったものです。父が朝日を辞め、社会運動に専念することを母は猛烈に反対したそうです。母は後々まで「浅沼稲次郎さんの口車に乗せられて」と悔やんでいました。だって、当時の新聞記者は給料がよかったでしょう。生活の糧を失うわけですから。浅沼さんが右翼少年から刺殺された時（一九六〇年一〇月一二日）、父は大変な落ち込みようでした。あれからもう五〇年になりますね。三宅正一さん、中村高一さん、みんな早大時代からの仲間で、父たちの仲間意識というか、同志としての結びつきは、それはもう強いものがありました。それに、父と同じ農民運動出身の野溝勝さん。野溝さんは、社会党の左派、父は右派と政治的には意見を異にすることもありましたが、父が最も信頼していた政治家の一人です。

田原春次は、早稲田大学時代に雄弁会で浅沼稲次郎らと親近し、そのつながりから建設者同盟の同人となった。早大卒業後の一九二二年一二月、近衛歩兵第四連隊に一年志願兵として入隊し、翌年九月の関東大震災に遭遇する。この時、近衛歩兵第三連隊の建設者同盟襲撃の情報を入手した春次が、決死の覚悟で浅沼らに避難を促しに行ったことを浅沼の追悼文「四十四年のつきあい」(浅沼追悼出版編集委員会編『驀進——人間機関車ヌマさんの記録』日本社会党、一九六三年)で明らかにし、建設者同盟史刊行委員会編『早稲田大学建設者同盟の歴史——大正期のヴ・ナロード運動』(日本社会党本部機関誌局、一九七九年)でも詳述されている。

父が書いた英文の文書を見ると、硬いけどしっかり書いている。英語をしっかり勉強していた、ということが分かります。衆議院議員時代の父は、絣の着物を着て深夜まで勉強していたことを思い出します。

このように語る田原ルイザからは、父春次に対する敬愛が強く伝わってきた。

二　早稲田大学時代の田原春次

(1)早稲田大学時代に参加した機関・団体・運動

田原ルイザが、大切に保管していた春次の写真の大部分は、早稲田大学時代のものであった。そのうちのいくつかをここに紹介する。

田原春次が、早稲田大学専門部法律科へ入学したのは、一九一九年四月である。専門部とは、専門学校令に基づいて設置された旧制大学に付属する教育組織であり、旧制大学が、旧制高等学校や大学予科を経ないと入学できなかったのに対して、専門部は、旧制中学校を卒業していれば入学可能だった。専門部は、学位こそ与えられなかったものの、組織形態、教育内容などから、社会的には旧制大学卒業相当として扱われた。春次在学中の早大専門部には、政治経済、法律、商、高等師範の四科があった。

写真③は当時、秋季休業中の一〇月二三日に開催されていた陸上運動会での春次ら専門部法律科生たちの集合写真である。運動会当日の午後には仮装行列が行われ、ルイザは「父は総理大臣に扮したらしい」と春次の自慢話の記憶をたぐり寄せて説明してくれたが、写真③で春次の姿は特定できなかった。

写真③　早稲田大学陸上運動会で専門部法律科集合写真。1920年か1921年の10月23日。田原ルイザ氏提供。

春次の早大時代を知るうえで有益なのは、実弟吉川兼光が早大志望者のために書いた大学生活案内『西北の黎明——早稲田生活』（文泉社、一九二五年）である。一九二二年四月に早大専門部政治経済科に入学した吉川兼光は、一九一八年から一九二五年にかけて早大に存続していた約六〇のサークルなどの主要メンバーや活動内容を詳細に記録している。表1（次ページ）は春次が早大在学中に所属・参加した学内外の機関・団体・運動の一覧である。

拙稿前掲「部落解放と社会主義——田原春次を中心に」では、早大時代の春次について「苦学生ながらも、柔道部、雄弁会、新聞研究会など体育・文化両方の交友会に所属して青春を謳歌した。そして、猶存社傍系の極右国家主義団体・大化会へ柔道の出稽古に行って北一輝と親近し、また、普選実施要求・デモクラシー研究の沼南会結成の中心的役割を担い、雄弁会での浅沼

表1　田原春次が早稲田大学時代に参加した機関・団体・運動

機関・団体・運動名	備考
柔道部	田原春次入部時の柔道部は〈校内諸運動部の重鎮であって、諸種の催しでの主脳〉となる。田原春次は軍事研究団事件（一九二三年）で建設者同盟と激突した縦横倶楽部の右翼学生結城源心と柔道部で親交。
雄弁会	一九〇二年結成（初代会長安部磯雄）。田原春次入会時の雄弁会は〈社会主義者、帝王中心者、プロレタリヤ、ブルの倅等実に種々雑多〉で〈この四五年前後に光っているもの〉に田原春次、中村高一、浅沼稲次郎、戸叶武、橋本登美三郎など。
建設者同盟	一九一九年一〇月、民人同盟会を脱会した和田巌、稲村隆一、浅沼稲次郎、三宅正一、田所輝明らが創立。多くの農民運動指導者を輩出。田原春次は雄弁会での浅沼稲次郎との関係から同人となる。
青年改造聯盟	一九一九年一一月一〇日、西岡竹次郎らが結成した学外の普選団体。田原春次は同年一一～一二月、西岡らと九州を遊説。
新聞研究会	一九一九年一一月二〇日、創立記念講演会開催。田原春次は発起人の一人。東京朝日新聞の土岐善麿、杉村楚人冠、国民新聞の馬場恒吾、読売新聞の大庭柯公、都新聞の田川大吉郎らを講師に研究会開催。のち新聞学会と改称し、一九二二年一一月五日、『早稲田大学新聞』創刊。
学生下宿待遇改善	一九二〇年一月下旬のデモに田原春次参加。
大化会	一九二〇年三月、清水行之助（一八九五年、築上郡宇島町生まれ）が結成した猶存社傍系の極右国家主義団体。牛込区加賀町二―五の本部に柔道場、剣道場、相撲場、語学場、座禅堂建設。田原春次は大化会で北一輝に親近。一九二三年六月、岩田富美夫が会長となり大杉栄遺骨強奪事件（同年一二月六日）を惹起。
両半球連絡飛行歓迎会	一九二〇年六月六日、日比谷公園で開催。フィウーメ（現クロアチア領リエカ）武装占拠を敢行したダンヌンツィオ（イタリアの詩人・作家・劇作家）配下の軍人四名の歓迎会。田原春次は〈都下拾五万の学生を代表して、熱と誠よりの歓迎文を高らかに読みあげた〉。
冷人社	一九二〇年夏頃創設の学生合宿。社主は〈早稲田のレーニンと称する〉田原春次。〈政治、経済、社会の諸改造運動に従うと共に、人類の内的革命を信じ、更に民族問題の諸問題を解決せん〉として〈中村高一、富田彌平、森川寅松、内山商一、植秀雄、田中虎登、山中長作、馬場園義真、大熊大吉、

	坂上満壽雄、西村吉太郎、出田行雄、田原兼光等〉が参加。〈雄弁会、剣道部、柔道部、相撲部などの口八丁手八丁連であり、大学裏の三間か四間の家に陣を敷き、かのリープクネヒトの「未来は我等のものなり」の標語を玄関に掲げ冷忍社歌を高唱して、労働運動、政治及社会運動に従って万丈の気炎を吐いていた。尼港事件、東宮渡欧阻止事件等に大いに活躍〉。早大商学部講師佐野学などを招聘した社会主義研究会を開催。
尼港事件全国遊説隊	一九二〇年、シベリア出兵のニコライエフスク（尼港）で日本陸軍守備隊・日本人居留民がパルチザンに虐殺（尼港事件）。〈当時戸塚に蟠居せる、冷忍社の田原春次一派〉が大隈重信の肝いりで同年七月一二日より全国遊説を展開し、田原春次は中村高一、浅沼稲次郎と関東・東北・北海道を遊説。ただしこの全国遊説は〈時の内閣を攻撃し、軍閥の総本山山縣元帥辞職せよと叫び、はては国家社会主義を説き、普選を実行せよと論じ、小作人同盟を造れと叫ぶに至っては、肝心の尼港事件は忘れたるかの如くで、看板に偽あり、羊頭をかかげて狗肉を売るの類と化〉した。
カリフォルニア州排日問題対抗運動	一九二〇年一一月一六日、各大学による「日米戦うべきか」討論会開催。田原春次は座長として一二月一八日より近畿・北陸を遊説。
第二回同情融和大会	一九二一年二月一三日、東京築地本願寺で開催。帝国公道会主催。田原春次参加。
黎民創生会	一九二一年三月二三日、演説会兼発会式を開催。〈平野学、石田滄浪、向断陳、法林茲範、音羽啓真、森崎源吉（吾）〉らが創立。部落差別の撤廃を目指すも自然消滅。
沼南会	一九二一年一一月頃、雄弁会の反建設者同盟派が結成。会長は早大教授内ヶ崎作三郎、幹事は田原春次、渡辺潜、坂上満壽雄ほか。〈議会政治制〉の茶話会、講演会、政界批判演説会やパンフレット『久遠』、『青年政治』を発行。会名は顧問島田三郎の号に由来。島田はシーメンス事件で政府を追及した〈悪を嫌い、嘘を嫌う神の如き政治家〉で、島田の科外講座「明治政史」（一九二二年九月～翌年一月）は早大生の人気を博した。
英太子歓迎学生大会	一九二二年四月一八日、日比谷公園で開催。都下大学・専門学校の校長、学生、文部省社会教育課が英国皇太子殿下歓迎都下各大学専門学校学生連合会（委員長阪谷芳郎）を結成。田原春次は学生連合会代表委員として歓迎大会に尽力。

（備考）〈 〉内は吉川兼光『西北の黎明——早稲田生活』（文泉社、一九二五年）から引用。「冷人社」は、引用部では原文の「冷忍社」とした。

写真④　早稲田大学柔道部集合写真。３列目の右から
２番目が田原春次。1920, 21年頃。田原ルイザ氏提供。

稲次郎らとの人的つながりから建設者同盟へ参画したり、「社会主義」研究の冷忍社《ママ》を主宰したりするなど、かなり振幅の大きい思想遍歴をたどっている」と述べたが、この叙述を修正する必要はなかろう。

このような思想的振幅は、春次に限ったことではない。同世代の建設者同盟同人、高津正道、三宅正一は同盟加入以前に「支那協会」、三宅正一、浅沼稲次郎、森崎源吾、稲村隆一（第二章第二節）は同じく「亜細亜学生会」に加入して、粗大な大陸雄飛の夢を抱いていた。[4] 吉川前掲書によれば、「支那協会」は一九〇三年に結成された学内団体「清韓協会」の後継組織で約三〇〇名の会員があり、「支那の政治経済外交産業芸術文化の研究のため、月例会、定期講演会、支那語講習、夏期支那旅行、調査発表、支那名士招待等」を開催した。学外団体の「亜細亜学生会」は、「大正五六年頃の創立」で、「中華民国、台湾、印度、シャム、比律賓《フィリピン》の諸国青年学生と提携」しながら「毎夏亜細亜旅行、パンフレット発行、講演会、園遊会」などを行っていた。

(2) 第二回同情融和大会と黎民創生会

早大時代の田原春次と部落問題を考える上で重要なのは、「まえがき」で触れた学生合宿冷人社での佐野学との出会い、[5] 帝国公道会が主催した第二回同情融和大会（一九二一年二月三日、東京築地本願寺）への参加、その前後に創立された部落解放を主要課題とする学生運動団体黎民創生会である。

　春次が第二回同情融和大会へ参加していたことは、『社会改善公道』第二九号（一九二一年三月）や「第二回同情融和大会記念写真帖抄（大正十年二月）」（秋定嘉和・大串夏身編『近代部落史資料集成』第一〇巻、三一書房、一九八六年）の参加者名簿で確認できる。だが、『田原春次自伝』（田中秀明、一九七三年）は、この件に一切触れておらず、どのような立ち位置で第二回同情融和大会へ参加したのかが、長年の疑問であった。

　田原ルイザ提供の写真⑤は、その疑問に対する一つのヒントを与えてくれた。写真⑤は一九二一年か翌年に新聞研究会（一九一九年創立、一九二二年新聞学会と改称）が主催した早稲田大学新入生歓迎演説会の記念写真である。『早稲田大学新聞』第二〇号（一九二三年一一月二五日）の沼南・島田三郎追悼記事に同一日に同一場所で撮影された写真⑥も掲載されている。[6]

上：写真⑤　早稲田大学新聞研究会が主催した新入生歓迎演説会の記念写真。後列左が田原春次，右から４人目が中村高一。前列左より永井柳太郎，大木遠吉。1920，21年頃。田原ルイザ氏提供。
下：写真⑥　写真⑤と同一日の記念写真。前列中央が島田三郎。２列目左から２番目が田原春次。『田原春次自伝』（田中秀明）より転載。『早稲田大学新聞』第20号（1923年11月25日）にも同じ写真が掲載。

　この写真⑤⑥により、新聞研究会発起人（初代幹事）の田原春次らは、帝国公道会会長大木遠吉、第一四回総選挙で初当選した雄弁会

ＯＢ永井柳太郎（憲政会）、島田三郎の三人に新入生歓迎演説会の弁士を依頼していたことが判明した。つまり、第二回同情融和大会前後において、田原春次と大木遠吉は友好的な関係にあったのである。

また、第二回同情融和大会への福岡からの参加者は二人しかおらず、その一人は行橋の吉永知重（自治正義団書記長吉永栄の父、第三章第一節）である。吉永知重は、明治二〇年代に部落差別の不当性を訴える著書『明治新民感憤録――一名社会乃目覚し』（新大分新聞社榎本彦朔、一八九二年）を猪原知重の名で刊行した先覚者で、春次の父寅二郎とは昵懇の間柄にあり、春次の早大進学を支援した。春次の第二回同情融和大会への参加は、黎民創生会の一員というよりも帝国公道会評議員吉永知重の誘いと思われる。春次にとって帝国公道会は、批判・克服すべき対象ではなく、むしろ部落差別を撤廃する団体という期待を寄せていたのではないだろうか。後述するように、会長の大木遠吉は、春次のアメリカ留学を支援している。

穢多と云う言葉に限りなき愛着をもって、いつまでも、この言葉の下に生きて行く工夫をしなくてはならぬ。少数同胞、後進部落、水平、新平民、みな言葉の手淫じゃないか。先祖代々刻印をおされているこのありがたい、由緒正しい族称を、つけられぬときこそ謝罪広告を出させたいじゃないか。

のちにアメリカ留学中の春次が田原春人の筆名で有馬頼寧（第四章第一節、第五章第一節）主宰の同愛会機関誌『同愛』第一七号（一九二四年一一月）に掲載した「自分に云う言葉」の一節である。このように第二回同情融和大会の部落の呼称変更決議に批判的となるのは、全国水平社創立以降であった。

第二回同情融和大会には春次のほかに早大生の一団も参加していた。黎民創生会を名乗る平野学、森崎源吉、音羽啓真、向若太郎ら政治経済科の学生たちである。彼らは主催者に演説の機会を求めたが拒否されたため、そこで、昼休み、向若太郎（22ページの写真①）が突然演説を始めた。ところが、会場警備を担当していた右翼団体大和民労会の会員より引きずりおろされて口論となり、警察から退去を命じられる。向若太郎は学内の沼南会、学外の大化会の会員で（吉川前掲書）、牛込区加賀町二丁目五番地の大化会本部に起居しており、帝国公道会や大和民労会と思想的に対立していたわけではない（前掲『英国皇太子殿下歓迎学生大会紀』）。有名な平野小剣による「民族自決団」の檄文が撒布されたのは、散会直前である。

黎民創生会の活動といえば、第二回同情融和大会から一カ月後の三月二三日、東京神田美土代町青年会館で演説会兼発会式を開催し、創立委員として音羽啓真、向若太郎、平野学、森崎源吉が選出され、田川大吉郎、清水泰次、大庭柯公、佐々木照山の演説があり、さらに、四月二六日にも同会場で演説会を開催したことが知られている。ロシア通のジャーナリスト大庭柯公の演説は、部落問題を「プロレタリア」の問題に拡張して捉えることを訴え、「吾人現代人ノ痛切ナル要求其モノヲ直視シタノガ今ノ労農露西亜」とロシア革命の理想に部落解放を託すという内容であった（「黎民創生会演説会兼発会式」法政大学大原社会問題研究所所蔵）。黎民創生会は、当初予定していた機関誌発行、地方遊説などが実現されず、自然消滅した。

ただし、これまで黎民創生会に言及する際、ほとんどが菊川忠雄『学生社会運動史』（中央公論社、一九三一年。一九四七年、海口書店より再刊）に依拠しており、吉川前掲書は全く検討されていない。そこで、多少長い引用になってしまうが、同書の黎民創生会の項を引いておきたい。

> 穢多新平民は何故に賤むべき者であるか。人種平等、民族自決が、政治的にも道徳的にも人類学的にも肯定される今日に於いて、広くもない日本の隅々で、理由なき迫害侮辱を何故に加えねばならぬのか。亦何故にそれを甘受せねばならなかったか。
>
> 言語も習慣も人種も同一である人間を、唯、その地理的もしくは職業的分布によって、特別待遇せねばならぬのだ。

無智、低脳、虚栄心強き一部平民共の狭量と、くだらぬ伝統的無自覚とによるに、外ならない。

全国三百万の虐げられし人々は、水平運動に、ボルセビキに、労働運動に、目まぐるしい大活躍を開始した。

如何に秀才であり、如何に天才肌であっても、その生まれた階級の区別の故に、五十年人生をムザムザと墓場へ到らせるのは、何たる惨らしさだ。それは文明への冒瀆だ。

社会制度や、対人感情の未完成の故を以って、これをこのままにすべきでない。

ここに、平野学、石田滄浪、向断陳、法林茲範、音羽啓真、森崎源吾(吉)の諸新人が猛然起って、遠藤幸吉博士等と共に活動を始めたのは大正十年秋であった。

しかし、遠からぬ未来に於て、多年培われた反逆精神に燃へた部落民の中から、『我等によって、我等のために、我等の中から』のモットウの下に、民族解放の大旋風は起るであろう。

その時こそは、レーニン、ガンヂイ、ガーヴェ、張独(徳)秀、呂運亨、デ、ヴァレラの徒が全国に蜂起する民族革命の朝であろう。

行くところまで行くよりほかはない。


吉川兼光の部落差別に対する怒りを読み取れるであろう。注目すべきは、吉川兼光が、水平運動を「民族解放の大旋風」「民族革命」と認識し、水平運動の指導者を世界黒人開発協会アフリカ社会連合（UNIA-ACL）の創設者であるジャマイカの英雄マーカス・ガーベイや、朝鮮独立運動家の呂運亨《ヨウニョン》、張徳秀《チャンドクス》、シン・フェイン党を結党したアイルランドの反英独立運動家エイモン・デ・ヴァレラなど民族運動指導者に擬《なぞら》えている点である。つまり、吉川も他の初期水平運動指導者と同様に、水平運動を一種の「民族運動」と捉え、「民族」や「階級」という概念で自己認識する「民族＝階級」型の部落民アイデンティティの確立と拡散で揺れ動いていた。(7) このことは、菊川前掲書がいう黎民創生会の「民族主義的見解」にも通じている。

しかしながら、吉川前掲書は、黎民創生会のメンバーとして春次の名前を挙げていない。この点は、菊川前掲書の「有馬頼寧氏等の同情融和《ママ》会が、東本願《ママ》寺に総会を開催するに際して、四十数名の早大学生が之に対抗して押しかけた如きは、黎民創生会の活動であった。当時の学生中で、今日社会運動に関係する者には、平野学、田原春次の諸氏がある」という記述とは大きく異なる。田原春次・兼光兄弟が黎民創生会に積極的に関与しなかったのは、黎民創生会の理念や運動に部落差別解消の展望を見出すことができなかったからであろう(8)。

なお、黎民創生会創立メンバー平野学は、一九三〇年代以降、日本労農党系の社会民主主義中間派として田原春次と行動をともにする。一九三一年八月の第二期堺利彦農民労働学校で「マルクス政治学」を講義し、校舎建設発起人に名を連ねた（第二章）。

三　ルイザ誕生前後の田原春次

(1) アメリカ留学から水平運動参画まで

田原春次は、一九二三年一二月、産業組合中央会会頭志立鉄次郎（第四章第一節）の斡旋による雨潤会（陸奥廣吉記念財団）の奨学金と大木遠吉、野田卯太郎の紹介による『福岡日日新聞』、『受験と学生』（研究社）の通信員手当の支給を受け、アメリカへ留学する。一九二四年二月よりコロラド州のデンバー大学文理科で英語や社会学を学び、翌年二月、ミズーリ大学コロンビア校新聞科（Mhissouri Sochool of Jornlism）四年生に転学し、国際コミュニケーション研究で著名な新聞科創設者ウォルター・ウィリアムズに師事した(9)。

一九二六年六月、日本人として二人目の新聞学士の学位を得て卒業し、九月、『宗教新聞の研究』を刊行した。同書の発行者は、雨潤会代表陸奥廣吉、発行所は財政経済時報社である。同時期に早稲田大学から新聞学研究のためミズーリ大学コロンビア校新聞科に派遣されていた早大教授喜多壮一郎が、「忙しい慌しい異域の学生生活の雰囲気の裡にあって、一方では大きいハンデキャップのある大学の学修をもち、他方では経済的の束縛を享け、しかもこの書の如き特務的研究をすることは並大抵なことではないのだ。私はこの点で著者田原君の態度に衷心の敬意を表したい」という序文を執筆している。

春次のアメリカ留学中、排日移民法（Immigration Act of 1924）の制定など排日感情が高まっていた。ホスト社会からは「ジャップ」と侮蔑され、日本人・日系移民からは「日常の隣人との交際に於いて差別」を受けるという、人種差別と部落差別で二重に排斥される事態に直面していく（田原春人「二重に排斥される群より」〔『同愛』第一五号、一九二四年九月〕）。春次は「今の俺達に何の罪があれば日本人としての実質上の誇りを奪うのだ」と差別に対する怒りを表明している（田原春人「屋根裏から」〔『同愛』第二三号、一九二五年六月、のち「我に生き甲斐ある仕事を与えよ」と改題して吉川兼光編『地殻を破って』再録〕、第五章第一節）。

春次の支えとなったのが、一九二二年三月三日に創立された全国水平社であった。春次は「僕は、日本に於いては新平民である」、「俺も水平社のいう三百万人の一人だ」（田原前掲「二重に排斥される群より」）と高らかに宣言し、二、三の日本語新聞に「故国の水平運動と俺」という一文を寄稿して「在米移民の二三割」と認識していた「われ等の同族」へ水平運動への参画や連帯を訴えた（田原前掲「自分に云う言葉」）。

春次はミズーリ大学コロンビア校新聞科卒業後、デンバーの日本語週刊紙『格州時事』（The Colorado Times、公称一三〇〇部発行）の主幹・副社長として半年間ほどジャーナリストとしての経験を積んだのち[10]、ネブラスカ、シカゴ、クリブランド、ピッツバーク、ワシントン、ニューヨークを旅する。

ニューヨークでは、吉川兼光が前掲『西北の黎明――早稲田生活』で紹介したマーカス・ガーベイのUNIA―ACL本部を訪れ、春次は帰国後、「ハーレムの七日間――アメリカ黒人運動の中心地印象記」（『融和事業研究』第四輯、一九二九年四月）という短いレポートを執筆した。「永い間、逢いたいと念じていた」マーカス・ガーベイは、政府による運動弾圧により拘留中であったが、夫人のエミー・ジャックと面会することができ、「「日本人は、われわれのこの運動を知っているか」「そして、どう思うか」「あなたは、賛成か反対か」と、畳みかけの質問」を受けた。春次は「いかに、相手が、真剣であり、少しのプロパガンダ味がなく、そして、自分達の運動について、有色人種国の一人である僕の意見を、ききたがっているかが判り、大変感激した」という。

春次はUNIA－ACLのアーネスト・マイヤーという一歳年下の青年夫妻の「プロレタリヤ、アパート」に一週間逗留し、「ハーレム黒人臨時大会に列席し演説」を行った。[11]

北米三年の研究をへて
之よりブラジルへ入らう
とするにあたり　はるか
に貴下の万福を祈と
昭和二年一月廿五日
田原春人
受信さき
Snr.Haruji Tawara
Consulado Geral do Japao
SAO PAULO, BRAZIL
(via New York)

田原春次が田原春人の筆名でブラジルに旅立つ直前にニューヨークから日本の友人に宛てた葉書。1927年1月25日付。小正路蔵。

春次はその後、一九二七年一月より約一年間をかけ、有馬頼寧らの資金援助によりブラジル、ウルグアイ、アルゼンチン、チリ、ボリビア、ペルー、パナマ、メキシコの日本人移民の実情調査を敢行し、一九二八年一月、ホノルルの日本語夕刊紙『日布時事』（The Nippu Jiji、北米最大の公称一万四〇〇〇部発行）の編集局員として健筆を揮った。春次の「五年がかりの南北米移民地巡礼記」（『日布時事』一九二八年一月三〇日特別号、全一六ページ）は、アメリカ留学と中南米視察の集大成であり、スタンフォード大学フーヴァー研究所邦字新聞デジタル・コレクションで閲覧することができる。

一九二八年二月、五年ぶりに帰国した春次は、四月に東京朝日新聞社に入社し、横浜通信局の船舶記者へ配属される。「主として外国人係ということで、外国領事館、ホテル、外国汽船会社などを廻り（中略）出入港する芸能人、外交官、軍人等へのインタビュー記事」を書いた（前掲『田原春次自伝』、23ページの写真②）。

春次は翌一九二九年四月、海外移民者養成の横浜外国語学校を横浜市中区

南吉田町三丁目三一番地（現南区）に開設し、[12]『苦学遊学アメリカ大学案内』（万里閣書房、写真）、『南アメリカ移住案内――実査五年』（横浜外国語学校）などの著作を刊行した。『苦学遊学 アメリカ大学案内』には、横浜外国語学校の校長喜多壮一郎（早稲田大学教授）、教授千田正（ロンドン大学出身）、主事若山麓（ソルボンヌ大学出身）、主事安藤潔（元日伯新聞記者、筆名アンドウ・ゼンパチ）、講師堀井実（ベルリン大学出身）、講師平澤雪村（雑誌『拳闘』主宰）が寄稿している。このうち、安藤潔は、東京外国語学校社会科学研究会から堺利彦主宰の第一次共産党系M・L会に加わり、一九二四年以降はブラジルでジャーナリストとして活躍。一九四六年一〇月、現在のサンパウロ人文科学研究所の前身である土曜会を結成した。[13]

田原春次『苦学遊学 アメリカ大学案内』（万里閣書房）函。小正路蔵。

　駒田聡「留学観の系譜――書籍名の分析を通して」（『留学生教育』第五号、二〇〇〇年一一月）は、『苦学・遊学アメリカ大学案内』について「いろいろな意味で興味深い書籍名である。まず「遊学」の「遊」が「移動」の意味でなく「あそび」の意味を持たせて使われる点である。これは戦後かなり経過してからでなければ前面に出てこない用語である。次に「アメリカ」が「米国」でなくカタカナで表記されている点である。これはこの著作以前には見られなかった表記であり、その後も戦後を待たねば出てこないユニークなものである。そして書名全体として持つユーモアの現代性も興味深い」と指摘している。ジャーナリストとしての前途は洋々だった。

　一九二九年一二月二三日、春次は埼玉県熊谷町電気館で開催された全国水平社関東代表者会議に出席し、水平運動へ参画していく（『日本社会運動通信』一九三〇年一月一五日）。「穢多と云う言葉に限りなき愛着をもって、いつまでも、この言葉の下に生きて行く」（田原前掲「自分に云う言葉」）というアメリカ留学時代の決意の実践である。全水関東代表者会議では、目前に迫った男子普選第二回第一七回総選挙に向け、「今の日本では無産政党こそが、われわれ特殊部落民の心の苦しさ腹立たしさに理解があると認めるから、「封建的差別観念の排撃」を政策に明示している無産政党からの候補者で、且つその演説や文章にもハッキリとこの政策をノベ得る人に投票」することが決議された。

春次はこの決議をもとに、リーフレット『政治闘争資料――特殊部落民は如何にこの総選挙に臨むべきか』を執筆し、「全国水平社総本部（東京）深川武（長野）朝倉重吉（岐阜）北原泰作（奈良）米田富（大阪）泉野利喜蔵（福岡）田原春次」の執筆者名により一九三〇年二月一一日付で発行した。このリーフレットは、「①必ず投票せよ、②部落意識を明確にせよ、③買収をハネつけよ、④誰へ投票するか」の四項目からなり、春次らしい平易な文章で無産政党への投票を訴え、全水関係者に七〇〇〇部を送付したといわれている（内務省警保局編『社会運動の状況』一九三〇年版）。

田原ルイザの聞き取りにあるように、春次は、それから半年後の一九三〇年八月、盟友浅沼稲次郎の勧めにより東京朝日新聞社を辞めて社会運動へ専念することになり、浅草区亀岡町の表通りに面した一軒家を借り、生活と運動の拠点とした。妻春子は、そこで歯科医院を開業し、保健衛生の向上に力を尽くす。浅草地区の部落民衆にとって、魅力的だったのは春次よりも春子の存在であったかもしれない[14]。ルイザが生まれたのは、この借家である。

(2) 冷人社と浅草プロレタリア学校

田原春次は、一九三〇年六月八日、日本大衆党下谷浅草支部（支部長三輪寿壮）の執行委員・会計監査となり、一二月二四日、同党を再編した全国大衆党下谷浅草支部の支部長に選出される（『全国大衆新聞』一九三一年一月一〇日）。全大党下谷浅草支部は、日大党系、全国民衆党系、東京無産党系、無党派の浅草消費組合などが合流して結成され、支部員二二〇名を擁する全大党東京府連の一大勢力であった。

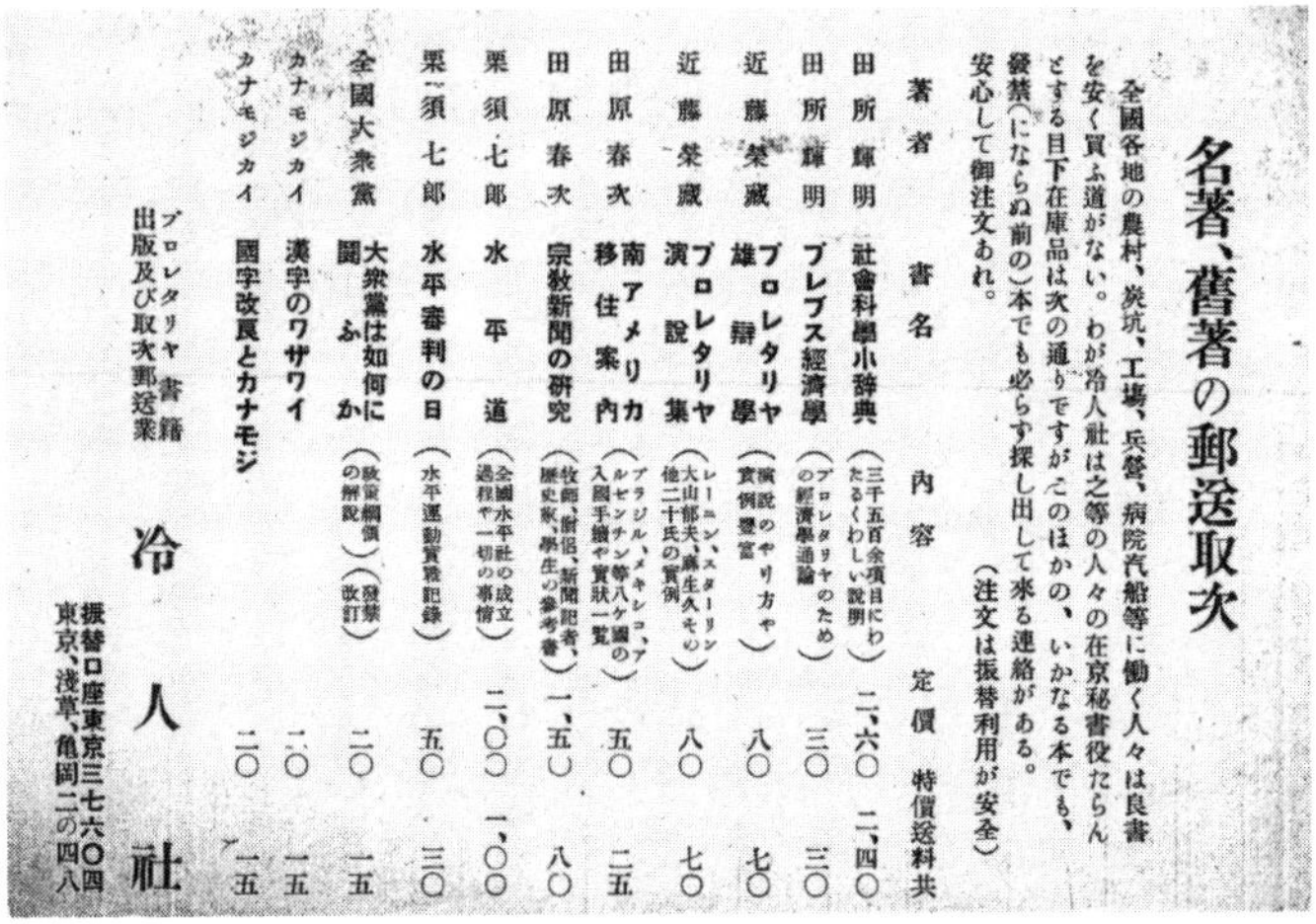

名著、舊著の郵送取次

全國各地の農村、炭坑、工場、兵營、病院汽船等に働く人々は良書を安く買ふ道がない。わが冷人社は之等の人々の在京秘書役たらんとする目下在庫品は次の通りですがこのほかの、いかなる本でも、發禁(にならぬ前の)本でも必らず探し出して來る連絡がある。安心して御注文あれ。

（注文は振替利用が安全）

著者	書名	內容	定價	特價送料共
田所輝明	社會科學小辭典	（三千五百余項目にわたるくわしい説明）	二、六〇	二、四〇
田所輝明	ブレブス經濟學	（プロレタリヤのための經濟學通論）	三〇	三〇
近藤榮藏	プロレタリヤ雄辯學	（演説のやり方や實例豐富）	八〇	七〇
近藤榮藏	プロレタリヤ演説集	（レーニン、スターリン大山郁夫、麻生久その他二十氏の實例）	八〇	七〇
田原春次	南アメリカ移住案內	（ブラジル、メキシコ、アルゼンチン等八ケ國の入國手續や實狀一覽）	五〇	二五
田原春次	宗教新聞の研究	（牧師、僧侶、新聞記者、歴史家、學生の參考書）	一、五〇	八〇
栗須七郎	水平道	（全國水平社の成立過程や一切の事情）	二、〇〇	一、〇〇
栗須七郎	水平審判の日	（水平運動實戰記録）	五〇	三〇
全國大衆黨	大衆黨は如何に闘ふか	（政策綱領の解説）（發禁改訂）	二〇	一五
カナモジカイ	漢字のワザワイ		二〇	一五
カナモジカイ	國字改良とカナモジ		二〇	一五

プロレタリヤ書籍出版及び取次郵送業

冷人社

振替口座東京三七六〇四
東京、浅草、亀岡二の四八

田原春次が経営した書籍出版・取次郵送業冷人社のチラシ。法政大学大原社会問題研究所所蔵。

この頃、春次は、冷人社《レーニン》という「プロレタリヤ書籍出版及び取次郵送業」を経営していた。現存する冷人社のチラシ（写真）には、「全国各地の農村、炭坑、工場、兵営、病院汽船等に働く人は良書を安く買う道がない。わが冷人社は之等の人々の在京秘書役たらんとする」とあり、自著のほかに、早大建設者同盟出身の田所輝明や〝水平の行者〟栗須七郎（第七章第一節、第二節）の著作などを取り扱っている。社名の冷人社は、早大時代に主宰した学生合宿からの転用である。

また、春次は同時期、浅草プロレタリア学校の運営を中心的に担った。同校は、全水東京支部深川武の「水平学校を興して教育運動を旺《さか》んならしめ以って運動の土台石を築き直す」（「最近の水平運動」『改造』一九二九年六月）という提起を受け、全水総本部が全国水平社政治学校として構想していたものである。全国水平社政治学校は、「校長は松本治一郎（全国水平社中央委員会議長）、理事は、関東側五人、関西側五人の計一〇人。方針としては、各種社会運動第一線に立つべき闘士を、養成すること」を目的とし、その創設委員会主事に春次が就任する。[15]東京水平社は、一九三〇年七月一六日の定例委員会で、全国水平社政治学校を浅草プロレタリア学校と名称変更することを決定し、春次は同校の会計責任者となった。

浅草プロレタリア学校は、浅草消費組合（組合長石渡春雄＝東大新人会創立メンバーで労農党系弁護士）の事務所二階を会場に、同年七月三一日より一一月二〇日まで、原則として毎週一回、通算一六回の講義が行われた。参加者は延べ人数で二五七名、うち八八名は水平社同人であった。講師陣は、全国大衆党の顧問堺利彦、[16]書記長三輪寿壮、事業部長平野学、出版部長河野密、情報部長岡田宗司、教育部長木村毅、統制委員加藤勘十、中央委員田所輝明、幹部角田藤三郎と労農党会計監査中村高一、大島消費組合・農村青年共働学校岡本利吉[17]、水平運動を支援した弁護士布施辰治[18]、文芸戦線派の文芸評論家青野季吉とプロレタリア作家平林たい子[19]、劇作家で在野のマルクス主義研究機関プロレタリア科学研究所所長の秋田雨雀である。全国大衆党系が突出しているのは、春次が講師陣の確保に奔走したからである。

一九三一年二月一一日、田原春次は、浅草プロレタリア学校の福岡版として京都郡行橋町に堺利彦農民労働学校を開設し、郷里での運動の足場を築いた。ルイザが生まれて一カ月後のことである。この年一二月一〇日、春次は、全水第一〇回大会（奈良県桜井町繁栄館）で浅草無産者団体協議会再結成を報告するなど全国水平社の社会民主主義派として頭角を現していく。

(3) 田原春次のエッセイ「私の故郷の記憶」

田原春次は、堺利彦農民労働学校開設翌年の一九三二年一〇月一七日、全農総本部直属の京築委員会、北豊前農民組合、筑後農民組合を糾合して全国農民組合総本部派福岡県連合会を結成して執行委員長に就任し、同年末、妻春子、長女ルイザと小倉市鍛冶町七丁目に転居した。

春次の「私の故郷の記憶」は、福岡県人社発行の『福岡県人』第九巻第一号（一九三二年一月）に掲載した郷里への転居前後の心境を綴ったエッセイである。脱稿したのは、前年一二月二五日、つまり、ルイザ誕生の一〇日前であった。「私の故郷の記憶」によれば、この頃、春次は「夜二時すぎにかえって、ネドコにもぐり込み、留守のうちに来てる手紙を三四本読んでるうちに眠り、朝八時には党支部の同志にタタキ起こされる生活」を送っていた。ジャーナリストとしての経験を買われた春次は、全国大衆党本部で機関紙『全国大衆新聞』の取材・編集・発送を担っていたからである。

春次は、戦後、日本社会党結党時に中央執行委員・国際部長に選出され、同党の機関紙発行においても重要な役割を果たした。日本社会党最初の中央機関紙『日本社会新聞』(週刊)は、一九四六年一月一日の創刊で、第二二号より『社会新聞』と改題された。発行機関は(日本)社会新聞組合で、外部には社会新聞社を名乗った。編集指導の責任を負ったのは、片山哲、田原春次、西尾末広の三人である。田原春次の要請により『社会新聞』の発行人と業務部長を兼任した本多清(一九二〇年、築上郡角田《すだ》村生まれ)は、

とにかく田原さんが社会党のなかでは一番、新聞の重要性について理解していましたし、実際の編集や経営の仕方についても熟知しておりましたね。(中略)要するに、社会党には当時、新聞を発行するだけの資金がなかったのです。しかし新聞は必要である。さしあたっては党機関紙として週刊発行が守れるだけの体制づくりと資金が必要である――こうしたことを一番に考えてたのは、戦前新聞というものと関わりの深かった田原春次氏だったと思います。

と証言している[20]。

「私の故郷の記憶」に話を戻すと、一九三〇年一二月二一日、春次は、岩手県における電燈料値下げ運動を支援するため、全国大衆党執行委員会議長麻生久と夜行列車の三等客室に乗り込んだ。列車が盛岡近くの北上川の鉄橋にさしかかったとき、「川の流れの色、川底のセリ上った砂の形、川岸の家の配置、それはそっくり、北九州の私の生れ故郷を流れる今川を思はせるもの」があり、「ガラにもなく、ややセンチメンタル」になったという。

「私の故郷の記憶」は、今川にまつわる母イエや弟兼光との思い出を記したあと、以下のように結ばれている。

一年十日の休暇も、著作か何かに費したため、郷里へかえる機を失い、三党合同による全国大衆党本部へ党詰となってからは、主に関東地方ばかし歩いてるので、故郷への親しみは、僅かに今川のサラサラと音のする流れと、クサレかかった今井橋のランカンのトゲが、それをなでたときに、ササった痛さしか残っていない。

東京や大阪における左翼無産運動には、幾らでも闘士がいる。私は一定の時期が来たら、郷里へ飛びかえって、無産党と云えば、単に選挙の地盤作りであると思わせている協調主義的社会民主々義風潮を打破し、資本家地主の政治勢力の根本的廃絶による労働者農民の××〔政府〕をつくる為の、一切の日常闘争的方向へ、北九州のプロレタリアート大衆の組織力を、つよめる事を念願としている。

私に、おそらく、千五六百回も水泳をさせてくれた今川は、いつか再び私を抱いてくれるであろう。

春次が「無産党と云えば、単に選挙の地盤作りであると思わせている協調主義的社会民主々義風潮」と批判したのは、福岡県地方の無産戦線で大きな勢力を築いていた右派の社会民衆党や、最右派の旧日本農民党系の日本農民組合九州同盟会である。そして、「資本家地主の政治勢力の根本的廃絶による労働者農民の××〔政府〕」の樹立は、社会民衆党と鋭く対抗し、相対的な左派に位置していた浅原健三（第二章第二節、第四章第一節）ら旧九州民憲党系の全国大衆党—全国労農大衆党福岡県連に対する連帯のメッセージであった。

最後に、「私の故郷の記憶」で最も注目すべきは、春次が「屠牛所のセガレ」と自らの社会的立場を鮮明にした記述である。つまり、「私の故郷の記憶」は、「一切の日常闘争的方向へ、北九州のプロレタリアート大衆の組織力を、つよめる」第一歩を踏み出そうとした被差別部落青年田原春次の静かなる〝闘争宣言書〟だったのである。

注

（1）（鎮西）公明会については以下を参照。白石正明「公明会とその同人たち――智覚・三十里・争水」（『部落解放史・ふくおか』第二〇・二一号、一九八〇年一一月）。石瀧豊美「『明治之光』『公明』『公道』による福岡県近代部落史年表（稿）――一九一一年～一九二二年」（『部落解放史・ふくおか』第六六号、一九九二年六月）。首藤卓茂「福岡県の部落改善運動――特に（鎮西）公明会の活動を中心に」（『部落史研究 6 瀬戸内領国賤民制の構造と特質』全国部落史研究交流会、二〇〇二年）。

（2）小正路淑泰「部落解放と社会主義――田原春次を中心に」（熊野直樹・星乃治彦編『社会主義の世紀――解放の「夢」にツカれた人たち』法律文化社、二〇〇四年）。

（3）磯村英一は、自伝『私の昭和史』（中央法規出版、一九八五年）に「この運動のなかで、早稲田大学の雄弁会を牛耳っていた田原春次と親しくなる。田原は福岡県の出身。当時すでに身分解放で活動をつづけていた松本治一郎とは同県である。田原は私を松本に紹介し、以来しばしば麻布の私邸を訪れることになる。（中略）この松本治一郎、田原春次との関係は、その後の部落解放、同和対策とのつながりに大きな役割を果たす」と記しており、田原春次は、磯村の同和対策審議会調査部会長としての全国調査や同対審答申の原案起草に大きな影響を与えた。田原春次と磯村英一については、辰島秀洋「田原春次――マイノリティの声を代弁した大衆政治家」（『部落解放』第六七一号、二〇一三年一月）、内田龍史「磯村英一――部落問題と向き合い続けた同和行政の指導者」（朝治武・黒川みどり・内田龍史編『非部落民の部落問題』解放出版社、二〇二二年）参照。

（4）有馬学「「前期学生運動」と無産政党リーダーシップの形成――「政治」観の問題を中心に」（近代日本研究会編『年報・近代日本研究 2 近代日本とアジア』山川出版社、一九八〇年）。

（5）佐野学と初期水平運動については、以下を参照。黒川伊織「佐野学における唯物史観の受容と部落問題の発見」（『部落問題研究』第一九一輯、二〇一一年三月）。宮崎芳彦『日本共産党と水平社――コミンテルン報告を読み解く』（宮崎芳彦遺稿刊行会、二〇二一年）。宮前千雅子「水平社の「姉妹」たちの誕生――『婦人公論』

での論争を中心に」(『関西大学人権問題研究室紀要』第八一号、二〇二一年三月)。秦重雄「部落問題文芸作品発掘(その16)――水平運動展開期の文芸作品とその書誌情報・解説」(『部落問題研究』第二三九輯、二〇二二年二月)。当該期の大山郁夫については、黒川みどり「大山郁夫と早稲田大学」(『早稲田大学史紀要』第五四号、二〇一九年二月)参照。

(6)島田三郎は一九一一年七月八日に開催された廓清会発会式の演説「廓清会組織の趣旨を宣明す」で「維新の改革」の「最も光輝ある二つの事柄」として「穢多の廃止」と「拷問の廃止」を挙げ、賤民廃止令を「人権を尊重すると云う、極めて鮮明なる旗幟が是に至らしめた」と述べている。さらに続けて、しかしながら、「彼等は今日、我々と同等の地位権力を与えられたとは云うものの、尚社会から遠ざかった傾向がある」と部落差別の現実を捉えていた。田原春次が島田三郎に親近したのは、デモクラシー研究のみならず、部落解放の展望を得るためであったとも考えられる。島田三郎の部落問題認識については、『島田三郎全集』第七巻(龍渓書舎、一九八九年)所収の佐藤能丸「解題」、井上徹英『島田三郎と近代日本――孤高の自由主義者』(明石書店、一九九一年)を参照。

(7)初期水平運動における「民族=階級」型の部落民アイデンティティについては、関口寛「初期水平運動と部落民アイデンティティ」(黒川みどり編『〈眼差される者〉の近代――部落民・都市下層・ハンセン病・エスニシティ』解放出版社、二〇〇七年)参照。吉川兼光については第五章第一節を参照されたい。

(8)朝治武『差別と反逆――平野小剣の生涯』(筑摩書房、二〇一三年)は、「黎民創生会は帝国公道会などの融和団体とは異なる新たな部落問題への取り組み方を象徴するものであったが、現実的な部落問題認識をもつものでなく、また内部に意見の相違を抱えていたため、継続的な活動はできなかった。しかし早稲田大学教授で社会主義者の佐野学が七月の『解放』に発表する「特殊部落民解放論」の執筆に協力したとされる、田原春次のような部落青年が黎民創生会から登場するようになった意味は大きいと言える」と指摘している。また、宮崎芳彦『平野小剣――民族自立運動の旗手』(宮崎芳彦遺稿刊行会、二〇二〇年)第二章が、田原春次と第二回同情融和大会、黎民創生会、平野小剣、佐野学の関係を整理しているが、筆者の見解とは異なる。

（9）田原春次「ミズリー《ママ》大学当時」（『政界往来』第二二巻第五号、一九五六年五月）によれば、田原の豊津中の一学年後輩である佐藤利（豊津中大正八年卒）が、田原と同時期にミズーリ大学コロンビア校新聞科に留学している。佐藤利のアメリカでの戦前の動向は不明だが、戦後は京都郡犀川町助役を務めた。

（10）小玉美意子・田村紀雄「コロラド日系新聞小史——戦時下『格州新聞』の日文・英文ページを中心に」（『東京経済大学人文自然科学論集』第六四号、一九八三年七月）。

（11）関口寛「アメリカに渡った被差別部落民——太平洋を巡る「人種化」と「つながり」の歴史経験」（田辺明生・竹沢泰子・成田龍一編『環太平洋地域の移動と人種——統治から管理へ、遭遇から連帯へ』京都大学学術出版会、二〇二〇年）。

（12）佐藤一也『もうひとつの学校史——日本の拓殖教育』（光陽出版社、二〇〇四年）。

（13）小正路淑泰『堺利彦と葉山嘉樹——無産政党の社会運動と文化運動』（論創社、二〇二一年）第Ⅰ部第七章、第Ⅳ部第四章。古杉征己『アンドウ・ゼンパチ——恩師のことば・日本移民に役立つ人間になれ』（ブラジル日本移民史料館、二〇一〇年）。

（14）大串夏身「人物を中心にみた東京の水平運動」（『東京部落解放研究』第七九・八〇号、一九九二年）。

（15）古賀誠三郎『いばらと鎖からの解放——東京水平社と皮革産業労働者』（明石書店、一九七八年）。

（16）堺利彦と部落問題に関しては、以下を参照。福家崇洋「初期社会主義と部落問題」（朝治武・黒川みどり・内田龍史編『近代の部落問題』解放出版社、二〇二二年）。同「堺利彦——社会主義運動から部落問題をとらえる」（朝治武・黒川みどり・内田龍史編前掲『非部落民の部落問題』）。藤野豊・黒川みどり『人間に光あれ——日本近代史のなかの水平社』（六花出版、二〇二二年）。

（17）岡本利吉は、一九二八年一月、穏健な農本主義に基づく農村青年共働学校を富士山麓の静岡県駿東郡富岡村（現裾野市）に開設。農閑期一〜二月の約五〇日間、午前は岡本利吉らの講義、午後は伐材・開墾などの作業・

実習、夜は討論会などを実施した。横浜に純真学園を作って移転するまでの七年間、毎年、全国各地から三〇〜五〇名の参加者があった。それ以前の岡本利吉の消費組合運動については、大和田茂「岡本利吉と平澤計七――オルタナティブへの志向と挫折」(『初期社会主義研究』第一五号、二〇〇二年一二月)参照。
(18) 朝治武「布施辰治――部落解放に情熱を燃やした弁護士」(福岡県人権研究所松本治一郎・井元麟之研究会編『解放の父 松本治一郎への手紙――全国水平社を支えた人々との交流』解放出版社、二〇二三年)。
(19) 青野季吉と平林たい子は、翌年六月に堺利彦農民労働学校校舎建設発起人となる(第二章)。平林たい子は戦後、一九五五年九月、〝社会主義運動の父〟堺利彦記念講演会(東京・国労会館)で講演し、一九六〇年一二月、堺利彦記念碑除幕式(福岡・豊津)に参列した。小正路前掲『堺利彦と葉山嘉樹』第Ⅰ部第八章。
(20) 法政大学大原社会問題研究書編『証言・占領期の左翼メディア』(御茶の水書房、二〇〇五年)。田原春次「日本プロレタリア新聞教程」(『社会科学講座』第五巻、誠文堂、一九三一年)参照。

第二章

第三期堺利彦農民労働学校移動講座

満州事変期の全農総本部派

本章の執筆に際しては、北九州市同和教育研究協議会機関誌『北九どうけん』を提供いただいた塩塚茂嘉氏、稲村稔夫氏、竹森健二郎氏、横関至氏、福岡県立図書館ふくおか資料室、法政大学大原社会問題研究所、みやこ町歴史民俗博物館にお世話になった。

はじめに

一九三一年二月一一日、堺利彦農民労働学校が、現在の福岡県行橋市南大橋五丁目五番一〇号、全国大衆党京築支部長蓑干《みのほし》万太郎経営の精米所二階六畳三間を仮校舎に開校した（表2、次ページ）。

第二期堺利彦農民労働学校。前列左から蓑干万太郎，一人おいて平野学，堺利彦。1931年８月。堺利彦顕彰記念館旧蔵資料。みやこ町歴史民俗博物館寄託。

労農派の領袖堺利彦、文芸戦線派プロレタリア作家の葉山嘉樹（第七章第六節）と鶴田知也（第七章第七節）、東京水平社の社会民主主義派田原春次といった在京の京都郡出身知識人が講師を引き受け、あるいは講師依頼に奔走する。労農派地方同人の落合久生や髙橋信夫（第七章第六節）、京都郡を拠点とした独立系水平社・自治正義団の無産運動進出派（第五章第二節）、アナキズム系農民自治会（第七章第五節）などの全国大衆党京築支部に結集した在地農村青年が地元で開校準備にあたった。

在地農村青年たちが開校のヒントを得たり、連携を求めたりした先行事例がいくつかあった。堺利彦の著述を別格として、田原春次が担った浅草プロレタリア学校（第一章第三節）、堺利彦の長女で無産婦人同盟堺真柄（第七章第八節）と麹町区議高瀬清夫妻が運営したプロレタリア政治

表2　堺利彦農民労働学校の開催状況

名称，開催年月日	会場，参加者数，講義名（講師名）
第1期堺利彦農民労働学校 1931年2月11～25日	京都郡行橋町蓑干万太郎経営精米所，約800名 社会主義思想史（堺利彦），農村経済学（古市春彦），農民運動史（行政長蔵），財政学（岡田宗司），社会運動史（田原春次），婦人問題（堺真柄），プロレタリア文学論（鶴田知也），唯物史観（落合久生）
第2期堺利彦農民労働学校 1931年8月25～31日	京都郡行橋町蓑干万太郎経営精米所，約230名 日本歴史の話，唯物史観要領，日本社会運動史（以上，堺利彦），マルクス政治学（平野学），続マルクス政治学（田原春次），プロレタリア文学論（鶴田知也），闘士列伝（落合久生），自然科学の話（高橋信夫）
堺利彦農民労働学校大会 (浜口内閣批判演説会) 1931年8月31日	京都郡行橋町都座劇場，約600名 演題不詳（落合久生），太平洋をめぐる第二世界戦争（田原春次），日本歴史の最後の大変革（堺利彦），戦なき所に勝利なし（浅原健三）など
第3期堺利彦農民労働学校 移動講座 1932年10月18～19日	京都郡行橋町□□公会堂（□□は地名），88名 全農闘争史（杉山元治郎），小作争議戦術（稲村隆一），ファシズム批判（田原春次），堺先生の思い出（浅原健三），北九州農民運動史（林英俊），社会主義概論（落合久生）
第4期堺利彦農民労働学校 (高松結婚差別裁判事件真相発表演説会) 1933年8月22日	京都郡行橋町（会場・参加者数・演題不詳） 弁士は松本治一郎，田中松月ほか ※当初は8月20～22日，農民夏期講習会としてファッショ批判論（浅原健三），市町村財政学（古市春彦），実用経済学（田原春次），プロレタリア政治学（落合久生），無産者法律学（森田春市），農民組合組織教程（前川正一），水平運動史（松本治一郎）を予定
第5期堺利彦農民労働学校 1933年9月22～23日	京都郡豊津村堺利彦農民労働学校，24名 プロレタリア政治学（落合久生），小作争議戦術（佐保高），農村経済学，金銭債務調停法，小作調停法（以上，田原春次），ファッショの研究（浅原健三）

出典：小正路淑泰編『堺利彦――初期社会主義の思想圏』（論創社，2016年），松本治一郎旧蔵資料（仮）。

学校[1]、葉山嘉樹から情報提供があった須永好《こう》率いる「無産村強戸」（群馬県新田郡強戸村・現太田市）の階級対抗的な農民教育運動[2]、鶴田知也が注目するデンマークのニコライ・N・S・グルンドビーによるフォルケホイスコーレ[3]（民衆大学、市民大学、同時代には国民高等学校と翻訳）などである。浅草プロレタリア学校やプロレタリア政治学校の講師、堺利彦、堺真柄、岡田宗司（東京帝大後期新人会出身の労農派、第四章第一節）、平野学（早大建設者同盟出身の中間派、第一章第二節）が、堺利彦農民労働学校の講師を引き受け、東京から来橋した。

第一期堺利彦農民労働学校には、豊前地方の企救《きく》、田川、京都、築上の各郡へ勢力拡大を目指す浅原健三、古市春彦ら旧九州民憲党＝全国大衆党八幡支部の支援もあって延べ人数で約八〇〇名が参加し、国内外から二〇〇件以上の問い合わせが殺到するという大きな社会的反響を巻き起こした[4]。そこで、全国大衆党京築支部は、短期講習会から常設的な学校運営を目指し、現在の京都郡みやこ町豊津五二番地の一付近に用地（福田新生所有地）を確保して校舎建設に取りかかる。一九三一年六月、資金カンパを訴えたリーフレット『堺利彦農民労働学校校舎建築に就いて』[5]（次ページの写真）を国内外に発送した。

校舎建設発起人は、①労農派―文芸戦線派の葉山嘉樹、大森義太郎、※岡田宗司、※鶴田知也、山川均、山川菊栄、荒畑寒村、青野季吉、向坂逸郎、鈴木茂三郎、②堺利彦旧知人の長谷川如是閑、栗須七郎（第七章第一節、第二節）、佐々弘雄、③日本労農党系の※田原春次、麻生久、三輪寿壮、※平野学、※行政長蔵、④全国大衆党系無産婦人同盟の織本貞代、※堺真柄、平林たい子、⑤労農党系の※稲村隆一、⑥九州民憲党系の堂本為広、※古市春彦、※浅原健三、⑦在地農村青年の※落合久生、蓑干万太郎、重松栄太郎である。堺利彦農民労働学校で講義を行った発起人には※印を付した。①が突出しているように、草創期の堺利彦農民労働学校は、労農派―文芸戦線派

第1、2期堺利彦農民労働学校の仮校舎、蓑干万太郎経営の精米所跡に建立された堺利彦農民勞働學校址碑。福岡県行橋市南大橋5丁目5番10号。二〇〇五年一二月二五日除幕。

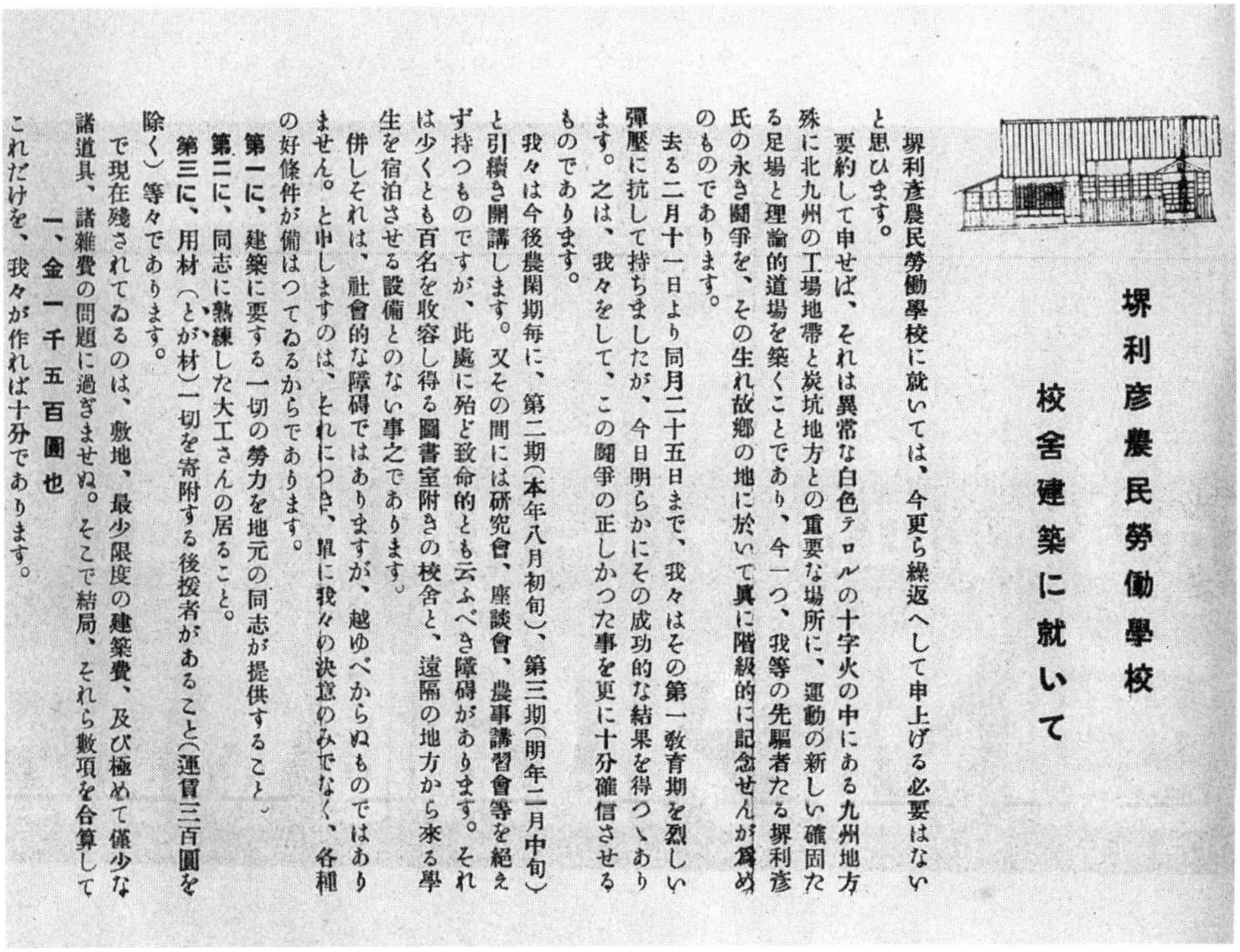

堺利彦農民勞働學校
校舍建築に就いて

堺利彦農民勞働學校に就いては、今更ら繰返へして申上げる必要はないと思ひます。

要約して申せば、それは異常な白色テロルの十字火の中にある九州地方殊に北九州の工場地帯と炭坑地方との重要な場所に、運動の新しい確固たる足場と理論的道場を築くことであり、今一つ、我等の先驅者たる堺利彦氏の永き闘爭を、その生れ故鄕の地に於いて眞に階級的に記念せんが爲めのものであります。

去る二月十一日より同月二十五日まで、我々はその第一教育期を烈しい彈壓に抗して持ちましたが、今日明らかにその成功的な結果を得つゝあります。之は、我々をして、この闘爭の正しかつた事を更に十分確信させるものであります。

我々は今後農閑期毎に、第二期（本年八月初旬）、第三期（明年二月中旬）と引續き開講します。又その間には研究會、座談會、農事講習會等を絶えず持つものですが、此處に殆ど致命的とも云ふべき障碍があります。それは少くとも百名を收容し得る圖書室附きの校舍と、遠隔の地方から來る學生を宿泊させる設備とのない事之であります。

併しそれは、社會的な障碍ではありますが、越ゆべからぬものではありません。と申しますのは、それにつき、單に我々の決意のみでなく、各種の好條件が備はつてゐるからであります。

第一に、建築に要する一切の勞力を地元の同志が提供すること。

第二に、同志に熟練した大工さんの居ること。

第三に、用材（とが材）一切を寄附する後援者があること（運賃三百圓を除く）等々であります。

で現在殘されてゐるのは、敷地、最少限度の建築費、及び極めて僅少な諸道具、諸雜費の問題に過ぎませぬ。そこで結局、それら數項を合算して

一、金一千五百圓也

これだけを、我々が作れば十分であります。

『堺利彦農民労働学校校舎建築に就いて』。1931年6月。堺利彦顕彰記念館旧蔵資料。みやこ町歴史民俗博物館寄託。

の独立労働学校・農民学校であった。

『堺利彦農民労働学校校舎建築に就いて』に関しては、荒畑寒村の堺為子宛一九三一年六月一一日付書簡に「本日御送付の学校趣意書拝見、キフ金は序での折に持参いたします」とあり、平民社以来の支援者であった丹波の岩崎革也は、七月三日の日記に「堺利彦農《マ》民学《マ》校より（来信）」と記している。

国外では、ホノルルの日本語夕刊紙『日布時事』（The Nippu Jiji）七月三日付が、「社会運動家養成の／堺農民労働学校／有志の後援によって／豊前豊津に校舎新築」という見出しで校舎建設を報道した。情報源は『堺利彦農民労働学校校舎建築に就いて』だが、堺利彦の次のような談話を掲載した点が、他紙にない大きな特徴である。

よろしくお願いします。僕は一度も外国に行ったことのない人間で、ハワイへのお招きもありがたくは思いますが、なかなか思い立てません。しかしそのうちよい機会があれば、

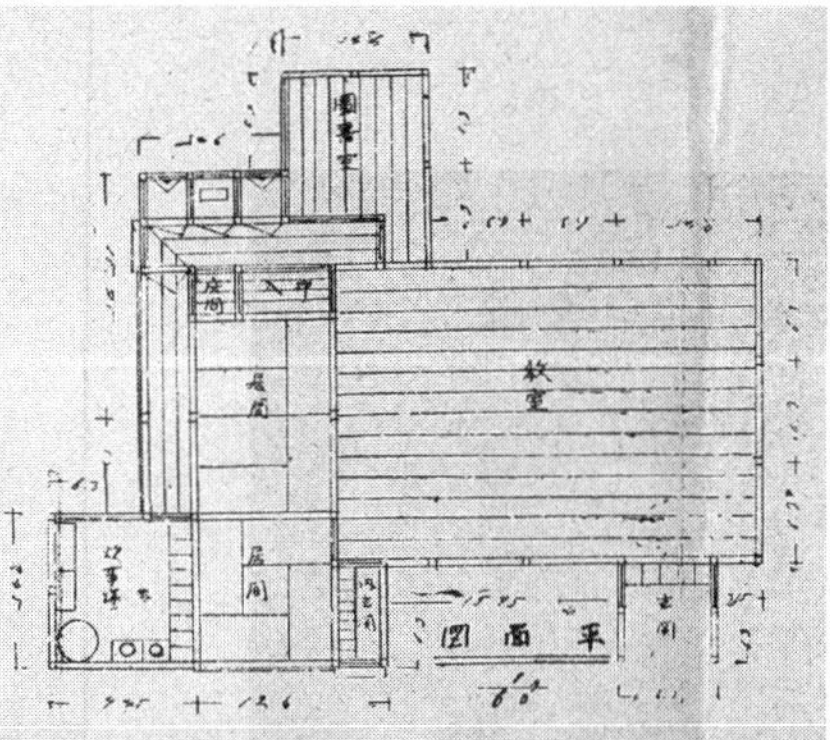

従つて此處に、私共が、同志、朋友、知己諸君にお願ひする所は、即ちこの**千五百圓**であります。

何卒我々の運動を御諒解の上、篤志の御寄附をお願ひ致します。

勝手ながら、同封の葉書に御諾否を至急御知らせ下さいませ。

■寄附の方法

一口（一圓）以上とします。

大口の御寄附は「一時拂」「月賦分納」何れでも結構です。

●東京及京都郡在住の方々に限り御都合次第で集金人を差出すことも致します。

●又、振替福岡二六二四番御利用の便もあります。

■締　切

寄附申込第一期締切を一九三一年八月末日とします。

福岡縣京都郡豊津村四丁目（落合久生方）
東京市麹町區麹町八ノ二四（堺利彦方）

堺利彦農民勞働學校事務所

振替福岡二六二四番

發起人（イロハ順）

稲村隆一　長谷川如是閑　葉山嘉樹
堂本爲廣　大森義太郎　岡田宗司
織本貞代　落合久生　田原春次
鶴田知也　栗須七郎　山川均
山川菊榮　古市春彦　荒畑寒村
麻生久　淺原健三　青野季吉
向坂逸郎　佐々弘雄　堺眞柄
養干萬太郎　三輪壽壯　重村榮太郎
平野學　平林たい子　鈴木茂三郎

様

アメリカへかヨーロッパへも、いつ出かけるか知れません。学校は近々第二期をやります。校舎建築の寄附金も大分集まりかけています。日本は今梅雨でイヤな季節です。「ホノルルへの避寒」はユカイだろうと思います。諸君の健闘を祈る。

『日布時事』七月一七日付が、「福岡県立豊津中学出身にして今年当地太平洋ハイスクール部を卒業した蛭谷《ひるや》孫太郎氏は今回本社編輯局員として入社した」と報じた蛭谷孫太郎（筆名土井浩二、豊津中大正八年中退）は、同紙読者やマキキ聖城キリスト教会の関係者などからの総額六六円三〇銭のカンパを集め、校舎建設資金として送金している。(6)

教室（講堂）一五坪、図書館三坪、総建坪二三坪の校舎は、同年一〇月一〇日に起工、一二月一日に上棟式を迎えた。ところが、翌日の午後五時頃、堺利彦は、東京市麴町区麴町八丁目二四番地の自宅近くの電停で脳溢血で倒れる。芝区芝口二丁目二三番地新橋ビルの全国労農大衆党本部で開催された第二回対支出兵反対闘争委員会（委員長堺利彦）からの帰宅途中であった。

翌三日、堺は書くものをくれという、何か書こうとするが、二、三字書いては調子が乱れる。五度書きかえて書けないので、私が代って筆をとると縺れながらも「僕ハ諸君ノ××〔帝国〕主義××〔戦争〕反対ノ叫ビノ中ニ死スルコトヲ光栄トス」と書かせた。これが真実の堺の遺言になったのである。

堺為子「妻の見た堺利彦」（『中央公論』一九三三年四月）の一節である。満州事変勃発から六五日目の痛恨事だった。校長堺利彦の病臥により一九三二年二月に予定していた第三期堺利彦農民労働学校は延期され、同年一〇月、移動講座（以下、第三期移動講座と略記）として開催されることとなる。

本章では、主として協調会福岡出張所「堺利彦農民労働学校移動講座開催状況」（『福岡県史 近代史料編 農民運動（三）』福岡県、二〇〇〇年、以下『農民運動（三）』と略記）を用いながら、田原春次の本格的な参入と主導により転機を迎えた第三期移動講座について論じてみたい。

一　第三期移動講座の概要と反響

（1）全農総本部派京築委員会の組織と運動

第一期・第二期堺利彦農民労働学校は、翌年の一九三二年二月二八日、全国農民組合（全農）総本部派京築支部の結成という成果をもたらした。ここに、合法無産政党支持をめぐる総本部派と全国会議派（全会派）の全農分裂後、全会派の拠点福岡県内で総本部派の組織が最初に京都郡に誕生した。京築支部の支部長には東京浅草在住の田原春次が就任する。全農総本部直属の京築支部は、同年五月、京築委員会に再編された。

全農京築委員会の組織面での特徴は、第一に、被差別部落を主要基盤としており、この点は、先行した左派の全国農民組合全会派福佐連合会（全農福佐）京築地区委員会や右派の日本農民組合九州同盟会（日農九同）豊前連合会と共通する。第二に、一時的に全農全会派系の被差別部落小作農が合流する一方で青年層の一部が逆に全農全会派大分県評に接近するなど流動的な状況にあった（第六章）。

全農京築委員会の運動面での特徴は、第一に、小作料減免などの小作料関係争議と地主側の土地取上・土地返還訴訟に対抗した土地関係争議、法内外の小作調停などを一挙に噴出させた点である。第二に、堺利彦農民労働学校の設置・運営を始め、差別糺弾闘争、機関紙『社会新聞』北九州版の発行、ミヤコ医療組合実費診療所の開設など多様な運動を展開していた。ミヤコ医療組合実費診療所は、短期間で閉鎖されたとはいえ、「細民階級」（福岡県小作官「農民組合ノ関与スル医療施設ニ関スル件」一九三四年八月）への低廉な医療サービスの提供、すなわち部落問題の解決を視野に入れた医療社会化運動であった[7]。

一九三二年一〇月一七日、全農福連結成大会（企救郡企救町北方記念館）で田原春次が執行委員長に選出された。田原は結成大会の七号議案「農民学校の件、主文……堺利彦のう《ママ》民労働学校完成に協力し、のう《ママ》村青年の無産者的教育訓練をなす」を提案し、①堺利彦農民労働学校の支持、②豊津に建設中の常設校舎への資金協力、③翌日に開催する第三期堺利彦農民労働学校移動講座への参加を訴えた（『農民運動（三）』六六～七四ページ）。

全農総本部はこの年七月、「どんなことが起こってもオレ達のやっていることに間違いはないという確信とものごとを見る力とを与えるものは知識だ、オレタチの生活の上に基礎を置いた科学だ、労働者、農民の実験を通して築きあげられた理論を学べ」と全国的な夏期講習会の開催を呼びかけた。そして、農村問題・農業理論（杉山元治郎、荘原達、向坂逸郎、越智道順、角田藤三郎）、農民運動の組織と戦術（前川正一、石田宥全、渡辺潜）、無産政党論・ファシズム論（河上丈太郎、田所輝明、鈴木茂三郎）、農村自治制度（岡田宗司、須永好、初田末太郎、三宅正一）、日本農民史（稲村隆一、大西俊夫）、農民法律（黒田寿男、細野三千雄）、史的唯物論（大森義太郎、河野密)、帝国主義論(森戸辰男、山崎劒二)、植民地問題(後藤貞治)、プロレタリア文学論(未定)、日本及世界資本主義現勢・労働組合論(未定)の講師団を組織し、八月には京都、和歌山、秋田、静岡、徳島、福島、高知で夏期講習会を開催した(8)。

第三期移動講座は、このような全農総本部による教育運動と連動して「農民組合論、農民運動史、消費組合論、農村社会学、日本政局批判、失業問題、法律学等々」の講座を予定していた(9)。八月の開催予定が一〇月に延期されたのは、講師陣を確保することができなかったからであろう。

こうして、一九三二年一〇月一八日と一九日の二日間、全農福岡県連結成大会に来福した全農総本部執行委員長杉山元治郎と新潟県連書記長稲村隆一らを講師に第三期移動講座が開催された。豊津の校舎はまだ建設中だったため、全農福連行橋町支部(一九三一年五月一〇日結成、支部員三〇名)の拠点である京都郡行橋町□□公会堂を会場とし、参加費は一日一〇銭又は米五合、参加者は一八日が三八人、一九日が五〇人で、その多くは被差別部落小作農であった(『農民運動(三)』七七ページ)。

○一〇月一八日　午後二時三〇分~五時三〇分
全農総本部執行委員長　杉山元治郎「全農闘争史」
全農新潟県連書記長　稲村隆一「小作争議戦術」
全農福岡県連執行委員長　田原春次「ファッシズム批判」
前衆議院議員　浅原健三「堺先生の思い出」
○一〇月一九日　午後七時~九時
全農福岡県連組織部長　林英俊「北九州農民運動史」
全農福岡県連教育部長・堺利彦農民労働学校主事　落合久生「社会主義概論」

（2）第三期移動講座の反響

ここでは二つの新聞に注目し、第三期移動講座の社会的反響や全農福連及び京築委員会の組織と運動に与えた影響に触れておきたい。

先ず、『福岡日日新聞』一九三二年一〇月一九日は、「堺氏の労働学校／京築組合で完成／是非共本年中にと意気込む」の見出しで、次のように報じている（句読点引用者、□□は地名）。

豊前出身の無産運動先覚者堺利彦氏は、かねて郷里に農民労働学校を新設し且つ校舎改築の準備を進めつつあるが、その後氏は重症に罹り為に第三期開講も延期された状況だが、京築農民組合では翁に対する最大最高の見舞は同校の完成にありとし今年内には同校を落成せしむべき意気込であるが、今日全国農民組合福岡県聯合会結成大会の為杉山元治郎氏の西下を機とし、十八九両日行橋町□□公会堂で第三回移動講座を開催中である。講師及び科目左の如し。

△全農闘争史　杉山元治郎△ファシズム批評　田原春次△組合組織論　林英俊△社会主義概論　落合久生△小作争議論　稲村隆一△未定　浅原健三

この記事は第三期移動講座第一日目を取材したもので、「翁に対する最大最高の見舞は同校の完成にあり」とは、田原春次か落合久生の談話である。第一期堺利彦農民労働学校開校時、地元紙『福岡日日新聞』、『九州日報』や、『大阪毎日新聞』、『大阪朝日新聞』の地方版は、かなり紙面を割いて報道したのだが、第三期移動講座はメディアからあまり注目されなかった。

次に、『社会新聞』同年一〇月二八日（法政大学大原社会問題研究所所蔵）に掲載された社会新聞北九州支局長落合久生の「行橋通信」である。

堺農民学校
【行橋通信】福岡県京都郡豊津村堺利彦農民労働学校は十月十八、十九日の両日昼夜四回にわたり農村移動講座を行橋町□□公会堂に開講したが、全農、日農各組合員その他約七十名の聴講者を持った。講師と科目は左の通り

全農闘争史	杉山元治郎
小作争議論	稲村隆一
ファシズム批判	田原春次
組合組織論	林　英俊
社会主義概論	落合久生
堺氏について	浅原健三

この「行橋通信」で注目すべきは、「昼夜四回」と「全農、日農各組合員その他約七十名の聴講者」の二点である。日農九同が第三期移動講座に参加したことは、この「行橋通信」しか言及していない。全農福連結成大会議案には「遠賀、鞍手、企救、京都の現日農組合員等続々糾合している」(『農民運動(三)』六三ページ)と記されているが、運動実態の正確な記述というよりも願望を込めた誇張であろう。ただし、田原春次は全農京築委員会の試金石となった翌年の石田新開争議に際し、「これは、勝てば付近の日農系七、八十名と未組織二十七、八名とは大挙参加」(『農民運動(三)』一九ページ)という見通しを述べた。全農福連が一九三六年四月にまとめた「全農福岡県聯合会史」には、「京都郡泉村、祓郷《はらいごう》第一、今元等の支部」が「昭和八年日農を脱退し福聯に加入」(『農民運動(三)』三三九ページ)とあるので、田原が見通したように、日農九同豊前連合会の一部は、第三期移動講座と石田新開争議を機に全農京築委員会へ合流した。

二　第三期移動講座の講師と講義内容

(1) 杉山元治郎「全農闘争史」

杉山元治郎の動向

日本農民組合（一九二二年四月九日創立）以来、全日本農民組合、全国農民組合の最高責任者であり続けた〝農民の父〟杉山元治郎は、「農民学校の現状とその発展性」（『大阪朝日新聞』一九三一年六月一〇日）という時評で、三〇年代に急速に普及する農民学校を、①「農民階級意識を高めるとともに、いわゆる農民運動の闘士養成の目的で作られたマルクス主義農民学校」、②日本農村伝道団理事として自らが各地に種を蒔いた「信仰を根本とする農村の中心人物を養成し、農村の教化に外部的改造をもなさんとする基督教主義農民福音学校」に大別し、前者の代表例として「堺枯川氏の主宰する福岡県行橋の堺農《マ》民《マ》学校」を挙げ、いち早く堺利彦農民労働学校に注目していた[10]。

日本農民組合創立大会で演説する杉山元治郎。神戸市キリスト教青年会館。1922年4月9日。『土地と自由のために ── 杉山元治郎伝』（杉山元治郎伝刊行会）より転載。

杉山は第三期移動講座半年前の一九三二年二月、第三回男子普選第一八回総選挙で大阪六区から全国労農大衆党公認として出馬し、初当選を果たす。前年九月の満州事変以降、民衆の排外主義的な動向が強まるなか、杉山は「農民の代表として」（『改造』同年四月）で「愛国の甘酒に酔うて真理を忘れてはならない。国民は挙って戦争の大渦中にある時も或者は冷かに国家の将来を見透す必要がある」と冷静な時局対応を強調し、小作法制定、農村負債整理、米穀専売制度の確立、肥料の国家管理などを農村代表無産派議員としての政策課題に掲げた。だが、この時期、杉山は、反既成政党の態度を堅持しながらも、石黒忠篤など農林官僚との関係を緊密化させ、「上から」の農村経済更生運動にも期待を寄せていた。[11] 杉山は、この年五月一〇日、北豊前農民組合第三回大会記念演説会（企救町企救郡公会堂）に参加し、同夜に行橋町都座劇場と今元村の個人宅で開催された全農京築委員会結成記念演説会で「農村問題の根本解決」を演説しているので二度目の来橋だった（『農民運動（三）』二五〜二八ページ）。

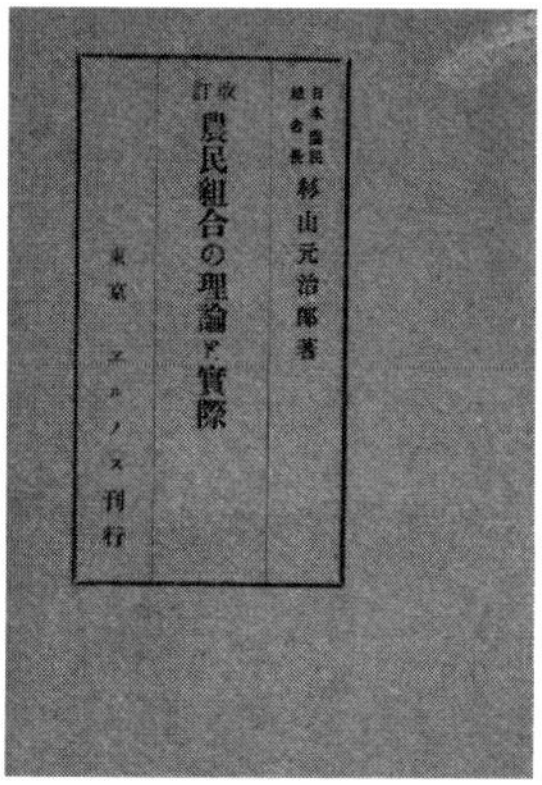

杉山元治郎『改訂農民組合の理論と実際』（エルノス）函。小正路蔵。

全農総本部は、その後、一九三四年三月の第七回大会で高知県連委員長岡崎精郎提案の「因襲的差別反対の件」を可決し、杉山が、四月の全国水平社第一二回大会で「社会運動の幾多の団体のうち、全農と全水は単なる友誼団体であったばかりではなく、兄弟の如くむしろ形を変えた同一のものである」という祝辞演説を行った。[12]

講義内容

杉山元治郎は本講義「全農闘争史」で先ず、「農民運動とは一体何か?」と問いかけ、「一口に申すと農民運動とは支配階級に向って圧迫なり搾取なりを取り除く為、多数の被支配階級が団結して対抗し行く運動」であり、「お互い農民階級の立場を考え自分の立場をより良くする為にする集団的の運動」と説明する。次に、室町期の徳政一揆（土一揆）、江戸期の代表越訴型一揆、明治初期の地租改正反対一揆から「デモクラシイの思想」、「普通教育の普及」、「階級的自覚」に基づく「近代的農民運動」までの「闘争史」を平易に解説した。杉山が強く訴えたかったのは、以下の部分である。

今日の地主協会の宣言書など見ると「白昼火なきに警鐘を乱打し平和なる農村を攪乱す」と農民運動を

称しておるが、決してそんなものではありませぬ。煽動者（悪く言へば煽動だがよく言へば指導者）が警鐘を乱打するから民衆が起《た》ったのではない。勿論煽動者がない訳ではないが、世の中の状勢が起たねばならぬ状勢、言い換ゆれば運動を起こさねば暮して行けない状態になったから起ったものであることを歴史を通して皆様はよくお考を願います。

杉山が本講義で紹介した小作収支計算書は、初期日農の「小作料永久三割減免」方針を支えた戦術である。全農京築委員会も豊津の堺利彦農民労働学校校舎内に九州農村問題研究所の設立準備を進め、「小作人生計費統計や農村に於ける金融状勢の調査をやり、つづいて、九州農民運動史、九州社会運動史等々の資料を右翼左翼の別なく公平に蒐集整理して出版する計画」（『社会新聞・九州版』第三三号、一九三三年一月二一日）を立てたが、九州農村問題研究所は有名無実化した。

また、杉山が本講義で示した「地主は農民運動の対象となり得る立場にある」という認識には、同時期、社会大衆党が提唱した「全体農民運動」、即ち地主層を包摂した農業利益＝職能利益の実現が反映されている。日農九同系の聴講者が共感を覚えたのはこうした主張であろう。全農福連の「全体農民運動」については、第六章で検討する。杉山元治郎は本講義終了後、同日午後六時より門司市堀川大福座で開催された九州労働組合の臨時大会・演説会に田原春次、浅原健三、古市春彦、堂本為広（第四章第一節）らと参加した。(13)

（2）稲村隆一「小作争議戦術」

稲村隆一の動向

稲村隆一は、田原春次と同世代の早稲田大学建設者同盟出身者だが、堺利彦との運動体験や初期日農以来の農民運動歴では、田原の遙かに先輩格であった。稲村は早大政治経済学部在学中、山川均主宰の水曜会メン

左：堺利彦『社会主義学説の大要』（建設者同盟出版部，1922年）。前年11月の講演「社会主義学説及欧州社会主義運動の歴史」を収録。発行者・印刷者は平野力三。小正路蔵。
右：稲村隆一『農村は何処へ行く』（先進社）。小正路蔵。

左が水曜会に出入りしていた早大在学中の稲村隆一。一人おいて山川均。1922年。『稲村隆一の軌跡』（稲村隆一記念出版委員会）より転載。

バーから第一次共産党に入党し、一九二二年六月二〇日、暁民会の川崎憲次郎らと堺利彦を担いでシベリア出兵反対の対露非干渉同盟を結成する。この年の秋、両親の出身地である新潟県中蒲原郡の旧松崎村（現新潟市）に小作人組合（のちの日農関東同盟会松崎農民組合）の基礎固めに赴いた稲村は、堺利彦の紹介状を携えていた。同年に無明会（第七章第六節）という新潟の地域思想団体を結成した野口伝兵衛、田中惣五郎らが、堺利彦と連絡を取り合っていたからである。[14]

稲村は日農教育部会員として最初の体系的な「教育方針書」の策定（一九二六年七月）に関与し[15]、木崎村無産農民学校や上越無産青年学校などを運営する。労働農民党（労農党）分裂時に、建設者同盟出身者の大多数が中間派の日本労農党（日労党）に移行するなか、稲村は労農党を離脱せず、三・一五事件で検挙・起訴された。新潟では日労党系三宅正一派と労農党系稲村隆一派が全国に先駆けて合同を実現し、全国労農大衆党の成立（一九三一年七月五日）を「下から」支えた。稲村には多くの著作がり、『農村は何処へ行く』（先進社、一九三〇年、写真）はベストセラーとなった。以上の経緯から稲村は、既述のリーフレット『堺利彦農民労働学校校舎建築に就いて』で労農党唯一の発起人となったのである。

しかしながら、第三期移動講座の七カ月前、全農第五回全国大会に向け稲村が起草した運動方針案は、「英米資本主義のアジアよりの放逐、日支鮮共同経済の確立」という「極東農民の国際的提携」（アジア・インター論）をめぐって紛糾し、「ファッショの理論」として批判される。そこで、稲村は五月、橘孝三郎ら農本主義リーダーたちと自治農民協義会を結成し、農村請願運動、農民食糧米一カ年分差押禁止法要求運動など独自の運動を展開していく。第三期移動講座前後、稲村の内部では、のちの東方会加入へと至る「全社会運動の国民主義的転換」（「社大党離党に対する声明書」一九三八年）が静かに進行していた。(16)

講義内容

稲村隆一は本講義「小作争議戦術」で、「合理的の要求をさえしていたならば農民運動は決して悪いものではなく、農村を振興させる運動」であり、「実際農村が振興しつつある処は吾々農民運動の力により、しかも農民運動が盛んな地方ばかりが振興している」と述べた。「農民運動はこの生活問題を解決してやろうと云う運動であるから一面社会を良くし人間を善良に導く運動」と農民運動による「農村振興」を説いた。稲村が建設者同盟時代や前掲『農村は何処へ行く』で主張していた「農業に於ける階級闘争」、「社会主義的大農経営の農業制度の確立」といった階級対抗的な「農村改造」論は全く語られていない。(17)

稲村が本講義で「戦術」に言及したのは、「新潟県に斎藤徳太郎と云う多額納税者の大地主がいて、一時に約四十町歩に渉る土地返還訴訟を起こしていたが、組合員の団結により小作人側の有利に最近片付く事が出来た」とし、次のように続けたところである。

もし地主が土地を引上げてもその土地を小作するものがないと云う状態になっているから、地主も遂に土地返還の要求をせないと云う様になり、戦わずして勝利を占めているので、調停等に掛けずともお互いが農民組合を組織し団結を固くして示談解決に進むべく地主に対し合理的の要求をなしたならば、地主の方でも自然判ってくれて円満に解決が出来る。

稲村が訴えたかったのは、「団結して自らの力により農村の窮乏を打開し、農民解放により生活の安定を図らねばならぬ」という結びの部分だろうが、「地主が土地を引上げてもその土地を小作するものがないと云う状態」を作り出すことは、組合員約一〇〇名という後発の全農京築委員会には至難の業であり、頻発する地主側の土地取上に対抗する現実的、効果的な「小作争議戦術」を期待した聴講者は、やや期待外れの感想を持ったのではないだろうか。

(3) 田原春次「ファッシズム批判」

田原春次の動向と講義内容

これより二日目の講義である。各講師に与えられた時間はわずか三〇分であった。

田原春次は「私は本講座に於いてファッシズム批判と題しファッシズムの現状を詳細に説明する心算でありましたが、本日行橋町に於ける演説会で大体の説明をしたので、「ファッシズム批判はまたの機会に譲」ると主題から離れ、「資本主義の打倒」と「自由主義思想の普及」を「無産運動」の「二つの目的」として平易に説明した。

小作人の方々は農民組合へ加入する事によって直ちに小作米が減額せられ、生活が豊になると思う人があるかも知れませんが、その様に簡単に効果の実現するものではなく、一歩々々と努力を重ね五年十年後を待たねばなりません。かく言いますと組合員の人には組合を物足りなく不満を感ずる方があるかも知りませぬが、先ず力の関係を考えねばなりませぬ。如何に組合の主義が真理でありましても力が弱くては実現する事が出来ませぬ。一年一年と次第に組合員が増加発達し基礎が堅まりその道理を実現するだけの力が出来て始めて目的を達する事が出来るのであります。

前々日に全農福連執行連委員長に就任したばかりの田原の真率な心境であろう。だが、田原が翌年二月八日消印の前川正一（第六章第二節）宛書簡に「何しろ新しい地だけに、争議七十数件一時に突然し、交渉戦、差押対抗、裁判所動員、座談会等々の中に堺利彦社会葬あり、イヤハヤ文字通り寸暇なし」（『農民運動（三）』一〇三～〇四ページ）と書いているように、全農福連は、結成直後から「次第に組合員が増加発達し基礎が堅まりその道理を実現するだけの力」を拡大していく。

なお、田原が同日昼間に「ファッシズムの現状を詳細に説明」した「行橋町に於ける演説会」については、資料上の制約から詳細は不明である。この時期の田原は、全農福連結成大会議案に盛り込まれた「四、ファッショ粉砕の件　主文……ファッショ諸傾向に対して断固として戦う（理由）一、ファッショは少数分子の独裁政治だ　二、没落資本主義最後の支持にすぎない」という通俗的なファシズム認識を共有していたと思われる。

第三章で検討するように、田原春次は翌年、高松結婚差別裁判糺弾闘争に精力的に関与する。ここでは、差別糺弾闘争第一回全国委員会（一九三三年八月二九日）で阪本清一郎、朝田善之助と共同して「ドイツ・ファシスト政府に対する抗議」を提案した時の田原の提案理由を引いておきたい[18]。

独逸のファッショ（ナチス）は言語に絶する野蛮な圧迫をユダヤ民族に加えている。日本に於いてもファッショ運動が軍部を中心として策動されているが、このことと差別裁判の惹起とは切り離して考えることは出来ない。ドイツではナチスのユダヤ排斥、日本では我々六千部落兄弟に対する差別判決が行われている。我々はナチス反対の抗議運動を起こさねばならない。

このように田原には、ファシズム化の進展でマイノリティに対する抑圧が強化されるという強い危機感があった。[19] 福岡県では、高松結婚差別裁判事件は、水平運動を活性化させただけではなく、農民戦線の統一を促進する契機にもなった（第三章第一節、第四章第二節）。

ただし、岩村登志夫の半世紀前の先駆的研究「反戦反ファッショ闘争と水平社」（『部落問題研究』第三九輯、一九七三年一〇月）は、「田原は三一年一二月の全水第一〇回大会運動方針書討議でファシズム問題の欠落を衝いていますし、全農総本部派県連の堺利彦農民労働学校は三一年二月から三三年九月にわたって四回開講され、そこでも、この問題への正当な注意が喚起されていたようです」と指摘しているが、少なくとも田原の本講義「ファシズム批判」は看板倒れに終わり、ファシズムに対する「正当な注意」は喚起されてない。

（４）浅原健三「堺先生の思い出」

浅原健三の動向と講義内容

浅原健三は「今日は腹案も何もありませぬ。堺先生の思い出話を座談的に秩序もなく思い出のまま話して見たい」と述べ、「私が先生を初めて見たのは十七才の時でした。京橋区八丁堀の演説会場で大杉栄、荒畑寒村氏等と演壇に立たれたのを見たのが初めてだと記憶します」と堺利彦との出会いを語る。ベストセラーとなった浅原の自伝『鎔鉱炉の火は消えたり――闘争三十三年の記』（新建社、一九三〇年）にも、「京橋の川崎亭」での「売文社同人の社会問題演説会」が、「閉《開》会の辞が中止、直ちに解散を命ぜられ」、「堺さんが表二階の窓から首を差出して「労働者万歳！」を叫んだ」という記述がある。

父の小炭鉱経営失敗により苦難の少年時代を送り、弁護士を志して日本大学専門部法科に入学した満一八歳の浅原は、「冬の時代」終盤の一九一九年七月一七日、京橋区南桜河岸の川崎屋で開催された堺利彦、大杉栄、荒畑寒村、服部浜次、山川均、岡千代彦、吉川守邦ら売文社主催の労働問題演説会に参加した。「何分我党の主将連総出馬で近来に無き顔振揃なので、当局の警戒振も厳重を極め、数百名の警官で二重包囲の物々しさ。開場七時聴衆の幾人が会場に入るや否や。突然解散の命が下る」（客朗「解散風三幅対」〔『新社会』第六巻第四号、一九一九年九月〕）というから『鎔鉱炉の火は消えたり』の記述は正確である。[20]

浅原は著名な八幡製鉄所争議から三年後の一九二三年五月、日本労働総同盟関西連合会傘下の北九州機械鉄工組合を結成した。堺利彦は、発行日前日に発売配布禁止処分を受けた同組合機関誌『西部戦線』創刊号[21]（一九二四年四月一七日）に「北九州は僕の故郷だ。僕は今この東京から、心の中で手を額にかざしながら、懐かしい故郷に対するアコガレの目を輝かして、北九州の天を望んでいる。（中略）工場労働者の一隊、炭坑労働者の一隊、農村労働者の一隊、水平社『選民』の一隊、それらが一列の戦列を形づくって、雲霞の如き大軍勢を成しているのがアリアリと見える」という短文「東京から」を寄稿している。このころ、浅原はサンジカリズムから鋭角的に転換し、一九二五年二月、地方無産政党・九州民憲党を結成する。そして、一九二八年三月の第一回男子普選第一六回総選挙の福岡二区で無党派の無産大衆から圧倒的な支持を集め、二万三〇一五票を獲得してトップ当選を果たし、全国的な注目を集めた。九州民憲党は、一九二八年一二月、労農派系無産大衆党（委員長欠・実質堺利彦）の九州遊説に全面的に協力し、一方、堺利彦は翌年四月の八幡市会議員選挙で日本大衆党八幡支部（旧九州民憲党）の候補を支援した。[22]

堺利彦農民労働学校大会。中列左から蓑干万太郎，浅原健三，堺利彦，落合久生，髙橋乕太郎（鶴田知也実父）。京都郡行橋町都座劇場。1931年８月31日。堺利彦顕彰記念館旧蔵資料。みやこ町歴史民俗博物館寄託。

浅原は本講義で病床にあった堺利彦を次のように讃えた。

現在私達がこうして無産運動を続けて行く事が出来る様に種を播いて下さった恩人は何と云っても堺先生である。無産陣営に仰ぐ最高峰、堺利彦先生、京都郡の持つ誇りであらねばならぬ。当地では失礼ですが若い落合君が献身的に農民労働学校を造って奮闘している。京都郡民は三十年間血の闘争を続けられた堺先生に熱意を持って支援すべく、後援せぬものでも一掬の同情をそそがる事を私は信じて疑わぬものであります。

浅原は「この学校から堂々たる青年社会運動闘士が続々と出て、又分別ある力ある老年方の後援者が沢山出られる事」を希望して本講義を結んだ。「分別ある力ある老年方」へ呼びかけたのは、第二日目の聴講者五〇名のなかに「老年方」も参加していたからであろう。

杉山元治郎が初当選した第一八回総選挙は、満州事変への対応が争点化され、福岡二区では、「満蒙の権益を民衆の手に」という選挙スローガンに掲げた社会民衆党元職の亀井貫一郎が二万三五一三票で返り咲き、「帝国主義戦争絶対反対」、「満蒙既得権益の放棄」を訴えた全国労農大衆党現職の浅原健三は一万三一六〇票と惨敗し、第一六回総選挙以来二期連続で死守した議席を失う。浅原は第三期移動講座の翌年九月、豊津の校舎で開催された最初にして最後の第五期堺利彦農民労働学校で「ファッショの研究」を講義しているが、そのファシズム認識は混乱しており、岩村登志夫が前掲論文で指摘したファシズムに対する「正当な注意」はここでも喚起されていない(23)。

堺利彦の没後に刊行された『堺利彦全集』全六巻（中央公論社）の月報第四号（一九三三年八月一六日）掲載の無署名「堺利彦紀年碑建てらる——郷里の山中に」は、「元代議士浅原健三氏並に、同地の堺利彦労働学校《ママ》の同志後進によって先生の故郷豊津の山中に紀年碑を建てられる企て」があることを紹介し、「浅原氏は碑にすべき自然石を得るために、夫人と共に山中に分け入り、天幕生活をなしつつ、俗塵を避け、日数にかまわず、心ゆくまで探し歩かれるとの事である」と記している。だが、浅原健三の無産運動離脱により、堺利彦記念碑建立は立ち消えとなった（第七章第八節）。

（5）林英俊「北九州農民運動史」

林英俊は、小倉市古船場町三〇番地の曹洞宗安全寺の住職で、「若くしてマルクスに傾倒した小倉の社会主義運動の草分け的な人物」である。[24] 九州地方評議会や左派青年層が主導権を握った日農福岡県連と密接な関係にありながらも、一九二六年の東京製綱小倉工場争議では九州民憲党＝浅原健三派と行動をともにする。一九二八年の三・一五事件後、浅原派との連繋を更に強め、一九三二年五月の小倉市議選には全国労農大衆党公認で立候補、落選した。全農福連結成に全農全会派の小倉支部代表者として参画し、初代組織部長に選出された。林は本講義で日農企救町支部から北豊前農民組合、全農福佐小倉支部結成に至る複雑な経過を説明した。だが、その運動歴は、複雑怪奇としか言いようがなく、聴講者の興味を引くものではなかった。

林の講義名は、『福岡日日新聞』一九三二年一〇月一九日と『社会新聞』一〇月二八日の「行橋通信」が報じたように正しくは「組合組織論」であったが、協調会福岡出張が「北九州市農民運動史」としたのは、情報提供源である警察機構（特高課）か行政機構（福岡県農務部小作係、小作官、調停課）の主観の反映であろう。その後、林は「井手尾闘争のあと檀家から総スカンをくい、借金もあって、馬借町の寺と四国の寺を交換」し、一九三三年四月に四国へ移転した。[25]

（6）落合久生「社会主義概論」

落合久生の動向

二日間にわたる第三期移動講座の最後は、「京都郡に於ける只一人の奮闘者たる年若き落合君」（田原春次）、

落合久生（前列の和服姿）と豊津中学校非公認サークル社会科学研究会の会員たち。1931年。堺利彦顕彰記念館旧蔵資料。みやこ町歴史民俗博物館寄託。

「若い落合君が献身的に農民労働学校を造って奮闘している」（浅原健三）と紹介された堺利彦農民労働学校主事落合久生の「社会主義概論」である。

落合は、一九〇七年一〇月二八日、現在の京都郡みやこ町豊津二八〇番地に国鉄職員落合久太郎の次男として生まれ、一九二〇年四月、豊津中学校に入学する。落合と懇意にしていた郷土史家玉江彦太郎は、追悼文「落合久生さんのこと」（『時事新聞』一九五四年九月一〇日）で「豊津中学開校以来の秀才であったとか、四カ国の言葉をあやつり、英語は先生よりも上であったとか、乱暴な先生をこらしめた」など豊津中時代の伝説的な逸話を紹介している。

落合は外国語専門学校（校名不詳）を経て、九州帝国大学法文学部（聴講生か？）へ進学したが、一九二八年の三・一五事件に関連して諭旨退学となり帰郷。豊津中の同級生高橋信夫の実兄家鶴田知也より労農派系無産大衆党の「宣言」、「綱領」を入手し、同年九月五日、無産大衆党京都郡支部準備会を結成して書記長となった（内務省警保局『特別高等警察資料』第一輯第三号、一九二八年一一月）。その後も労農派―文芸戦線派に呼応しながら無産大衆党九州遊説隊、日本大衆党中央委員・京都郡書記長、日大党分裂反対統一戦線同盟（委員長堺利彦）、日大党分裂反対全国実行委員会、無産政党戦線統一全国協議会、文芸戦線読者委員会、全国大衆党京築支部書記長、全国労農大衆党京築支部書記長などを歴任し、全農福連結成大会では教育部長に選出された。

第一期堺利彦農民労働学校開校四カ月前の一九三〇年一〇月二二〜二五日、堺利彦は、大逆事件の犠牲者遺家族慰問旅行以来、実に一九年ぶりに帰郷した。帰郷二日目の夜、全国大衆党京築支部準備会は、豊津の落合宅で堺の歓迎会を開催する。堺利彦「土蜘蛛旅行」（『中央公論』一九三〇年一二月）によれば、松茸や玉白茸など豊前方言で言う「ナバ」（茸類）でもてなしている。堺の赤旗事件の獄中望郷歌「今もなほ蕨生ふるや茸いづや我が故郷の痩松原に」に因んだ粋な計らいであった。

この堺利彦歓迎会に参加した森毅（堺利彦農民労働学校参加者、第六章、第七章第八節）は、「土蜘蛛旅行の頃」（『美夜古文化』第一三号、一九五九年一一月）で

その夜の饗宴は今思い出しても愉しい一夜で、天下のユーモリストを任ずる枯川老が幾たびか腹を抱えて爆笑する珍談、逸話が夜更まで披露され、禁酒されていた先生が「話に酔ってしまったよ」と言われたのが一時を過ぎていた。（中略）この四日間の帰郷が奇縁となって翌昭和六年二月の行橋における堺利彦農民労働学校の開校となったのであるから、土蜘蛛旅行の意義は極めて大きかった。

と回想し、堺利彦も第一期堺利彦農民労働学校開校日に「昨年十月帰郷したさい農民労働学校設立の話が出たので、それは非常によいことであり、また自分としてもこんな社会運動にたずさわっておるため、その社会運動や無産運動等の小さい根城を築きたいと思った」（『福岡日日新聞』一九三一年二月一二日）と語っていることから、同校開設を最初に発議したのは、在京の京都郡出身知識人ではなく全国大衆党京築支部の在地農村青年である。

落合が『文戦』（『文芸戦線』改題）に掲載した「第一期堺利彦農民労働学校報告」（一九三一年四月）、「われわれの学校を守れ！——堺利彦農民労働学校第二教育期報告」（同年一一月）や、落合が筆耕した『堺利彦農民労働学校ニュース』第四号（同年一〇月七日、法政大学大原社会問題研究所所蔵）は、草創期の同校に関する同時代記録として貴重である。

落合は鶴田知也の短編小説「牡牛《おとこうし》と故郷」（『文芸戦線』一九三〇年二月）に「僕に故郷の出来事や僕の仕事の

為の調査をしてくれる僕の友人Ｏ－君が運動を始めた」として登場する。同作品の主人公、「南米ブラジルに移住して理想的な村を建設することに熱中」する『牡牛』と云う綽名」の郷里の「源さん」は、田原春次がモデルである。鶴田の宗教欺瞞暴露小説「石」(『文芸戦線』一九三一年二月)も落合らの素材提供で執筆された。落合久生のその後の動向は、第六章、第七章第七節で検討する。

講義内容

落合久生は本講義「社会主義概論」で次のように述べている。

昔或る部落に大きな一つの梵鐘がありました。或時老人が子供に向って梵鐘は何にするのかと聞きますと、子供は即座に梵鐘を打つと火事が出来るのだと答えたのであります。

又南洋の無智なる土人は暴風雨警報台に赤旗が出るから暴風雨が襲来するのだと云います。しかし之等は何れも間違った反対の考え方で、火事が出来たから梵鐘を打つのであります。又暴風雨があるからその予報に赤旗を掲ぐるのであります。これは堺先生が無産運動の講義の例御用いになる有名なる話であります。

即ち社会制度に欠陥がある故に無産運動が起こるのであって、無産運動をするから社会制度に欠陥を生ずるものではありませぬ。

寓話や既成道徳を読み替えたり、卑近な例を引いたりしながら民衆に意識変革を迫ることは、堺利彦が最も得意とすることであった。なかでも、『解放』一九二〇年一一月に掲載した演説草稿「火事と半鐘の関係」は、落合が「堺先生が無産運動の講義の例御用いになる有名なる話」というとおり、『火事と半鐘』(三徳社、一九二一年）、『地震国』（白揚社、一九二四年）、『桜の国地震の国』（現代ユウモア全集刊行会、一九二八年）に再録され、人口に膾炙していた。

堺利彦は「火事と半鐘の関係」の初出誌に次のように記している。

　モ一つ他の例を挙げる。気象台が低気圧の警報を発するからそれで暴風雨が起るのだと云ったらドウだろう。そんな馬鹿な事はテンデ話にならない筈だが、実際、世間には随分馬鹿な事が尤もらしく主張されている。実を云うと、我々は社会の低気圧を認めて警報を発している者である。そしてその低気圧の襲来に対する処理の方法を、諸君に研究して貰いたいと考えている。しかるにその警報が折々中止されたり解散されたりする。

したがって、「南洋の無智なる土人」という差別的表記は、落合のオリジナルであり、落合も時代的な制約を受けていた。

昭和恐慌の影響が深刻化し、「農村危機」が進行していた一九三二年夏、政府は、救農土木事業と農村経済更生運動を柱とする農村対策を決定した。そして、小作争議など対立や対抗を沈静化するため、産業組合、農事実行組合、農会による経済的組織化と、少学校（少年団）、実業補習学校（男女青年団）、全村学校（婦人会・戸主会）の学校系列（年齢集団）による社会的組織化が全国的に進められていく。(26) その過程の様々な場面で、農民運動参加者を「隣保共助・醇風美俗」といった農村社会秩序の「攪乱者」とするキャンペーンが執拗に繰り返された。

そこで、落合久生は、そうしたネガティブ・キャンペーンを払拭するため、堺利彦の「火事と半鐘の関係」を紹介しながら、杉山元治郎が前日の講義「全農闘争史」で述べた「今日の地主協会の宣言書など見ると「白昼火なきに警鐘を乱打し平和なる農村を攪乱す」と農民運動を称しておるが、決してそんなものではありませぬ」を再度補強したのである。

おわりに

以上検討したように、労農派―文芸戦線派の独立労働学校・農民学校として開校した堺利彦農民労働学校は、第三期移動講座を契機に全農総本部派の「農村青年の無産者的教育訓練」機関へと転換した。労農派地方同人落合久生に代わり、福岡県の社会運動に本格的に参入した社会民主主義派の田原春次が学校運営の主導権を握ったからである。創設期のような旧九州民憲党系の九州合同労働組合や西部鉱山労働組合、落合が組織していた文芸戦線読者委員会など参加者の多様性が見られず、『労農』と『プロレタリア科学』、『文芸戦線』と『戦旗』を併読していた森毅ら急進青年層は、その後、全農全会派大分県評に接近していく。

第三期移動講座二日間の参加者述べ八八名の多くは、全農京築委員会の被差別部落小作農であり、日農九同豊前連合会からの参加もあった。にもかかわらず、各講師は部落問題や水平運動について全く言及していない。田原春次の講義も部落民意識を抑制し、無産大衆一般に同化したかのような内容である。被差別部落内外の小作農の耕作権を確立し、昭和恐慌下の深刻な「農村危機」を打開することが、田原の最優先の運動課題であったからだ。ただし、翌年八月の第四期堺利彦農民労働学校では、松本治一郎を講師とする「水平運動史」の講座が準備された。被差別部落小作農がそれを望んだからであろう（第三章第一節）。

杉山元治郎と稲村隆一の動向や講義内容には、統合と抵抗に揺れ動く満州事変期の全農総本部派指導者の一端を垣間見ることができる。杉山元治郎は、階級対立を抑制した「全体農民運動」の利点を説き、稲村隆一の内部では、「全社会運動の国民主義的転換」が進行していた。田原春次の講義「ファッシズム批判」は看板倒れに終わり、かつて岩村登志夫が指摘したファシズムに対する「正当な注意」は、全く喚起されてない。堺利彦農民労働学校草創期のようなメディアの注目がなかったのは、第一に、校長堺利彦の不在であり、第二に、満州事変以降の民衆とメディアの排外主義的な動向による。

病床にあった堺利彦は、その後、原稿執筆、演説、談話など一切の社会的発言を発することなく翌一九三三年一月二三日午前一〇時二〇分、ついに「棄石埋草」の生涯を閉じた。福岡の各紙は翌日から堺の追悼記事を掲載した。

先ず、『九州日報』一月二四日は、第七面約四分の一のスペースを割いて、堺利彦の経歴や浅原健三、堺真柄、安部磯雄の談話を載せた。同紙の政治評論で世論形成に大きな影響を与えていた佐々弘雄は、二月一二日掲載の「堺利彦翁[27]」で「終生社会運動の巨柱」、「戦闘的インテリゲンチャ」と讃え、次のように結んでいる。

> 今、田原、落合ら翁の同志によって堺利彦農民《マ》学校《マ》が十分の八出来上がっている。十分の二は資金不足のため未完成なのだ。この農民学校は、翁の闘争記録や著述に劣らぬ位の意味があろう。況や有力なる後継者がこの孤塁を守るに於いてをやである。

佐々弘雄は、三・一五事件で九州帝国大学法文学部を追放された前期新人会OBの政治学者で、堺利彦農民労働学校校舎建設発起人の一人である。

次に、『福岡日日新聞』は、一月二五日と二六日に「逝ける堺利彦氏」を連載し、落合久生の談話から「号の枯川は錦陵の東方を流るる祓《マ》郷《マ》川を愛し、その川は水少なく常に涸れがちであったところから取ったものだそうだ」と「枯川」という号の由来を紹介した。

鶴田知也は左翼芸術家連盟機関紙『レフト』第二巻第三号（一九三三年三月）の巻頭に掲載した「堺利彦先生

堺利彦告別式。建設途上の堺利彦農民労働学校。1933年１月27日。中央の遺影を持つのが落合久生。その右が田原春次。『田原春次自伝』（田中秀明）より転載。

逝去さる」で次のように追悼している。

先生の輝かしい闘争と日本無産階級運動に対する偉大な貢献を語る事は、私の任でないであろう。私は先生の最後のそして最も力を注がれ（た）運動の一つたる、堺利彦農民労働学校に就いて触れざるを得ない。

私達は先生と故郷を同じうした。私達は、北九州の要地―運動の最も困難を極める不毛の地に確固たる運動の基礎を据えたいと念願した。私達は先生の御同意を得るや勇躍して農民学校闘争を開始した。しかるに或る者は、私達をそしるに郷土主義者を以ってした。この笑うべき逆宣伝も、学校闘争に狼狽した敵の逆宣伝に比ぶれば物の数ではなかったし、郷土主義にしては余りに偉大な、先生の最後の運動であったのだ。

今や堺先生は無い。しかし先生の遺された最後の運動は、各種の影響を与えつつあり。中にも農民組合の出生と、日を追うて盛なるそれが組織の拡大を招来しつつあるではないか！　死せる堺先生、活けるブルヂョア地主を震撼せしめるものは、運動一般に活きる先生の精神であると共に、日本の三つの心臓の一つたる北九州の一角に、厳として建つ堺利彦農民労働学校の旗であると信ずる。

一月二七日午後二時三〇分、豊津の堺利彦農民労働学校校舎で無宗教告別式（社会葬）が執り行われた。祭壇には堺利彦の遺影と「赤土の痩松原の茸わらびそれにまぢりて生れにしわれ」（写真）などの遺墨や各無産団体からの赤い弔旗が飾られ、社会大衆党福岡県連、全農福連、九州労働組合、九州合同労同組合、宇部合同労同組合、熊本一般労働組合、日本労働総同盟九州連合会、官業労働同志会、日本海員組合、全国水平社九州連合会、九州借家人同盟など九州・山口の無産団体代表約一〇〇名が参列し、床が張られていない校舎の講堂に藁筵を敷いて着座した[28]。

落合久生の司会者挨拶、浅原健三の弔辞、田原春次の堺利彦病状報告、蓑干万太郎の学校経過報告、「貴方とは思想を異にしていましたが幽明を異にする今日貴方のような偉人を失うたことは誠に哀悼に堪えませぬ」という副地英吉豊津村長の弔辞があり、各無産団体代表九名の弔辞は注意・中止を乱発され、全農福連青年部長藤本幸太郎はその中止命令に従わず弔辞を続けたため検束された[29]。

堺利彦農民労働学校は、人民戦線事件後、田原春次の主導により九州農民学校へ再編された（第六章）。

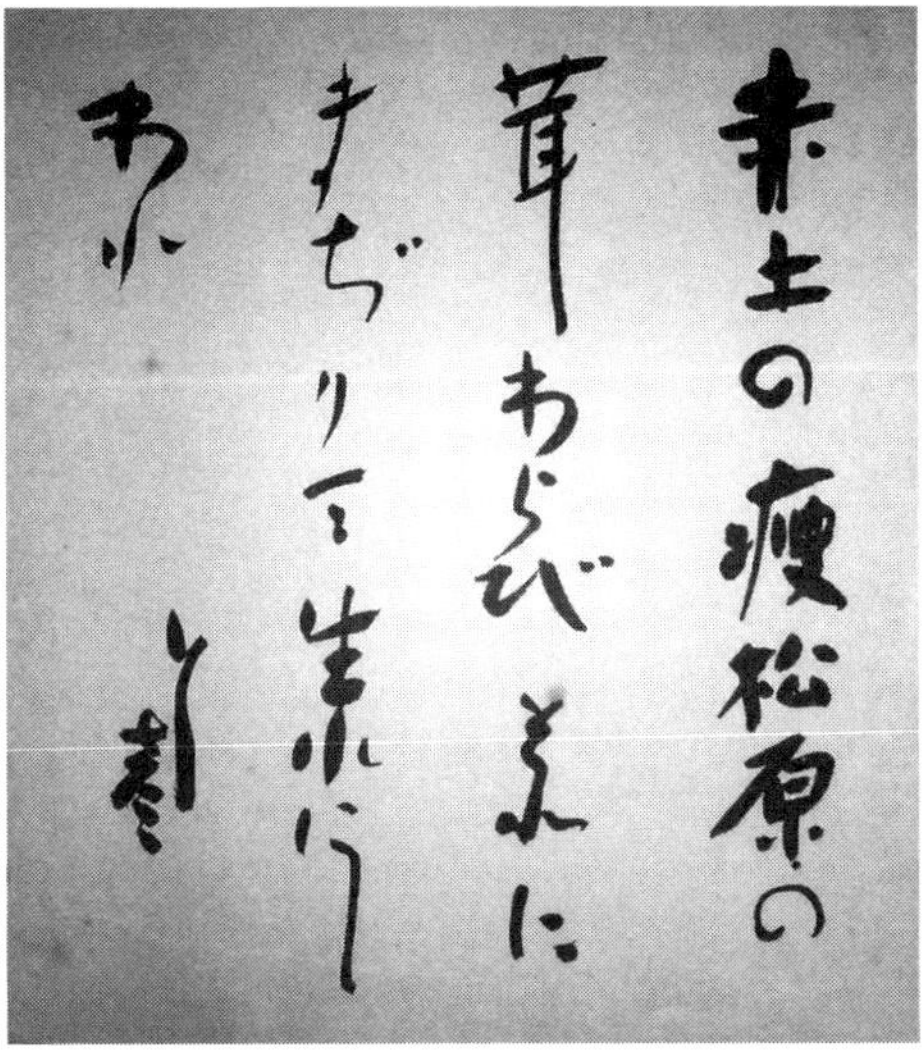

堺利彦色紙。1920年６月。与謝野鉄幹主宰の歌会で詠まれた望郷歌。小正路蔵。

注

（1）プロレタリア政治学校は、一九三〇年七月二四日、大衆政治学校として開校。設置者は日本大衆党東京第一支部。第四回（一九三一年五月五日〜六月一三日、計一八日）の参加者が二円三五銭、第五回（一九三一年七月一四日〜八月二七日、計二一日）の参加者が一円三八銭を堺利彦農民労働学校の校舎建設費として送金している。小正路淑泰「堺利彦農民労働学校（二）――第一期を中心に」（『部落解放史・ふくおか』第一〇九号、二〇〇三年三月）。

（2）農民学校（一九二四年一二月二一日開校）、共愛女塾（一九二

八年一月五日開校）、農村問題研究所（一九三一年六月一二日開設）など。鳥木圭太「文戦派の文化運動」（中川成美・村田裕和編『革命芸術プロレタリア文化運動』森話社、二〇一九年）。小正路淑泰『堺利彦と葉山嘉樹――無産政党の社会運動と文化運動』（論創社、二〇二一年）第Ⅱ部第三章。

（3）鶴田知也「グルンドビー」（小説）（『国民新聞』一九三九年四月七日、八日）。鶴田知也『コシャマイン記・ベロニカ物語――鶴田知也作品集』（講談社文芸文庫、二〇〇九年）再録。

（4）小正路前掲『堺利彦と葉山嘉樹』第Ⅰ部第五章。

（5）本史料については、小正路淑泰「堺利彦農民労働学校（三）――第二教育期と「満州事変」前後における堺利彦の動向」（『部落解放史・ふくおか』第一一五号、二〇〇四年九月）が翻刻紹介。

（6）小正路淑泰編『堺利彦――初期社会主義の思想圏』（論創社、二〇一六年）三四〇ページ。蛭谷孫太郎については、黒田朔『ハワイで見つけた素敵なクリスチャンライフ』（いのちのことば社、二〇一一年）参照。

（7）小正路前掲『堺利彦と葉山嘉樹』第Ⅳ部第二章。

（8）『土地と自由』第一〇二号、第一〇三号、第一〇四号、一九三二年七月二〇日、八月二〇日、九月二〇日。これらの夏期講習会に勢力的に参加したのは、「組織の前川」と称された全農総本部の前組織部長前川正一である。全農福岡県連結成大会並大演説会ポスター（『農民運動（三）』五三ページ）には、杉山、稲村とともに前川の名前が記されているが、前川は参加できかった。そこで田原春次は、第三期移動講座から四カ月後の一九三三年二月八日消印の前川宛書簡に「前川大老にも一度来て座談会、講座をやる予定ナルも、四月以降になりましょう」（『農民運動（三）』一〇四ページ）と記している。なお、社会大衆婦人同盟書記長堺真柄は、一九三三年三月一八日、山梨県東八代錦村二の宮公会堂で開催された全農山梨県連婦人部主催の演説会で演説している。『土地と自由』第一一〇号、一九三三年四月五日。

（9）『社会新聞・北九州版』第一六号、一九三二年六月二八日。

（10）飯沼二郎「賀川豊彦の農村伝道（神の国運動・農民福音学校）」（『雲の柱』第七号、一九八八年六月）によれば、杉山元治郎の盟友賀川豊彦は、一九二九年七月一四日、一五日、行橋町で三度の超教派による農村伝道集会を開催し、延べ二五〇〇名の参加者があった。賀川豊彦が関与した農民福音学校については、松尾野裕『賀川豊彦――互助友愛の教育と実践』(龍溪書舎、二〇二〇年)参照。

(11) 中北浩爾「戦前無産運動の再検討――杉山元治郎をめぐって」(『UP』第三二〇号、第三二一号、一九九九年六月、七月)。横関至『農民運動指導者の戦中・戦後――杉山元治郎・平野力三と労農派』(御茶の水書房、二〇一一年)の第三章、第六章は、杉山元治郎の人民戦線事件後の全農解体の推進、翼賛選挙(第二一回総選挙、一九四二年四月)における推薦候補としての当選、戦争末期に徹底抗戦を主張した岸信介らの院内会派護国同志会への参加、戦後の公職追放中(一九四八年五月一〇日~五〇年一〇月一二日)の動向を詳細に検討している。

(12) 高知県部落史研究会編『高知の部落史』(解放出版社、二〇一七年)第二部第八章(吉田文茂執筆)。

(13) 九州労働組合は、門司市に本部を置いた全国労働組合同盟系の単独組合。『社会新聞』第二六号(一九三二年一〇月二八日)によれば、杉山元治郎らが参加した臨時大会では、「北九州労働組合会議参加、門築従業員整理反対闘争、九州電気軌道株式会社闘争、印刷工待遇改善闘争、失業労働者班闘争、ファッショ闘争等の議案を可決」している。

(14) 稲村隆一記念出版委員会編『稲村隆一の軌跡』(稲村隆一記念出版委員会、一九九二年)五一~五三ページ、一二五~一二七ページ。同書第三部「稲村隆一略伝」を執筆した稲村稔夫(稲村隆一の甥)の一九九二年一二月二八日付私信には、「全農総本部から福岡県連結成大会に派遣されたことは承知しておりましたが、堺利彦農民労働学校で講義したことは知りませんでした」とある。稲村稔夫遺稿集・追悼録刊行委員会編『雑草のごとく――稲村稔夫遺稿集・追悼録』(稲村稔夫遺稿集・追悼録刊行委員会、二〇〇八年)参照。

(15) 千野陽一「戦前日本の農民運動と教育活動(2)――日本農民組合を中心に」(『東京農工大学一般教育部紀要』第二八巻、一九九〇年三月)。

(16) 永井和「東方会の展開」(『史林』第六二巻第一号、一九七九年一月)。有馬学「田所輝明と満州事変期の社会大衆党──一九三〇年代における「運動」と「統合」(一)」(『史淵』第一二五輯、一九八八年三月)。
(17) 建設者同盟時代における稲村隆一の言説については、山本公徳「日本における社会民主主義の社会的形成──日本農民組合の無産政党構想」(『歴史学研究』第七九一号、二〇〇四年八月)参照。
(18) 渡部徹・秋定嘉和編『部落問題・水平運動資料集成』補巻二(三一書房、一九七八年)一三八八ページ。
(19) 小正路淑泰「部落解放と社会主義──田原春次を中心に」(熊野直樹・星乃治彦編『社会主義の世紀──解放の「夢」にツカれた人たち』法律文化社、二〇〇四年)。
(20) 解散命令を受けた売文社主催の労働問題演説会は、アナ・ボル各派を糾合して翌一九二〇年一二月九日に創立された日本社会主義同盟の第一の契機となった。大和田茂「一九二〇年の「社会主義」──文化人の日本社会主義同盟加盟、非加盟をめぐって」(『初期社会主義研究』第三〇号、二〇二二年三月)。
(21) 法政大学大原社会問題研究所所蔵。関儀久「花山清──筑豊出身の水平運動・無産運動指導者」(福岡県人権研究所松本治一郎・井元麟之研究会編『解放の父 松本治一郎への手紙──全国水平社を支えた人々との交流』解放出版社、二〇二三年)が『西部戦線』創刊号を検討している。
(22) 小正路淑泰「堺利彦農民労働学校(一)──農村社会運動の諸相」(『部落解放史・ふくおか』第一〇五号、二〇〇二年三月)。
(23) 小正路前掲『堺利彦と葉山嘉樹』第Ⅱ部第三章、三九七〜九八ページ。
(24) 小西秀隆「地方における無産政党運動──福岡県無産政党史」(『福岡県史 通史編 近代 社会運動(一)』福岡県、二〇〇二年)一三〇〜三一ページ。
(25) 藤本幸太郎「北豊前農民斗争の思い出 5」(『北九どうけん』第四九号、北九州市同和教育研究協議会、一九六九年一〇月)一〇ページ。同誌は北九州市同和教育研究協議会の元会長塩塚茂嘉(福岡県議会議員など歴任、豊津中昭和二一年卒)の旧蔵資料。塩塚茂嘉「同和教育と統一戦線」(北九州市同和教育研究協議会『部落解放と教育運動――自主的・民主的同和教育運動のために』汐文社、一九七四年）参照。なお、瀬川負太郎『未解放部落――北九州からの報告』（汐文社、一九七一年）は、北豊前農民組合関係者への綿密な取材に基づいており、林英俊に関する叙述は興味深い。

(26) 大門正克『近代日本と農民世界――農民世界の変容と国家』（日本経済評論社、一九九四年）。森武麿『戦間期の日本農村社会――農民運動と産業組合』（日本経済評論社、二〇〇五年）。

(27) 佐々弘雄『人物春秋』（改造社、一九三三年）再録。

(28)『大阪毎日新聞・北九州版』、『九州日報』、『福岡日日新聞』一九三三年一月二九日。『社会運動通信』同年一月三一日。

(29) 藤本幸太郎「自由日記」（『部落解放史・ふくおか』第六号、一九七七年一月）一六〇～六一ページ。

第三章

高松結婚差別裁判糺弾闘争前後の田原春次と松本治一郎

松本治一郎旧蔵資料（仮）の検討を通して

本章は、部落解放・人権確立第四一回全九州研究集会（二〇二二年一一月三〇日、北九州市）の報告原稿を加筆修正した。松本治一郎旧蔵資料（仮）の閲覧では、公益社団法人福岡県人権研究所の関儀久氏、田中美帆氏、塚本博和氏にお世話になり、行橋市史編纂委員会から貴重な資料を提供いただいた。

はじめに

公益社団法人福岡県人権研究所には、段ボール二〇箱、九〇二九点の松本治一郎旧蔵資料(仮)が寄託されている。なかでも平野小剣、深川武、泉野利喜蔵、米田富、北原泰作、田村定一、中村正治、花山清、田中松月、井元麟之といった全国各地の水平運動指導者や布施辰治など水平運動支援者からの松本治一郎宛書簡群は貴重である(1)。

松本治一郎旧蔵資料(仮)には、一九三三年六月から一九三六年八月までの田原春次の松本治一郎宛書簡二七通がある。この時期は、全農福連が小作料関係と土地関係の小作争議や様々な運動課題に果敢に挑んでいた高揚期だった。また、松本治一郎は高松結婚差別裁判糺弾闘争を契機に、名実ともに全国水平社中央委員会議長・委員長としての地歩を固めていく。

田原の松本への支援要請や経過報告は以下の六点に集約することができる。

①小倉土木管区板櫃川改修工事の労働争議
②井手尾争議の暴力行為等処罰法裁判
③第四期堺利彦農民労働学校と高松結婚差別裁判糺弾闘争
④全農総本部派の農民運動と農民戦線統一
⑤今川ダム建設反対運動と一九三五年県会議員選挙

⑥一九三六年総選挙前後の社会大衆党

結論を先取りすれば、松本治一郎は田原春次の要請に迅速に対応し、①の調停や③の講師を引き受け、⑥で巨額の選挙資金援助を行い（第四章第一節）、④と⑤に自ら迅速対応するか、それが難しい場合は、全国水平社九州連合会（全水九連）常任委員の井元麟之や藤原権太郎[2]らを派遣した。

以下は、①の支援に対する感謝を認めた田原の松本宛一九三三年六月一四日付封書の全文である。

拝啓　今回は小倉地方の失業人夫復職の件で突然、多数参上しましたに拘わらず、御丁寧な御もてなしに与り、且又、交渉途中にて事件が暫く持ち越しところワザ〳〵御多用中二度迄も小倉へ御臨来下され、真に何等御礼の申し様もありません。

お陰を以って、人夫一同は昨十三日午前中、小倉市立職業紹介所で労働手帳の正式交付手続を終了しました。唯、池田、和田、朴の三名は本人共としても管区へ復職は望んでおらず、従って多分小倉市土木課の室内人夫にでもなる考えらしいです。

唯、最も私共として痛快なりしは、松本様の御来倉により水平社同人間は申すまでもなく、五百の朝鮮労働者、市内の一般人夫や、皮肉な事は反動の仲間にまで異常なる感動を与えし事にて、今後の農民組合行動に於いても多大の勇気を生じ、又、右の復職人夫は、この機会に土木人夫組合の如き自助的組織の機運に向かったのであります。

水平運動におきましても親善融和会的な小反動者共が蠢動《しゅんどう》をやめ、戦々恐々としております。どうか、今後も北九州地方のためにも御指導、御鞭撻下さいますようお願い申し、御礼の言葉といたします。

田原春次や豊前地方の被差別部落民衆の松本治一郎に対する敬愛を読み取ることができるであろう。

本章では、松本治一郎旧蔵資料（仮）で新たに判明した事実を踏まえ、一九三三年の高松結婚差別裁判糾弾闘争、一九三四年から翌年にかけての今川ダム建設反対運動と福岡県会議員選挙における田原春次と松本治一郎について検討したい。

一　第四期堺利彦農民労働学校と高松結婚差別裁判糾弾闘争

（1）松本治一郎を招聘

労農派―文芸戦線派の独立労働学校・農民学校として開校した堺利彦農民労働学校は、全農福連執行委員長田原春次の主導により一九三二年一〇月の第三期移動講座以降、全農総本部派の「農村青年の無産者的教育訓練」機関へと転換した。一九三三年一月二三日、校長堺利彦は死去するが、その悲しみを乗り越え、この年八月二〇日から二二日まで三日間の開催を予定していたのが、第四期堺利彦農民労働学校（農民夏期講習会、10ページの写真）である。第四期では、第三期移動講座に参加した被差別部落民衆の要望に応え、松本治一郎を特別講師として招聘することとなった。

田原春次は、次のような第四期堺利彦農民労働学校の開催案内葉書を、東京市芝区田村町二丁目二番地栄和ビル四階の全農総本部機関紙『土地と自由』社に送付した[3]（全農総本部一九三三年七月一八日受付印）。

御健闘を祝します。こちらも勝利又勝利であります。校舎完成を期として堺利彦農民労働学校を開きます。プロ経済学田原春次、プロ政治学落合久生、アジプロ学浅原健三、市町村の財政古市春彦、無産者法律森田春市、農民組合論前川正一、外に松本治一郎氏を特別講師として水平運動史を講じて貰う予定等

堺利彦農民労働学校

その直前の七月一五日、田原春次は全水創立の地、奈良・柏原で開催された高松事件真相発表演説会に松本治一郎らと参加しており、この時、松本に第四期堺利彦農民労働学校の特別講師を打診し、内諾を得たと思われる[4]。

第四期堺利彦農民労働学校（農民夏期講習会）は、ファッショ批判論（旧労大党元衆議院議員浅原健三）、市町村財政学（旧労大党福岡県連委員長古市春彦）、実用経済学（田原春次）、プロレタリア政治学（全農福連教育部長落合久生）、プロレタリア法律学（井手尾争議の総同盟系弁護士森田春市）、そして、水平運動史（松本治一郎）という講座が準備された。

以下は、田原の松本宛一九三三年八月一六日消印封書の一節である（傍線は原文、次ページの写真）。

八月二十、二十一、二十二の三日間の京都郡豊津村の農民夏期講習会には、ぜひ共一日御出席下さい。

「午後一時より四時まで講習会席上にて水平運動の話をし、

四時より六時半まで郡内部落民町村議との座談会をやり、夕食をすませ、七時より十時まで行橋町で高松事件の演説会を開き、

夜に十時十三分発上りで小倉経由帰福される」

予定のもとに二十二日に来て下さい。

田中松月君を御同道願います。同君に差し支えあらば、花山君か岩田君を一名お願いします。

どうか父《おやじ》らの御出張の儀、おたのみします。

万一、二十二日が御都合悪くば、二十一日にして下さい。

右の日付についての御返事は、十八、九日迄に拙宅へ御電報願います。準備は責任を以《ママ》ってやっておきます。

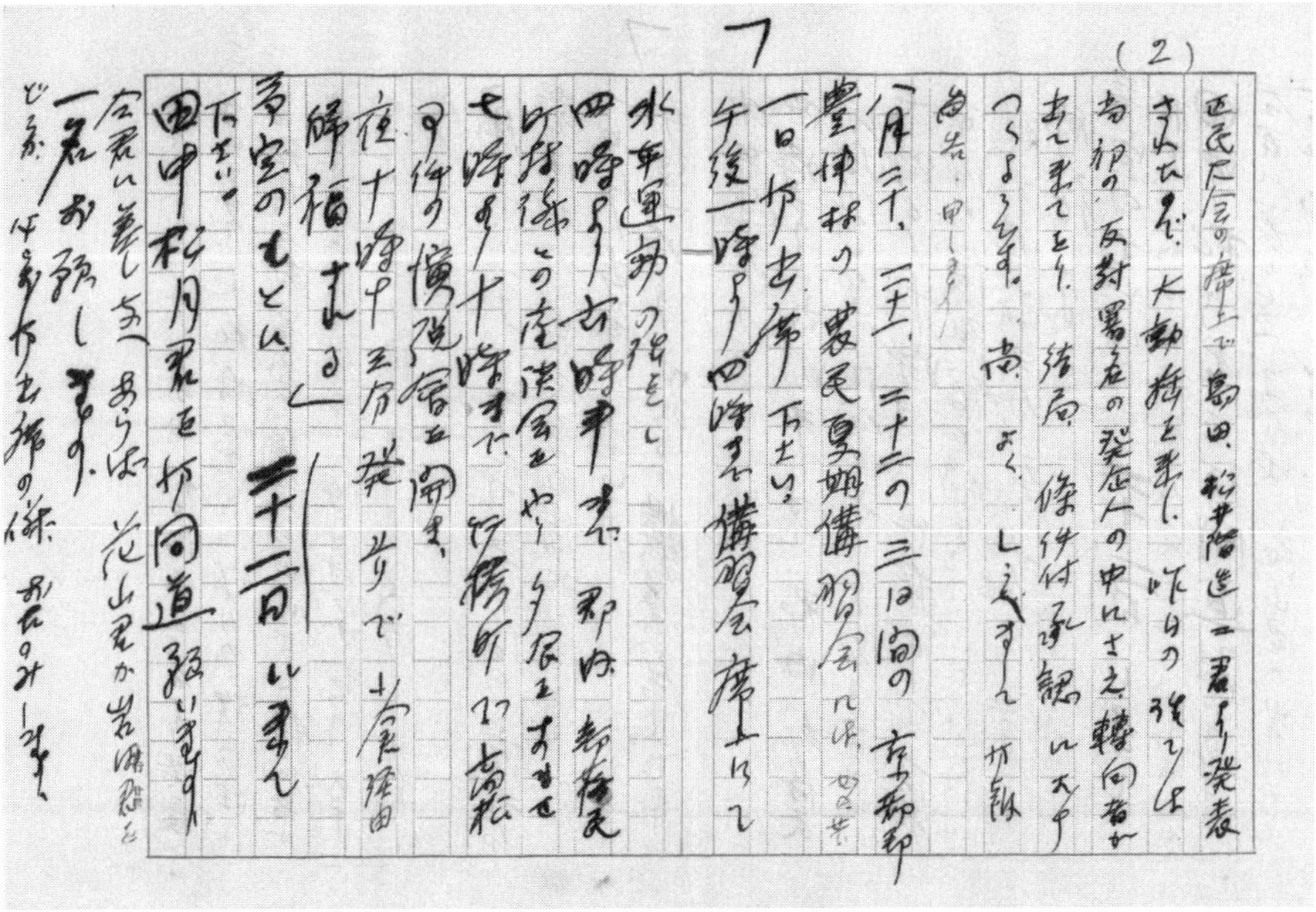

田原春次の松本治一郎宛1933年８月16日消印書簡。400字原稿用紙３枚中の２枚目。（公社）福岡県人権研究所寄託松本治一郎旧蔵資料（仮）。

二、三他に小用もありますので私は十八日頃、出福するようになると思います。その際はお伺い申して、くわしく打ち合わせ致します。

このように田原は、①午後一〜四時の第四期堺利彦農民労働学校（農民夏期講習会）での水平運動の講義、②四〜六時三〇分の京都郡被差別部落町村議との座談、③七〜一〇時の高松地裁結婚差別裁判事件糾弾演説会での演説を松本に依頼していた。ところが、この時期、高松事件に対する対応が切迫していたため、第四期堺利彦農民労働学校は、当初の予定を変更して八月二二日の一日開催とし、松本治一郎歓迎会と高松事件真相発表演説会という形で京都郡行橋町（現行橋市、会場不詳）で開催された。

田原は松本宛一九三三年八月一八日消印葉書に次のように記している（□□は地名）。

拝啓　昨夜行橋より電話にて申せし如く、いよ〳〵来たる二十二日午後より夜にかけて、京都郡行橋町にて歓迎会並びに大演説会開催いたします。万障繰りあわせ御臨席下さい。準備万端は京都郡行橋町□□（町議）吉永栄方にて。京都郡町村議員団主催です。

この書簡により高松事件真相発表演説会の主催者は、堺利彦農民労働学校や全農福連京築委員会ではなく京都郡の被差別部落町村議員団であったという新たな事実が判明した。この年五月に行われた京都郡の町村会議員選挙に行橋町二名（他に日農九同一名）、泉村二名（他に日農九同一名）、今元村一名、節丸《せつまる》村二名、祓郷《はらいごう》村一名の全農福連傘下の被差別部落小作農が立候補し、全員が当選する。(5)

一九三三年の町村会議員選挙で当選した五万五二二七名のうち小作議員が占める割合は二六・三％に達していた。大門正克は、「農民運動が退潮に向った昭和恐慌期にあっても、静かではあるが確かな地殻変動が農村社会に深部で進行していたのである。村議に当選した小作農民の圧倒的大部分は農民組合に所属しない小作人であった」と指摘している。(6)

だが、こうした全国的な動向と異なり、前年一〇月に結成された後発農民組合で、被差別部落を基盤とした全農福連は、この時期、退潮期ではなく高揚期を迎えていた。一九三三年八月一五日投票日の企救郡企救町会議員選挙（定員二四名）においても全農福連の財務部長（一一四票）、青年部長（九七票）、財務部長代理（六七票）が当選しており（前掲『福岡県史 近代史料編 農民運動（三）』一七三ページ）、青年部長藤本幸太郎はその後、全農福連組織部長・政治部長・書記長、大日本農民組合福岡県連合会副会長兼主事として田原春次と行動をともにし、戦後、小倉市議、部落解放同盟小倉地区協議会顧問を務めた（第四章第二節、第六章第一節）。

松本治一郎の歓迎会と演説会の準備万端を担当した行橋町議吉永栄は、愛国民報社長、京都郡の独立系水平社・自治正義団の保守派であり、全農福連と政治的に対抗する関係にあった(7)（第五章第一節）。吉永は自治正義団が翌年発行した論集『覚醒』掲載の「無産運動と水平運動」で田原春次ら自治正義団の無産運動進出派や井元麟之ら全水九連の新共産主義系（全国水平社解消論）を鋭く批判している。

水平運動を一個の無産階級運動と見倣して、之を労働組合と併立した立場に置こうとする行き方に対して、私は疑いを持つ。（中略）無産階級運動さへ成功すれば、部落問題が容易に解決出来得るように考えることは、あまりにも空想的である。無産階級が勝利を獲ることによって、経済闘争は解決するかも知れないが、部落問題のみは残存するであろう。

つまり、京都郡の部落民衆は、松本治一郎を精神的な支柱としながら政治的対立を乗り越えて高松結婚差別裁判糺弾闘争と地方応急施設事業費獲得に結集したのである。一九三三年度福岡県の地方応急施設事業費の総額は一六万八六〇〇円、うち労務費は九万七四六〇円で、延べ一一万二九四四人の従事者があった。京都郡では、一七町村の八〇地区で八四事業が実施されており、その地区数と事業数は、田川郡とともに突出している（『融和時報・九州各地版』第九三号、一九三四年八月一日）。

なお、田原春次が、八月二二日の高松事件真相発表演説会に同行を依頼した田中松月[8]、花山清[9]、岩田重蔵（第四章第二節）の参加状況については、資料で確認することができない。ただし、田中松月は、行橋の演説会から二日後の八月二四日、田村定一[10]らが山口県宇部市新川座、翌二五日、高橋貞雄[11]らが広島市内二カ所で開催した高松事件真相発表演説会に松本治一郎に同行していることから、行橋の演説会にも参加したと思われる。

(2) 高松結婚差別裁判糺弾闘争と田原春次

広島市での演説会の翌八月二六日、田原春次は、松本治一郎、北原泰作、田村定一、田中松月、藤原権太郎らと高松市の県公会堂で開催された香川県部落民大会で演説した（次ページの写真）。『香川新報』八月二七日によれば、「差別撤廃の旗数十本を押し立てた田原春次氏の一行が公会堂に到着するや満場声を限りに万歳を叫ぶという盛会であり、『大阪朝日新聞香川版』同日は、「午後二時から差別裁判闘争関東委員長九州全農委員田

香川県部落民大会の記念写真。1933年８月26日。前列中央が田原春次。その左が田村定一，右一人おいて田中松月。その後ろの左が北原泰作，右が松本治一郎。香川県香川郡鷺田村（推定）。（公社）福岡県人権研究所寄託松本治一郎旧蔵資料（仮）。

原春次氏壇上に起ち各種例を引用して高松署をこき下し」と報じている[12]。

その後、田原は松本、田村らと八月二八日の全国部落代表者会議（大阪市天王寺公会堂）に参加し、翌日の差別糺弾闘争第一回全国委員会（大阪市木津戸主会館）で阪本清一郎、朝田善之助と「我が「全国水平社」並びに「差別裁判糺弾闘争全国委員会」は輝ける過去の闘争が示す如く、あらゆる人種的・身分的差別・賤視に対し徹底的に闘争するものである」という「ドイツ・ファシスト政府に対する抗議」を起草した。京都・嵐山見物に向かった松本らと別行動の田原と田村が、大阪商船の大型船で門司港に到着したのは八月三一日早朝であった（田原の松本宛一九三三年八月三一日付封書）。

田原は九月一二日、全水九連松本治一郎、全農福佐福岡地区岩田重蔵、日農九同豊前連合会有永霊城の四者連名で農民戦線統一のための「九州地方農民団体会議の提唱」を発出し、九月二五日に開催された九州地方農民団体懇談会（福岡市松園公会堂）で「本会議を提唱した動機の一つは高松裁判所問題である。差別問題に就いて支配階級に対して戦線を統一せよ」と提起した。福岡県地方の農民戦線統一を促進した要因は、高松結婚差別裁判という「支配階級」による抑圧に対する強い危機感であった。田原はその後も松本や岩田に対し、全農福佐の総本部復帰や社大党支持を訴え続けた[13]。

差別裁判糺弾闘争九州地方協議会は、九州地方農民団体懇談会当日の午後七時より第一回請願行進隊激励演説会（福岡市博多座）を開催し、田原は全農福連代表として次のように演説した[14]。

非常時の名の下に無産運動は圧迫弾圧を受けている。本日の農民団体協議会に於いて、一切の被圧迫階級の提携に依り今日の資本主義制最後の陣営に突撃せんことを誓ったのである。昔ローマに於ける十万の大衆がローマへローマへと進軍した際之れに圧迫の手の下しようがなかった、如く明日午前八時博多駅より東京へ東京へとあらゆる弾圧を突破して恰もローマの進軍の如く……中止……

ところが、「九月二十六日出発の予定なりし請願行進隊は当局より其の徒歩行進をデモなりとして禁止」（同前）となり、一〇月一日の出発に延期された。以下は、九月三〇日の第二回請願行進隊激励演説会（福岡市県公会堂）での松本治一郎の演説の結びである（同前）。

水平運動十二年間圧迫されたが止むに止まれぬ気持は押えることは出来なかった。人間としての正しき要求を無視して監獄に打込むならばたとえ何千回に及ぶとも心迄入れる事は出来ない。明日の行進隊は如何に圧害されても差別の名を無くする迄は進むのだ。自己のみを擁護する悪魔が居る限り最後の血の一滴まで闘う事を誓う。

協調会福岡出張所に情報提供した警察機構（特高課）かまたは演説概要をまとめた福岡出張所担当職員の皮相な部落問題認識を反映してか、松本の演説の核心が突かれていないような印象を受けるが、「最後の血の一滴まで闘う」という松本の力強い決意は、部落民衆の心をつかんだであろう。

『大阪毎日新聞北九州版』一九三三年一〇月三日は、「物々しい警戒裏に／水平社の陳情代表東上／門司は呆気なく通過したが／小倉では長崎県代表を検束」という見出しで「右代表一行は一日午後来倉、小倉署の物々しい警戒裏に同市□□□、企救郡西谷村の二ヶ所で糾弾演説会を開催、二日正午□□□で座談会を開催の上午後三時四十七分小倉駅発列車で東上した」と報じている（□□□は地名）。糾弾演説会と座談会には、全農福連傘下の被差別部落小作農が動員されていた[15]。

田原春次は一〇月七日、全農総本部拡大中央委員会（大阪）で第五号議案「差別裁判糾弾闘争支持応援に関する件」を「全水と協力してこの闘争を部落施設改善闘争へたかめること、本会議二日目に席上基金集めと署名をやること。請願隊を大阪、東京に迎えること」と提案し、満場一致で可決された。松本治一郎は一〇月九日午後四時一〇分、全水九連の木林善三郎、藤原権太郎、松本吉之助ら請願隊二〇名と大阪駅に到着し、田原と天王寺公会堂での歓迎演説会に臨んだ。最初に登壇した田原の演説は臨監席の警官に中止を命じられ、松本は閉会挨拶を行った。

一〇月一九日の請願隊の東京駅到着と翌日からの法相、内務省社会局長・警保局長等々への訪問を報じた『社会大衆新聞』第五五号（一九三三年一一月五日、田原春次執筆か？）は、紙型が無残に削られ、「全国水平社の闘争」、「法相検事総長等に」という見出しと記事の一部しか読むことができない。

田原は松本宛一九三三年一一月二七日消印封書に次のように書いている。

拝啓　請願行進隊についての絶大なる御努力を深謝いたします。私事、この春の土木事件の刑確定し、十二月一日、小倉刑務所へ入所いたします。議長の二ヶ年の御労苦に比ぶれば僅か四ヶ月と十日の日数、来春四月十日に出るわけで、まことに短いが、しかし、支配階級のワナにかかった事実については議長の事件と等しいのです。

農民組合の合同その他、来春はいろ〳〵と気を長くして大いにやりたいと思っております。どうか議長も御身大切にたのみます。先ずはしばらくのお別れのアイサツ迄。敬具

井手尾争議をめぐる暴力行為等処罰法事件（一九三三年二月一七日）の控訴審で懲役五カ月（未決通算二〇日）が確定した田原春次は、一九三三年一二月一日、福岡刑務所小倉刑務支所に入獄し、翌年三月九日、特赦により出獄した[16]。この四カ月間、高松結婚差別裁判糺弾闘争を始めとする水平運動・農民運動史料に田原の名前を見出すことができないのは、入獄中だったからである。官憲史料には、「（一九三四年三月）一四日　全水社員田原春次出獄せる為、早大出身同志主催の下に歓迎会を開催せるが、会同者松本ほか十六名ありたり」とある[17]（傍点は引用者）。

二　今川ダム建設反対運動と一九三五年県会議員選挙

（1）今川ダム建設反対運動

一九三四年、福岡県では六月降雨量四九ミリ（平年の五分の一）という福岡測候所開所以来の未曾有の大旱魃となり、県下全体で七割以上減収田五四六二町歩、無収穫田二九六六町歩、被害総額は一二〇〇万円に及び、特に、瀬戸内気候区で夏季の降雨量が著しく少ない京都郡の被害は甚大であった。したがって、この年から翌年にかけ、全国農民組合総本部派福岡県連合会（全農福連）の小作争議は峻烈を極める。

そこで、田原春次は松本治一郎の支援・激励を求め、同年九月一七日消印葉書で全農福連第三回大会への参加と祝辞演説を依頼した

拝啓　未曾有の大旱魃を控え、我が全農福連では大会を十月四日又は五日朝十時より夕五時まで三井郡北野町民衆クラブで開催。内容準備中です。何れ正式案内状は出しますが、ゼヒ共同日午後二時頃、御出席、御激励の祝辞をたのみます。
近日参上します。

松本治一郎は田原の依頼に応じ、一〇月三日の全農福連第三回大会（三井郡北野町民衆倶楽部、参加者約二五〇名）で祝辞を述べた。大会後の演説会では、全水九連常任委員井元麟之と旧全国労農大衆党（労大党）系社会大衆党（社大党）＝浅原健三派の三人、九州統一労働組合沢井菊松、福岡県議花山清、八幡市議青野武一が演説し、花山清は「本年の旱魃で一番酷いのは京都郡の収穫皆無の八百町歩である」と述べている。(18) 田原からの情報提供であろう。

全農福連第三回大会で可決された運動方針は、「一、飯米一年分差押禁止法獲得、二、凶作地の免税と小作料全免、三、肥料代を軍需工業家に負担せしむるの件、四、地主町村保証による政府米の貸下げ、五、義ム教育全額国庫負担、六、完全小作法の制定」である。「二、凶作地の免税と小作料全免」に関しては、例えば、全農福連行橋町支部の小作農一八名が「昭和九年度稲作が旱害其他に依り九割減収なりとして地主に小作料九割減額」を要求した争議は、小作調停により『小作料は七割減』という小作側に有利な条件で解決している。(19) 悲願の「五、義ム教育全額国庫負担、六、完全小作法の制定」が実現したのは、戦後改革期である。

田原春次はこの大会を機に全農総本部中央委員に専念することとなり、後任の全農福連執行委員長に野口陽彦（別名彦市、彦一）、書記長に藤本幸太郎が選出された（ただし、田原は翌年、全農福連執行委員長に復帰）。

こうしたなか、中野友禮《とものり》率いる新興コンツェルンの事業持株会社日本曹達は、同年一二月三日、①京都郡苅田町の豊国セメント門司工場に隣接する塩田跡に九州曹達苅田工場を建設、②苅田町補水耕地整理組合が構築する今川下流ダムから工業用水を取得、③ダム建設は福岡県耕地課から認可されていることを公表した。

日中戦争期に短期的集中形成と吸収買収戦略で膨張した日曹コンツェルンの四大支柱子会社が、曹達化学工業部門の九州曹達（公称資本金二五〇〇万円、以下同じ）、繊維部門の日曹人絹パルプ（三〇〇〇万円）、鉱業部門の日曹鉱業（五〇〇〇万円）、製鋼部門の日曹製鋼（九五〇万円）である。[20]九州曹達苅田工場創業時の取締役の一人は、中山製鋼創業者中山悦治（豊津中明治三〇年中退、第五章第一節）、相談役の一人は、福岡第四区選出の民政党衆議院議員勝正憲（豊津中明治三一年卒、第四章第一節）であり、日曹コンツェルンは、民政党の人脈により苅田への企業進出を果たしたのであった。

今川下流両岸、行橋町と今元村の全農福連傘下の小作農は、このダム建設が致命的な農業用水不足をもたらすという強い危機感から今川水利権防衛同盟を結成し、建設反対運動に立ち上がった。全農福連京築委員会は、「今川水利権防衛同盟ヲ闘争主体トシ、之に全国農民組合、社会大衆党、全国水平社等が徹低《ママ》的応援ヲスルコト」という方針を掲げ、田原春次が、社大党や全水九連への支援要請と認可取消行政訴訟に奔走する。[21]

今川水利権防衛同盟は、翌一九三五年二月一一日、行橋の浄土真宗本願寺派浄蓮寺でダム建設反対の行橋町・今元村・蓑島村町村民大会兼建国祭記念講演会を開催した。田原は松本宛二月四日消印葉書（次ページの写真）で大会への参加を依頼した。

昨日御願いした今川ダム事件、行橋、今元、町村大会は、準備の都合で二月十一日に変更しました。当日の場所、時等は前通りです。必ず御出席か祝電を御願いします。

松本治一郎は、この大会兼講演会に藤原権太郎と井元麟之を派遣した。地元の旬刊紙『京都《みやこ》新聞』一九三五年二月一五日によれば、藤原の演説は、「今川ダムをこのまま放任せば将来町民に憂いを来す問題である、また

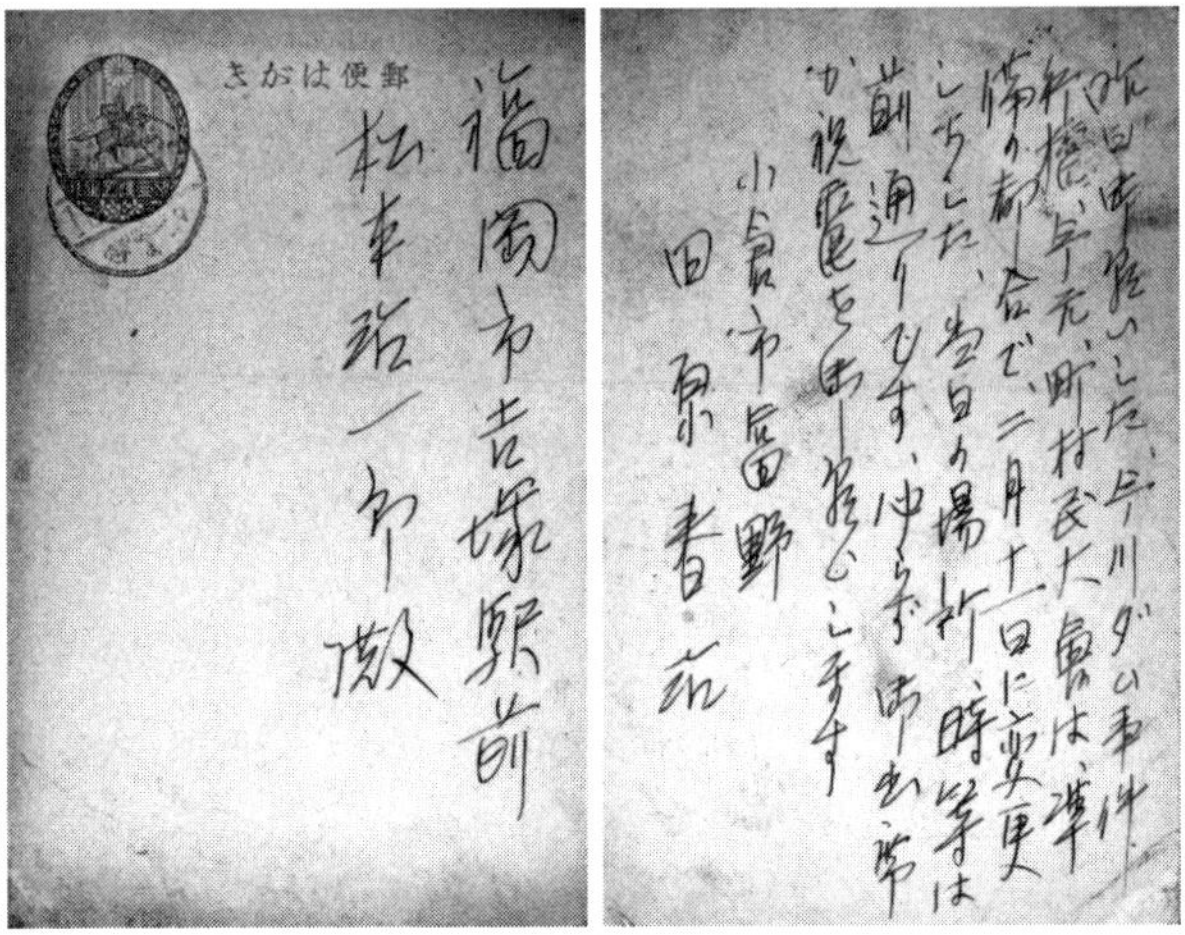

田原春次の松本治一郎宛1935年２月４日消印葉書。
（公社）福岡県人権研究所寄託松本治一郎旧蔵資料（仮）。

同ダム沿岸農民三部落の者が水平社同人だからと云う様なことが含まれて居るとすれば？　全国水平社では社会問題として扱う考えである」という内容であった。井元の演説は、「水利権の恩恵に浴している諸君は当然損害賠償を要求する権利」と述べたところで中止を命じられた。

今川水利権防衛同盟は、「工業悪水の流出に依る農耕凶作、魚介死滅、海水浴場の危険を指摘」する「今川ダム工事真相バクロ百回連続移動座談会」を開催し、地域世論の形成を図った（『九州労働新聞』一九三五年三月一日）。田原春次は全農総本部機関誌『土地と自由』同年三月二五日付第一三三号の第二版として独自ページを七〇〇〇部印刷・発行し、平易な文章と「今川ダム争ギの関係早わかり」の図解で問題点を分かりやすく民衆に伝えた[22]。

今川ダム建設反対運動は、行橋町会の「今川河水取入堤堰ニ関スル件」の福岡県への上申、行橋町・今元村・蓑島村の関係地主五五名の「今川下流堰埭《えんたい》工事中止陳情書」の提出、豊前海一八浦漁業組合連合会三六〇余名の県知事交渉などもあり、多様な階層を巻き込んだ市民運動として高揚していった。

田原の松本宛一九三五年六月一三日消印葉書には、

拝啓　御承知の京都郡の今川ダム認可取消行政訴訟につき七月七日が東京での事実審理に有之、京都郡より同人三名出廷のため五日上京、二、三泊いたしますが、目下赤坂の事務所にはどなたが留守番中で御座いましょうか。氏名御しらせ下さい。お願い申します。私も同道いたします。

とあり、さらに、田原の松本宛八月一〇日消印葉書には、

暑中お伺いいします。
京都郡の今川ダム工事反対運動と漁業組合対九州曹達工場との対立抗争、忙殺されております。
尚、八月三十日企救郡企救町公会堂、三十一日三井郡北野町民衆クラブで全農福連大会やります。御祝辞願います。

と記されている。ただし、全農福連第四回大会で松本治一郎が祝辞演説を行った形跡は見られない。
以下は、柏木勘八郎ら関係地主五五名が提出した「今川下流堰堤工事中止陳情書」の一節である（『京都新聞』一九三五年二月五日、□□は地名）。

行橋町□□及今元村□□ノ耕地ハ、砂質ナルガ故ニ毎年旱害ヲ蒙リ、激甚ナル小作争議頻発シ、従テ町村内ニ於テハ地主小作人間ノ和平ヲ欠ギ、拙者共地主ハ断エズ不安ノ念ニ駆ラレ、常ニ当局ヲ煩ハスハ実ニ遺憾トスル所ナリ
然ルニ目下建設中ノ堰堤完成ノ暁ニハ、上流ニ設備シアル数個ノ旧堰ノ保水薄弱トナリ益々枯渇シ、農作上多量ノ水ヲ要スル季節ニ際シテハ、水不足ヲ一層甚シカラシメ水争ヲ勃発シ、延《ひ》イテハ小作争議ヲ深刻ナラシメ思想悪化ヲ来シ、遂ニ収拾スルコト能ハザル状態ト相成誠ニ憂慮ノ至リニ堪エズ

1929年５月14日に福岡県下で最初に開館した行橋隣保館。400坪の敷地は柏木勘八郎が無償で提供。行橋市史編纂委員会提供。

豪商柏屋の八代柏木勘八郎は、七〇町歩（関係小作人一五〇名）を所有する大地主で、行橋電燈株式会社社長、宇島鉄道株式会社社長、福岡県農工銀行取締役、京都郡会議員、行橋町会議員、行橋町助役、行橋町耕地整理組合副長（行橋駅東口の二五町八反の農地を宅地化）、行橋町会議員などを歴任した政友会の実力者であった。(23) 最終的には、こうした柏木らの意向が、今川ダム建設反対運動の帰趨を決することになる。視点を変えると、対抗勢力の全農福連には、「激甚ナル小作争議頻発」で「地主ハ断エズ不安ノ念ニ駆ラレ、常ニ当局ヲ煩ハス」という運動の実態があったのである。(24)

(2) 一九三五年福岡県会議員選挙

多くの読者を獲得していた八波《やつなみ》太作《たさく》経営の『京都新聞』（一九二七年創刊）は、今川水利権防衛同盟に好意的な記事を掲載し、反対運動をバックアップした(25)（写真）。『田原春次自伝』（田中秀明、一九七三年）によれば、八波太作は「堺学校の門下生」、堺利彦農民労働学校参加者である。また、労農派の無産大衆党京都郡支部をルーツとする全国大衆党—労大党京築支部長蓑干万太郎が一九三四年に創刊した旬刊紙『豊州新聞』（戦後『京都新聞』と改題）もダム建設反対の論陣を張ったと思われるが、同紙は散逸しており、紙面を確認することができない。

八波太作は、一九三五年九月二一日投票日の第三回男子普選福岡県会議員選挙で京都郡（定員一名）から旧社会民衆党（社民党）系無産中立として立候補、落選した。当選した民政党吉田勝三郎（豊津中明治二三年卒、元山形連隊区司令官、陸軍歩兵大佐）の得票数は四九〇三票、次点の政友会永沼庄市（元伊良原村長、帆柱産業組合長）

は四一一七票、八波は僅か七八〇票だった。田原春次は「九州選挙ゴシップ」（『社会大衆新聞』第七七号、一九三五年一一月五日）で次のように県議選を振り返っている。

我党から当選した県会議員三十余名のうち一県で四名も出しているのは福岡県だけである。之は大阪の三人、東京の一人に比べて多少は自慢させて貰ってもよかろうと思う。（中略）金の少なかった事は各候補とも共通した事で珍しくないが、京都郡から、定員一名のところへ政友民政の巨頭各氏の中へ挟まれて

今川ダム反對運動擴大す

今川水利權防衛同盟 百回座談會で

ダム、劇場、水道の諸問題を糺明

行橋淨化會も近く發會式を

愈々火の手をあけて革新

行橋町淨化會 趣意書

行橋淨化會發起人

事務所 宮市區八條功明氏宅

謹近火御見舞

上：今川水利権防衛同盟のダム反対運動を報じる『京都新聞』1935年３月15日。行橋市史編纂委員会提供。
下：『京都新聞』を見入る人々。福岡県京都郡行橋町大橋2475番地　京都新聞社。1930年代。個人蔵。

伊藤卯四郎の福岡県会議員選挙トップ当選を祝う旧社会民衆党系社会大衆党八幡支部。1935年9月。旧労大党系社大党への熾烈なライバル意識から社会民衆党の旗が掲げられている。福岡県無産運動史刊行委員会編『福岡県無産運動史』より転載。

　無産中立で立った八波太作氏は、自分は一文も出せず、支持者の五銭十銭の金百十七円でやりとおした。スイセン状もアイサツ状も全然配布せず、ポスターもはらず、自動車も雇わず、テクシー専門でやったにしては大成功であった。

田原が「自慢」しているように、この県議選で全国水平社九州地方協議会（全水九協）[26]の三候補、旧労大党系社大党の花山清が嘉穂郡（定員四名）で再選され、無産系中立の宮本楽次郎が早良郡（定員一名）で初当選し、同じく藤原権太郎が福岡市（定員六名）で二三八二票を獲得する次点と善戦した（表3）。

この他に全農福連の組織内候補である旧労大党系社大党の野口彦一が三井郡（定員四名）で初当選し、旧社民党系社大党現職の伊藤卯四郎（写真）と旧労大党系社大党新人の三浦愛二が八幡市（定員四名）で一位、二位と圧勝した（表3）。浮羽郡（定員一名）で初当選した稲富稜人ら国家社会主義派を含め、無産政党関係者の総得票数は三万三八二一票と過去最高を記録する[27]。

以下は田原の松本宛一九三五年一〇月五日付葉書である。

　拝啓　先般参上の際は御外出中で残念ながら引きかえしました。サテ、八幡の伊藤卯四郎君が、新県議の初顔合わせを十日正午、博多駅の共進亭でやりたいにつき、宮本、藤原御両氏にも御臨席を乞い、尚、松本議長、オヴザーバーとして是非御臨席を得たいと申しおります。何卒御出張下さい。私も参上します。

伊藤卯四郎が主導した無産派県議初顔合わせの詳細は不明だが、この頃より労大党出身の田原春次は、浅原健三派ではなく旧社民党の伊藤卯四郎との連携を強めていった。伊藤卯四郎が、一九三四年一二月二〇日、行橋町・今元村の地主、小作農、自作農約八〇〇名の代表者二〇名と畑山県知事、平内務部長、青柳特高課長、荻原耕地課長、笠原高等課長との会見・陳情を斡旋するなど今川ダム建設反対運動を積極的に支援したからである(28)。

こうして旧労大党系社大党京築支部は、多数右派の田原春次派と少数左派の蓑干万太郎派に分裂し、前者は旧社民党系京都郡支部として再編され、後者は支部長蓑干万太郎の旬刊紙『豊州新聞』経営専念と書記長落合久生（堺利彦農民労働学校主事）の離脱により有名無実化した。本誌（『リベラシオン』第一八九号）で特集した文芸戦線派プロレタリア作家鶴田知也（堺利彦農民労働学校講師）が、第三回芥川賞受賞後に発表した豊津取材作品「僕達と志摩氏」（『改造』一九三七年二月）に登場する農民運動家「久能廉平」のモデルが落合久生である。名字の「久能」は、運動離脱に至る落合の「苦悩」と重なる（第六章、第七章第六節）。

表3　男子普選第3回福岡県会議員選挙無産政党関係者の成績

（1935年9月21日）

市郡	定員	候補者名	当落	得票数	政　派	職　業	年齢
福岡市	6	藤原権太郎	落	2,382	中立（全水）	土木請負業	43
早良郡	1	宮本楽次郎	当	1,376	中立（全水）	農業	62
八幡市	4	伊藤卯四郎	当	5,636	社大（旧社民）	無職	42
		三浦愛二	当	5,621	社大（旧労大）	売薬商	41
鞍手郡	2	岡本与市	落	1,256	社大（旧社民）	歯科医	46
		大年利一	落	250	愛国政治同盟	菓子製造業	37
嘉穂郡	4	花山　清	当	5,260	社大（旧労大）	僧侶	40
浮羽郡	1	稲富稜人	当	4,503	皇道会（日農）	農業	34
三井郡	2	野口彦一	当	3,037	社大（旧労大）	農業	40
八女郡	3	野田勝次	落	1,601	中立（皇道会）	木蠟業	48
田川郡	4	菊池　勇	落	2,119	愛国政治同盟	薪炭商	31
京都郡	1	八波太作	落	780	中立（旧社民）	印刷業	49

出典：財団法人協調会福岡出張所「報告第446号　福岡県々会議員選挙に於ける無産関係候補者」。同「報告第447号　福岡県々会議員選挙に於ける無産関係候補者当落状況」。社会大衆党→社大，社会民衆党→社民，全国労農大衆党→労大，全国水平社→全水，日本農民組合九州同盟会→日農。

おわりに

松本治一郎宛旧蔵資料（仮）で判明した新たな事実は、以下の二点である。

第一に、松本治一郎を特別講師として招聘し、一九三三年八月二二日に高松事件真相発表演説会として開催された第四期堺利彦農民労働学校の経緯である。この演説会の主催者は、京都郡内の町村会に進出した被差別部落議員団であり、京都郡の部落民衆は、党派的な対立を乗り越えて高松結婚差別裁判糺弾闘争と地方応急施設事業費獲得闘争に結集した。高松事件は、水平運動を活性化させるとともに、「九州地方農民団体会議の提唱」（同年九月一二日）など農民戦線の統一を促進する契機となった。

第二に、田原春次の松本治一郎への全農福連に対する支援要請の内実である。松本は田原の要請に迅速かつ敏感に反応し、未曾有の大旱魃となった一九三四年の全農福連第三回大会で演説を行い、翌年二月一一日の今川ダム建設反対町村民大会に腹心の藤原権太郎と井元麟之を派遣した。松本や藤原、井元らが全水福岡県連と表裏一体の関係にあった全農福佐とともに全農総本部派を積極的に支援したこと、そして、それを実現させた田原の働きかけは、注目に値する。田原春次は、一九三五年の福岡県会議員選挙を機に伊藤卯四郎など旧社会民衆党と松本治一郎らを仲介し、その後の全水福岡県連の政党支持に大きな影響を及ぼすことになる（第四章）。

本章を閉じるにあたり、『新興西日本』第一巻第七号（一九三四年一二月三一日付）に掲載された田原春次「五年分の賀状」を紹介したい(29)。

拝啓　九州地方の社会運動に没入して早五度目の正月を迎えます。この間、毎日の仕事に追はれ海外及び内地の先輩友人各位へ全く年賀の御挨拶もせずまことに恐縮しております。

毎日の仕事とは、小作料減免、土地返還訴訟応戦、差押競売対策、借金肥料代延納、町村腐敗政治の摘発、官公署過失処分の抗議陳情、貧者と医者の紛議、労働者負傷賠償事件、農村ブローカー暴力団排撃、差別賤視糾弾、就職紹介、冠婚葬祭の参列、夫婦喧嘩の仲裁、代書代筆、座談会研究会演説会示威運動などで、これが全九州の農村にかけて、年から年中、朝から夜あけまで、多い時は日に十数村に勃発し、三十里もカケつける事が珍しくなく、手紙もポケットに入れたまま十数日読まぬ事あり、夢を見るヒマもないのです。

こうした仕事を通じ次第に貧農兄弟が搾取と特権なき新社会への希望に前進し来るのを見る時、一切を忘れて愉快になります。(以下省略)

田原春次は、こうした地道な農民委員会(部落委員会)活動と農民運動の高揚、そして、社大党への支持拡大傾向を背景に一九三六、三七年総選挙に挑んでいく。

注

(1) 福岡県人権研究所松本治一郎・井元麟之研究会編『解放の父 松本治一郎への手紙——全国水平社を支えた人々との交流』(解放出版社、二〇二三年)。関儀久「解放の父 松本治一郎への手紙」(『社会文学』第五八号、二〇二三年八月)。平原守「「解放の父 松本治一郎への手紙——全国水平社を支えた人々との交流」書評」(『革』第三九号、二〇二三年九月)。

(2) 関儀久「藤原権太郎——全国水平社九州連合会の活動家」(朝治武・黒川みどり・内田龍史編『非部落民の部落問題』解放出版社、二〇二二年)。

（3）法政大学大原社会問題研究所所蔵。

（4）部落解放同盟中央本部編『写真記録　部落解放運動史――全国水平社創立100年』（解放出版社、二〇二二年）一〇六ページ掲載の演説会当日の集合写真には、田原や松本の他に朝倉重吉、井元麟之、北原泰作、阪本清一郎、田村定一、深川武、松田喜一、米田富らの姿がある。山下隆章が史料紹介した『高松地方裁判所検事局差別事件／闘争日誌』の七月一五日の条には、「午后八時より奈良の柏原にて真相発表演説会を開く。松本議長、泉野、北原常任、米田、阪本君等出席す」とあり、田原春次の名前は記されていない。日誌の執筆者である新共産主義派の北原泰作にとって社会民主主義派の田原春次は記録するに値しない人物だったということであろう。

（5）『福岡県史　近代史料編　農民運動（三）』（福岡県、二〇〇〇年）一四八ページ。

（6）大門正克『近代日本と農村社会――農民世界の変容と国家』（日本経済評論社、一九九四年）二五七ページ。

（7）松本治一郎旧蔵資料（仮）には、吉永栄が松本治一郎へ『愛国民報』への名刺広告掲載を依頼した一九三四年七月三一日消印の封書がある。残念ながら『愛国民報』は散逸しており、紙面を確認することができない。なお、吉永栄は堺利彦農民労働学校の校舎建設費として一円五〇銭を寄付している。小正路淑泰編『堺利彦――初期社会主義の思想圏』（論創社、二〇一六年）三四〇ページ。

（8）首藤卓茂「田中松月――全国水平社創立大会への参加から松本治一郎の最側近へ」（前掲『解放の父　松本治一郎への手紙』）。

（9）関儀久「花山清――筑豊出身の水平運動・無産運動の活動家」（前掲『解放の父　松本治一郎への手紙』）。

（10）布引敏雄「田村定一――山口県の水平運動・無産運動の活動家」（前掲『解放の父　松本治一郎への手紙』）。

（11）割石忠典「広島県水平社の人びと――白砂健・高橋貞雄・玖島三一・小森武雄・中野繁一」（前掲『解放の父　松本治一郎への手紙』）。

（12）山下隆章「高松結婚差別裁判糺弾闘争と香川」（四国部落史研究協議会編『四国の水平運動』解放出版社、

二〇二二年）より重引。
(13) 第四章第二節。木永勝也「一九三〇年代の無産運動戦線統一問題――福岡県地方を対象に」(『九州史学』第八三号、一九八五年七月)。小西秀隆「地方における無産政党運動――福岡県無産政党史」(『福岡県史 通史編近代 社会運動（一）』福岡県、二〇〇二年)。
(14) 協調会福岡出張所「報告第一五四号 差別裁判取消請願委員上京送別記念演説会」(『昭和八、九年思想運動水平社問題其他思想に関する問題』)。法政大学大原社会問題研究所所蔵。
(15) 前掲『福岡県史 近代史料編 農民運動（三）』二一一ページ。
(16) 伊東弘文「北豊前農民組合と全農福連（全国農民組合福岡県連合会）――戦前の北九州における農民運動と部落解放の視点から」(『論集いぶき』第四号、北九州市同和問題啓発推進協議会、一九八四年三月)。『生命の土――藤本幸太郎自由への闘い』(藤本幸太郎顕彰碑建立実行委員会、一九九二年)。
(17) 渡部徹・秋定嘉和編『部落問題・水平運動資料集成』第三巻（三一書房、一九七四年）二三二ページ。
(18) 前掲『福岡県史 近代史料編 農民運動（三）』二六四〜七四ページ。
(19) 協調会福岡出張所「小作争議調査票№149（昭和一〇年九月分）」法政大学大原社会問題研究所所蔵。
(20) 下谷政弘『新興コンツェルンと財閥――理論と歴史』(日本経済評論社、二〇〇八年)。九州曹達苅田工場では、創業翌年の一九三七年五月二日、従業員五三七名中一一八名が参加した労働争議が勃発し、沢井菊松ら旧労大党―日本無産党系の日本西部産業労働組合の支援を受け、「1、賃金値上は二割程度を認むること、2、住宅手当は会社社宅建設迄月三円支給、3、月二回の公休日は日給を支給す、4、四大節は公休日とし日給を支給す」などの条件で解決（協調会福岡出張所「報告第六二五号 九州曹達苅田工場従業員労働争議」法政大学大原社会問題研究所所蔵）。沢井菊松はその後、同年一二月一六日の第一次人民戦線事件で検挙された。なお、ポツダム宣言受諾一八日前の一九四五年七月二七日、米軍の爆弾投下で九州曹達苅田工場に学徒動員中の豊津中学生六人が重傷を負い、一人が死亡している。

(21) 前掲『福岡県史 近代史料編 農民運動(三)』二七九ページ。

(22)『土地と自由』第一三三号第二版は、田原春次の松本治一郎宛一九三五年三月(日不明)封書に同封。旧九州大学石炭研究資料センター所蔵の今川ダム建設反対運動関連資料にも同紙が含まれている。

(23) 白石壽「行橋発展の礎を作った「八代・柏木勘八郎」」(『美夜古文化』第三一号、二〇一六年六月)。同「行橋東市街地の形成者――行橋町第五代町長徳田伊勢次郎」(『美夜古文化』第三六号、二〇二一年一一月)。

(24) 小正路淑泰『堺利彦と葉山嘉樹――無産政党の社会運動と文化運動』(論創社、二〇二一年)第Ⅳ部第二章では、全農福連草創期の代表的な争議である一九三三年の石田新開争議を検討した。その前年一二月、行橋町支部・今元村支部が虫害を理由に小作料四割乃至九割減額を要求した小作争議もまた、関係する地主が柏木勘八郎ほか四〇名、関係小作人が出口養造(堺利彦農民労働学校参加者)ほか五六名、関係小作地が八一町歩という大規模なものであった。

(25) 行橋市史編纂委員会が収集した『京都新聞』コピー(原紙は個人蔵)では、一九三四年一二月二五日、一九三五年二月五日、二月一五日、八月五日、一〇月八日が、今川ダム建設反対運動の経緯を報道している。

(26) 一九三五年三月二四日、熊本市公会堂で開催された全国水平社九州大会(参加者九〇〇名、うち代議員二八九名、女性四〇名)において、従来の九州連合会を廃止し、九州地方協議会(九協)を全国的統一補助機関とする組織改革が行われた。九協の書記長に田中松月、常任委員に花山清、井元麟之、富岡募、藤原権太郎、地方委員に木林善三郎、田原春次、岩田重蔵、吉竹浩太郎、山本作馬、高丘稔、丸山悟、島田昌欣、鈴木田金蔵、井上富蔵が選出された。田原はこの大会で社大党福岡県連を代表して祝辞演説を行っている(協調会福岡出張所「報告第三三二号 全国水平社九州大会」法政大学大原社会問題研究所所蔵)。ただし、朝田善之助が発行編集兼印刷人の第四次『水平新聞』第五号(一九三五年四月五日付)は、全水九州大会について「松本中央委員長、山口県代表田村定一君、全農福佐聯合会長重松愛三郎君等の祝辞」、「地方委員に岩田重蔵君等十名を選任」と報じ、田原春次には全く触れていない。

（27）協調会福岡出張所「報告第四四九号　福岡県々会議員選挙に於ける無産政党得票比較表」（法政大学大原社会問題研究所所蔵）によれば、一九二七年第一回男子普選福岡県議選での無産政党の総得票数は一万六三〇七票、二二名が立候補し、八幡市で堂本為広（九州民憲党）、浮羽郡で古賀弁吉（日本農民党）、三井郡で赤坂伊吉（労働農民党、選挙違反で失格）が当選。一九三一年第二回男子普選福岡県議選での無産政党の総得票数は二万七六七〇票、一五名が立候補し、八幡市で伊藤卯四郎（社民党）と堂本為広（労大党）、嘉穂郡で花山清（労大党）が当選している。小西前掲「地方における無産政党運動」参照。

（28）『北九州部落解放史資料（近代1）――北九州における農民運動と部落解放』（北九州部落解放史編纂委員会、一九八一年）二七九ページ。なお、松本治一郎旧蔵資料（仮）には、伊藤卯四郎の松本治一郎宛一九三五年一〇月三日消印書簡がある。

（29）同右二九〇～九一ページ。原紙は法政大学大原社会問題研究所所蔵。

第四章

一九三六、三七年総選挙前後の田原春次と松本治一郎

全国水平社の国政進出

本章は、福岡県人権研究所松本治一郎・井元麟之研究会編『解放の父 松本治一郎への手紙――全国水平社を支えた人々との交流』（解放出版社、二〇二三年）所収の拙稿「田原春次――福岡豊前地方の水平運動・農民運動指導者」を加筆修正した。

一　一九三六年総選挙前後の田原春次と松本治一郎

本章では、松本治一郎旧蔵資料（仮）に含まれていた後掲の新資料、田原春次の一九三六年総選挙の出馬表明と資金カンパを訴えた資料①田原春次「全国の先輩各位へ」（一九三六年一月一二日）、同選挙の会計報告である資料②「田原春次選挙成績」（同年三月九日）、そして、全農総本部派福岡県連合会（全農福連）の資料空白を埋める資料③「全国農民組合福岡県聯合会第五回大会議事録」（同年八月二二日）を紹介しながら、一九三六、三七年総選挙前後の田原春次と松本治一郎について検討したい[1]。

一九三〇年代の福岡県の無産政党に特徴的なことは、社会民衆党系（社民党、一二支部、四〇四二人）と全国労農大衆党系（労大党、一一支部、三五一八人）の二つの社会大衆党（社大党）県連が並立して最後まで統一されなかった点である。後者は、加藤勘十、鈴木茂三郎ら最左派の日本無産党（日無党）へ移行し、人民戦線事件後、中野正剛主宰の国家主義団体東方会へ一部を除いて合流した。

1936年総選挙立候補時の田原春次。田原ルイザ氏提供。

田原春次は、一九三六年二月二〇日投票日の第一九回総選挙に社大党公認で福岡第四区（定員四名）から立候補した。この時、労大党出身の田原を日本労働総同盟（総同盟）九州連合会の社民党系労組が支援する。これは、①福岡第四区選出の社民党衆議院議員小池四郎が国家社会主義新党へ移行、②小池不支持を決めた旧社民党系社大党は新たな候補者を模索、③今川ダム建設反対運動を通じて総同盟九連会長・旧社民党県議伊藤卯四郎と全農福連との信頼関係が築かれたからである。[2] 田原は八三六一票を獲得したが、僅か一九七票差で次点となった。旧労大党系社大党福岡県連委員長・元福岡県議堂本為広（堺利彦農民労働学校校舎建設発起人）の出馬による分裂選挙が敗因であった。二人の得票数を合計すれば悠々当選圏内の一万二三一八票となり、資料①「全国の先輩各位へ」の「労働組合、農民組合、水平社、市民団体の組織勢力一万二千」という票読みと符合する。

福岡第四区で当選した四名中三名は福岡県立豊津中学校（現育徳館中学校・高等学校）の卒業生だった。立憲民政党の末松偕一郎（内務官僚、第二次若槻内閣鉄道政務次官）は明治二八年卒[3]、勝正憲（大蔵官僚、翌々年に民政党幹事長）は明治三一年卒[4]、立憲政友会の片山秀太郎（台湾総督府官僚）は明治三二年卒[5]で、末次虎太郎は在任中に死去した内野辰次郎[6]（陸軍中将、明治二九年二月卒の堺利彦と同時期に豊津中に入学し陸軍幼年学校へ進学）の後継候補である。資料①「全国の先輩各位へ」には「私と多少は主義も違いましょうが」とあり、国内外の既成政党支持者にも送付されていた。なぜならば、資料②「田原春次選挙成績」の「三、収入総額（寄附）」に「北米「金五弗宛」飲村、安孫子、宮田、――ブラジル「金五拾ミル宛」中山、「金百ミル宛」黒岩、――カナダ「金十四弗五拾仙宛」キャンプ・ミル労働組合」と記されているからである。

アメリカから五ドルを送金した安孫子久太郎は、サンフランシスコの日本語夕刊紙『日米』(The Japanese American News) の創立者、ブラジルから五〇ミルレイス（一ミルレイス＝一〇〇〇レアル＝二五銭）を送金した中山忠太郎は、在ブラジル福岡県人会代表・旅館経営者、一〇〇ミルレイスを送金した黒岩清作は、サンパウロの日本語夕刊紙『伯剌西爾《ブラジル》時報』(Os Noticias do Brasil) の創立者である。田原が一九二四年から五年間、アメリカ留学、南米各国旅行、ホノルルの日本語夕刊紙『日布時事』(The Nippu Jiji) 編集局員時代に築いた人脈であり、これらの送金者はどちらかといえば既成政党の支持者であった。[7]

一四ドル五〇セントを送金したカナダのキャンプ・ミル労働組合（Camp and Mill Workers' Federal Labor Union

バンクーバーの伐採現場で働く福岡県京都郡仲津村の出稼ぎ移民労働者。1930年代初頭。左から３人目が筆者の母方祖父廣門勝美（1907年１月15日生まれ）。小正路蔵。

No.31 Vancouver and Vicinity）は、ブリティッシュ・コロンビア州バンクーバー市パウエル街に事務所を置き、キャンプ（原生林での伐採現場）やミル（製材所）など木材産業で働く日本人・日系人移民労働者を最大時約一六〇〇人を組織した。一九二七年にナショナルセンター・カナダ労組会議（TLC）へ加盟し、機関紙『日刊民衆』（The Daily People）は、日本人コミュニティに広く浸透した。(8) 編集長の梅月高市は、福岡県築上郡角田《すだ》村（現豊前市）の出身である。田原春次は一九三一年四月から約一五〇日間、浅原健三、木村毅と渡米した際、バンクーバーのキャンプ・ミル労働組合を訪問し、友好な関係を築いていた。(9)

資料②によれば、国内では、松本治一郎と社大党書記長麻生久（堺利彦農民労働学校校舎建設発起人）が四〇〇円、田原の実弟で専修大学教授吉川兼光(10)と田川郡選出の民政党県議・中小炭坑経営者北代市治が三〇〇円、旧社民党衆議院議員亀井貫一郎と産業組合中央金庫理事長有馬頼寧の秘書豊福保次（資金提供者は有馬であろう）が二〇〇円、産業組合中央会の前会頭志立鉄次郎、常務理事千石興太郎、全農福連副会長・社大党企救郡支部長・企救町議堀口専正らが一〇〇円、企救町の永万寺第七代住職光應《みつおう》智英《ちえい》、社大党中央執行委員・農村委員会長三輪寿壮（堺利彦農民労働学校校舎建設発起人）らが五〇円を寄付している。

寄付者には、福岡日日新聞社副社長菊竹淳(11)（一〇円）、堺利彦農民労働学校に学んだ全農福連書記長藤本幸太郎（一〇円）、田原の全水東京支部時代から親交があった元社大党浅草支部顧問・全水中央委員深川武（五円、第一章第三節）、地元紙みやこ京都新聞社社長八波太作（五円）、融和団体福岡県親善会主事真鍋博愛（三円、第五章第一節）らの名前もある。

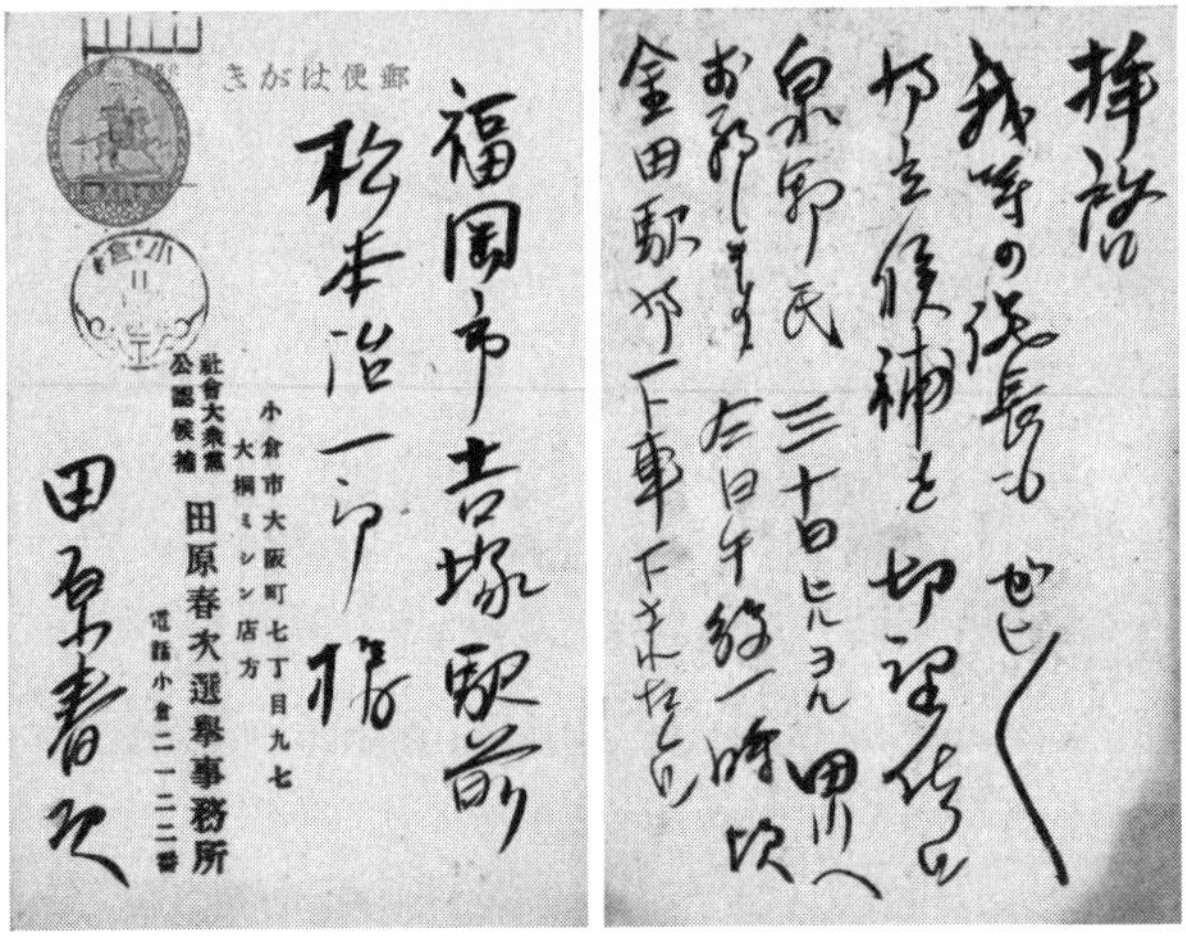

田原春次の松本治一郎宛1936年１月27日消印葉書。松本が第19回総選挙で立候補を届け出る前日に投函。（公社）福岡県人権研究所寄託松本治一郎旧蔵資料（仮）。

田原選挙事務所の収入総額は、当初の目標を大幅に上回る三八四二円であった。ただし、松本は、資料①「全国の先輩各位へ」の「我々の正義人道の主張が遂に全国民に浸潤し、若手将校、少壮官吏など、従来は上層特権階級の手足の如くみられていた方面さえも奮起し、財閥政党排撃の五・一五事件、利権脱税非国民の検挙、球農特別土木事業の実施等々に、その傾向がみられるに至りました」という五・一五事件や革新官僚に対する麻生久―亀井貫一郎ライン風の評価を承認できなかったであろう。[12]

旧社民党現職亀井貫一郎と旧労大党元職浅原健三の第一回男子普選第一六回総選挙以来四度目の激突として全国的に注目された福岡第二区（定員五名）では、一月二九日、浅原が突如として不出馬を表明し、「社会大衆党党籍を退き、同時に党選出の公職を今日限り辞職致します」という「声明」を発表した。

松本治一郎旧蔵資料（仮）には、「シヨウセイノシンタイニツキオモイモヨラヌゴハイリヨヲセラレイズノシライハンマデワズラワシカンゲキニタエズ（小生の進退につき思いもよらぬご配慮をせられ泉野氏来幡まで煩わし感激に堪えず）」という浅原の松本宛電報（同年一月三〇日）がある。[13] 松本は浅原の「声明」が各紙で報じられるや直ちに松本選挙事務所に詰めていた大阪の泉野利喜蔵を八幡市に派遣し、浅原の翻意を促した。社大党反麻生派の勢力拡大を目指す松本にとって浅原は重要人物だったからである。だが、浅原の決意は変わらず、後継候補の旧労大党系県議三浦愛二は大差の次点と惨敗し、亀井は三万四一五九票のトップ当選となった。

そして、田原春次が一九三六年一月二七日消印葉書（写真）で「我等の議長もゼヒ〳〵御立候補を切望」した松本治一郎は、福岡第一区（定員四名）で無産系中立として立候補した。『福岡日日新聞』や『九州日報』は序盤の情勢分析で劣勢を伝え、日本労働組合全国評議会（全評）委員長加藤勘十らが発刊した『労働雑誌』第二巻第三号（一九三六年三月）掲載の無署名「無産派では誰が当選するか？」（二月七日脱稿）も「今回も全農、水平社、社大、其他の支持応援がある。但し苦戦」と見ていた。ところが、松本の「勤労大衆の負担を軽減」「ファッショ反対」などの訴えは、被差別部落内外で急速に支持を拡大し、第一六回総選挙の二・四倍に当たる一万四四三九票を獲得して初当選を果たした。

「水平社の代議士松本治一郎氏と語る」（『労働雑誌』第二巻第六号、同年六月）で、「今度の松本さんに集った投票は主にどういう性質の投票ですか？」という問いに松本は「反ファッショの投票です。国民生活を考えないで何が出来るか、反ファッショを私は演説会で力説しました」と答え、さらに「フランスやスペインで展開されている人民戦線についての御意見はどうですか」という質問に「日本でも、ファシズムに対抗するためには、広汎に労働者農民、勤労者大衆、進歩的分子を抱擁した人民戦線の結成が必要」と述べている。

松本治一郎は、第一九回総選挙で当選した社大党公認の一八名や社大党系無産中立冨吉栄二[14]（鹿児島第二区）、全評委員長加藤勘十（東京第五区、麻生久の選挙区）、旧『労農』同人・全農総本部派・岡山無産団体協議会黒田寿男（岡山第一区）に無産議員団の結成を呼びかけ、加藤らの労農無産協議会（労協、五月四日政治結社届出）と社大党との合同を斡旋した（「日本社会運動月報」〔『労働雑誌』第二巻第六号〕）。

しかし、社大党書記長麻生久は、加藤の選挙事務長鈴木茂三郎（堺利彦農民労働学校校舎建設発起人）や加藤を支援した小堀甚二、橋浦時雄、荒畑寒村（第六章、第七章第八節）、岡田宗司（全農総本部政治部員、堺利彦農民労働学校講師）ら旧『労農』同人の除名・排撃を強硬に主張し、労協との合同や提携を拒絶した。この頃、労協―日無党という反麻生新党樹立に批判的だった旧『労農』の領袖山川均は、松本へ社大党への入党を勧めた[15]。松本は入党しなかったものの、後述する社大党福岡支部の名誉顧問となり、社大党代議士会の一翼を担った。

社大党と松本を繋いだキーパーソンが田原春次だった。例えば、七月七日の社大党中央執行委員会に出席した田原は、第六九特別議会報告の第二次全国遊説に関する協議内容を七月七日消印封書、七月八日消印葉書、七月一二日消印封書で松本に詳細に報告していた。七月一二日消印封書同封の社大党常任中央執行委員会「第二次全国遊説日程」（七月七日発行）には、確定した九州遊説の日程が次のように記されている。

期日	会場	弁士
七月廿二日	福岡市	亀井代議士　松本（治）代議士
七月廿三日	八幡市、小倉市	川村代議士
七月廿四日	熊本市	三宅代議士
七月廿五日	鹿児島市	塚本代議士
七月廿六日	延岡市または宮崎市	富吉代議士
七月廿七日	大分市または別府市	松本常任

田原は同書簡同封の社大党常任中央執行委員会「全国遊説開始指令」の二カ所、「二、地区代議士の議会闘争報告演説会はこの大遊説とは別個に開催され度し」と「四、右日程は確定的のものの故変更なり難し」に赤色の万年筆で傍線を引き、松本は、亀井貫一郎、川村保太郎（大阪第四区）、三宅正一（新潟第三区）、塚本重蔵（大阪第三区）、冨吉栄二らと社大党代議士会の一員として九州遊説に参加することを承諾した。

『社会大衆新聞』第八五号（一九三六年八月二五日）は、「議会政局暴露／大演説会／小倉市で聴衆二千人／福岡県聯主催」という見出しで「我党福岡県支部聯合会主催議会報告政局暴露大演説会は七月二十三日夜午後七時半から小倉市駅前国際館で開催、亀井、三宅、川村、富吉《ママ》の各代議士と我党小倉支部長田原春次氏熱弁長講舌を振い満堂立錐の余地なき二千の聴衆をうならせた」と報じており、「全水、党、全農共同」[16]で開催した前日の福岡市の演説会も盛会だったと思われる。社大党に対する支持拡大は堅調に維持されていった。

二　一九三七年総選挙前後の田原春次と松本治一郎

一九三六年八月二二日、全農福連第五回豊前部大会が、行橋の京都郡公会堂で開催された。田原は八月一八日付松本宛封書[17]で次にように依頼した。

拝啓　全農福連大会も前景気よろしく、久しく眠っていた旧福佐の豊前方面の支部員も参加しようとしております。鹿児島の冨吉代議士は、祖母の重病と義弟の発狂とで到底来れないとのことですし、東京の黒田寿男氏も目下青森の県会補欠選挙応援中でして、二十日に東京市へかえった上でないとわかりません。松本議長は、先年一度御出下さって以来、久しく豊前地方の同人兄弟も御目にかかっておらぬので、一同首を長くして焦がれております。何卒、万障おくりあわせ御参会下さい。

万々一、二十二日のヒル御差し支えあらば、夜七時半に行橋へつく汽車で夜の分だけに御出下さい。しかし、ヒルは組合員中心の会ですから、なるべくヒル、ヨルともおたのみします。重松、木林、岩田の三氏をヒル、ヨルとも列席してもらって戦線統一を説いてもらいたいので、なるべく三氏を御同伴下されば幸甚です。御到着の時間を御打電下さい。駅まで参ります。

二十二日　ヒル、ヨルの場合　午前十時二十八分ハカタ準急　十一時四十三分小倉駅到着　十一時五十二分小倉発　十二時二十七分行橋着　又はヨルのみのとき　夜六時十四分博多発急行　七時三十四分小倉駅下車　七時五十八分小倉発　八時三十分行橋着　御帰路は　二十二日夜十時十五分行橋発　十時五十二分小倉着　十一時三十一分小倉発　夜一時二十八分ハカタ着資料③「全国農民組合福岡県聯合会第五回大会議事録」によれば、この大会で祝辞を述べたのは、「社大党田川支部許斐親三郎　全農福佐岩田重蔵　福岡県会議員団代表野口彦一、代議士松本治一郎・黒田寿男」である。松本の高松結婚差別裁判事件真相演説会以来三年ぶりの来橋だった（第三章第一節）。

　政治的な意見の相違から同志であり乍《なが》ら手を握り得なかったのが、田原氏の骨折りで今日其の日の来たった事を喜ぶ、福佐二千の農民も同じ心持だ、相助けて固く団結しファッショに向って断固起上らねばファッショ撲滅は出来ない、同じ釜の飯を食う事になった諸君に一言挨拶する。

松本に同行した全農福佐福岡早良地区委員長岩田重蔵の祝辞概要である。[18] 岩田重蔵は、一九三三年の高松結婚差別裁判糺弾闘争を契機に農民戦線統一のための「九州地方農民団体会議の提唱」（同年九月一二日）を田原春次や松本治一郎らとの連名で発出するなど全農福佐内にあって総本部復帰に最も意欲的な人物であった。[19]

残念ながら、松本治一郎の祝辞演説の詳細は不明なのだが、岩田と同様に「ファッショ撲滅」と田原が依頼した「戦線統一を説」き、峻烈な小作争議の渦中にいた多くの被差別部落小作農を鼓舞したに違いない。

全農福連第五回豊前部大会では、「（イ）農産物損失国家補償ノ件　（ロ）農民戦線統一ノ件　（ハ）小作法制定要求ノ件　（ニ）土地取上・立入禁止・立毛差押反対ノ件　（ホ）ファッショ反対ノ件」の議題のうち旧労大党系の全農福連組織部長野沢四郎（堺利彦農民労働学校参加者）が提案した「（ロ）農民戦線統一ノ件」のみを集中審議し、他の議題は翌日の三井郡北野町での筑後部大会に持ち越された。

争議・組織・政治に関する情勢を報告した大会執行委員長藤本幸太郎は、当日の模様を「同地ハ、三年越シノ今川水利権問題ガ未ダ解決ニ至ラザルノ為メ、一般民ノ関心ヲヒキ、傍聴者約二百名来聴セリ。本日ノ大会ハ、全農福連創立以来ノ盛会デアッタ」と日記に記している。[20] 資料③にも「代議員　田川35・企救18・鞍手

5・筑後2・京築185・計245名　外ニ傍聴多数アリ」とある。

全国水平社京築地区委員会委員長木本新次郎（第五章第二節）の松本治一郎宛一九三六年八月一八日消印葉書（松本治一郎旧蔵資料（仮））によれば、全農福連第五回豊前部大会後の同夜、京都郡公会堂で松本治一郎らを弁士とする「今川ダム問題及議会報告演説会」が開催された。全水京築地区委員会、今川水利権防衛同盟、社会民衆党系社会大衆党の「共同主催」であった。

全農福佐の総本部復帰は、「松本代議士の斡旋にて漸く本部復帰が全般的に承認されるに至り、七月下旬正式に福佐より全農本部に対し復帰方を申請」したのだが、「其後地方的には殆ど積極的折衝なく地方的合同」は実現できなかった[21]。資料③からも、鞍手郡若宮村の福丸農民組合長中川尚美[22]の全農福連加盟や田川郡での組織拡大を確認することができるものの、「久しく眠っていた旧福佐の豊前方面の支部員」（田原の松本宛八月一八日付封書）が全農総本部へ復帰した形跡は見られない。田川郡の六支部・三班は、〃殿様地主〃旧豊津藩主小笠原家（御内家領）や福岡県議・融和団体福岡県親善会長林田春次郎（第五章第一節）といった〃大物〃相手の小作争議で結成された。

しかしながら、政党レベルでは、田原春次の松本治一郎や岩田重蔵に対する働きかけは奏功した。一九三六年一二月一六日、岩田重蔵らは福岡市域の福岡地方無産団体協議会（主唱者は福岡合同労働組合）を旧社民党系社大党福岡支部に再編し、全水福岡県連常任委員の高丘稔が支部長、北原泰作[23]が書記長、吉竹浩太郎が会計、岩田が宣伝部長に就任する。田原春次「北九州社会運動風景」（『社会運動通信』一九三七年一月一日）は、福岡合同労働組合について「左翼の立場にあるが、それとか云って全評的の左翼でもなく、日本西産（日本西部産業労働組合＝旧労大党系――引用者）の程度の左翼で

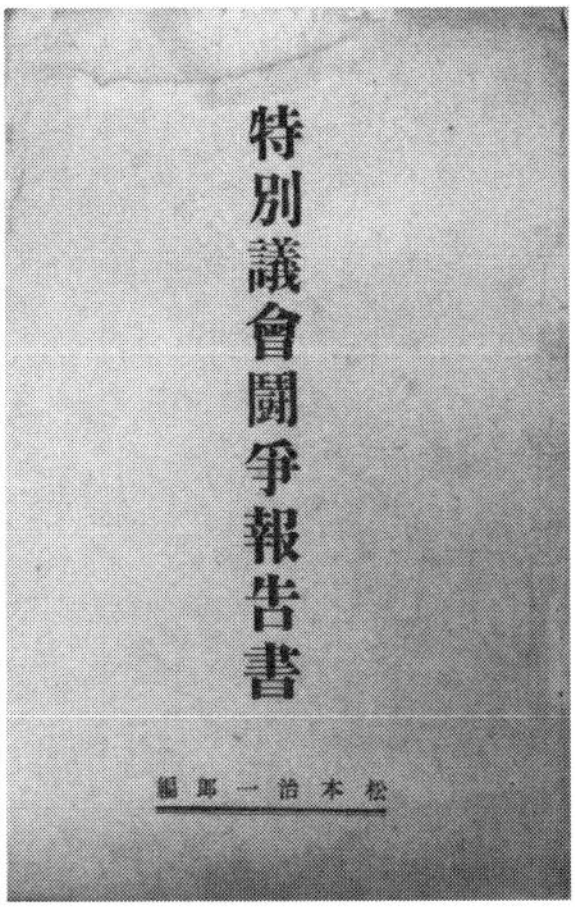

松本治一郎編『特別議会闘争報告書』(1937年)。社会大衆党刊行物を底本に北原泰作が編集。堺利彦農民労働学校図書館蔵書。みやこ町歴史民俗博物館寄託。

表4　第20回衆議院総選挙福岡第4区の成績（1937年4月）

氏　名	政　派	当落	小倉市	門司市	企救郡	田川郡	京都郡	築上郡	計
勝　正憲	民政（前）	当	6,428	572	1,505	13,909	547	145	23,610
末松偕一郎	民政（前）	当	437	6,874	69	294	4,515	5,890	18,079
田原春次	社大（新）	当	3,433	3,764	1,375	5,549	2,044	786	16,951
小池四郎	政革（元）	当	2,021	3,372	634	3,465	671	638	10,801
片山秀太郎	政友（前）	落	2,189	189	2,814	4,090	408	164	9,854
末次虎太郎	政友（前）	落	174	3,276	170	273	2,569	3,222	9,684
有権者数			21,753	26,392	8,960	33,507	13,542	13,610	117,764
投票数			14,682	18,047	6,567	27,850	10,754	10,845	88,475
投票率（%）			67.5	68.4	73.3	82.3	79.4	79.7	75.1

出典：『第20回衆議院議員総選挙一覧』衆議院事務局，1937年

もない。それは、本組合の指導者が、労働運動方面の経験者上がりでなく、九大学生、全水青年分子等であるがためである」と記している。客観的で妥当な記述である。

それまで対立していた全農全会派など左派勢力が加わり、社大党の地方組織が一時的に膨張したのはこの時期の全国的な傾向である。旧社民党系社大党福岡県連は、従来の傘下労働組合に田原春次の全農福連、松本治一郎の全水福岡県連と岩田重蔵の全農福佐の一部が結集する一大勢力となった[24]。

翌一九三七年三月一九日、豊前地方においては、今川水利権防衛同盟が、「(1)地域住民に補償金を支払う。(2)ダム建設に当たっては、住民に被害を与えないよう技術的に十分検討する。(3)水利権に関しては、農業用水を優先する等」（『田原春次自伝』）の内容で九州曹達会社と妥結し、勝利を収めた。田原春次は以上のような農民運動や市民運動の高揚を背景に同年四月三〇日投票日の第二〇回総選挙の福岡第四区において前回得票数の約二倍にあたる一万六九五一票を獲得して初当選し、福岡第一区で社大党公認として再選された松本治一郎とともに〝解放の議席〟を獲得した（表4）。

九州各地で新支部結成（福岡二）、支部再建（福岡一）、支部再組織（大分二）、支部準備会結成（宮崎一、鹿児島一）と地方組織を拡充した社大党は、一九三七年五月三一日、九州地方協議会（九協）を結成し、

1937年４月総選挙での初当選をアイスキャンデーで祝う田原春次（中央）。『田原春次自伝』（田中秀明）より転載。

委員長に冨吉栄二、書記長に田原春次、書記に福岡支部書記長北原泰作（翌年に鹿児島県連の江藤隆明に交代）と旧社民党系八幡支部奥村光夫という布陣で、事務所を福岡市吉塚駅前の社大党福岡支部に置いた[25]。

七月一八日、戸畑市の日本海員組合戸畑支部で開催された社大党福岡県連大会では、全農福連書記長藤本幸太郎や全水の福岡県連と総本部（氏名不詳）の祝辞演説があり、社大党福岡支部会計の吉竹浩太郎が代議員歓迎の答辞を述べた。新書記長に就任した田原春次の役員代表挨拶は、「書記長就任したる以上党員義務不履行に対しては弾圧方針を以て党の整備確立に努める。毎月党費も厳重に徴収する。党員たる権利義務を履行せざる支部は支部準備会に引下げる。弾圧方針を以て望《ママ》むから承知せよ」とかなり強硬な内容だった[26]。会場に掲げられたスローガンから「ファッショ反対」が消滅し、「重大時局に対する決意と産業平和に関する要請」が議決され、大会宣言には、「我等は祖国防衛のために協力することに於いては何人にも譲るものではない、（中略）真に国民全体の為の挙国一致の実を挙げんことを要求する」が盛り込まれた。盧溝橋事件から一一日後、早くも社大党福岡県連は、日中戦争協力へと転換したのであった。この年、全水福岡県連の社大党福岡支部長・福岡市議高丘稔が社大党全国委員となり、一九三九年に同じく福岡支部書記長・福岡県議田中松月が社大党中央委員に選出された。

田原春次が緊密に連携していた岩田重蔵は、旧社民党系社大党福岡支部結成九カ月後の一九三七年九月一五日から一九三九年一月二一日まで、歩兵一一四連隊の衛生上等兵として日中戦争に従軍し、全農福佐の主導権を握ることができなかった。全農福佐は、人民戦線事件後の一九三八年五月二八日、「我等は建国の本義に則り革新日本の実現に努め理想的農村協同

戦時下の全国水平社中央委員会。1938年2月7日。左から二人目より朝田善之助，松本治一郎，一人おいて酒井基夫，田原春次，朝倉重吉，松田喜一。『写真記録　全国水平社』（解放出版社）より転載。

体の完成を期す」を綱領に掲げる国家主義単独組合の西日本農民組合を結成し、極端な右旋回を開始した。

以上検討したように、全農総本部派の農民運動と社大党に軸足を置いた豊前の田原春次は一九三六、三七年総選挙、全水執行委員長の筑前の松本治一郎は一九三六、三七年総選挙において被差別部落内外で強固な支持基盤を確立して当選し、国政進出を果たした。田原と松本は日中戦争期の全水で、突出した政治的発言力を持つことになる。

松本治一郎旧蔵資料（仮）で判明した新たな事実は、以下の三点である。

第一に、一九三六年総選挙における田原春次選挙事務所の総額三八四二円の収支内容である。田原選挙事務所には、松本治一郎や麻生久ら全水、社大党、全農福連関係者に加え、国内外の既成政党支持者からも資金が寄せられていた。なかでも有馬頼寧や志立鉄次郎、千石興太郎といった産業組合関係者からの資金提供は、この時期の産業組合の政治的位相を考えるうえで興味深い。

第二に、一九三六年総選挙以降の田原春次の松本治一郎に対する社大党支持の働きかけである。田原の積極的な働きかけや情報提供がなければ、松本が思想的に近かった最左派の労協－日無党ではなく右派の旧社民党系社大党に参入するという高いハードルは乗り越えることができなかったであろう。

第三に、一九三六年八月に開催された全農福連第五回豊前部大会の祝辞演説者、議題、参加代議員などの詳細と松本治一郎の動向である。全農福佐の被差別部落小作農に大きな影響力を持っていた松本は、田原の要請に応じ、農民戦線統一を斡旋したのだが、全農福佐の総本部復帰は最終的に頓挫した。

松本治一郎は、一九三六年総選挙以降、社大党と労協—日無党、さらには民政党、政友会、第二控室小会派のリベラル派・社会政策派との提携など議会政治の擁護と広範な反ファシズム戦線統一を模索しながら、斎藤隆夫の第六九特別議会での粛軍演説と衆議院議員除名問題をめぐる分裂に至るまでの約四年間、社大党代議士会の一翼を担った。

松本治一郎と全水九連・九協の社大党支持を促し——「社大党的転換」を受容する戦争協力・責任を伴うものであったが——、戦後改革期に島田千寿（福岡）、田中松月（福岡）、宮村又八（熊本）、田村定一（山口）ら九州・山口の部落解放全国委員会の社会民主主義派が衆参両院で〝解放の議席〟を獲得する基盤形成に大きく貢献したのが、社大党九協書記長・福岡県連書記長田原春次であった。

三　松本治一郎旧蔵資料（仮）の田原春次に関する新資料

資料①　田原春次「全国の先輩各位へ」（一九三六年一月一二日）

拝啓　御無沙汰を重ねまことに恐縮です、無産者解放の社会運動に没入して、アシカケ七年の歳月が流れました。この間強欲非道の特権階級を向こうにまわし、労働者・農民・一般勤労階級の生活防衛のため悪戦苦闘の連続でありますが、我々の正義人道の主張が遂に全国民に浸潤し、若手将校、少壮官吏など、従来は上層特権階級の手足の如くみられていた方面さえも奮起し、財閥政党排撃の五・一五事件、利権脱税非国民の検挙、球農特別土木事業の実施等々に、その傾向がみられるに至りました。が、まだまだ、我等の監視激励テキハツの手をユルメてはなりません。国民九割八分の下層貧乏人の生活永久安定の大道を確立するまでは、私共の聖戦はつづくのであります。このときに衆議院の改選が近づきました。過ぐる四年間の議会は、買収による偽造の多数党に独占せられ民意を正当に反映せず、おまけにその議員に至誠信念の徒なきため、ファッショの波におされ茫然自失、無為無能の中に任期が終わるのです。次の改選にあたりては、広く国民各階層を比例的に代表するものを選出し、議会運用について真剣に模範を示すべきものとみて私の所属する社会大衆党は当選可能の地区四十を選び候補者をあげる事となり、私に福岡第四区（門司・小倉二市、企救、京都、築上、田川四郡定員四名）より立てとの厳命です。ソコは、労働組合、農民組合、水平社、市民団体の組織勢力一万二千を有し誰が出ても当選可能の地区です。故郷でもあり、小学、中学、大学、の同窓も多いので、資金さえ出来れば一戦交えたいのですが、僅かの原稿料で生活だけを支えておる私としては折角の指令ではあるが、このままではどうにもできません、

ソコで、いろ〱考えた末、田原無尽と云うのを考えつきました。一口を金拾円とし、広く国民の先輩知己に、一口又は数口、或いは御事情によりては半口の御出資を乞い、その清き資源で立ってみたいのです。勿論無尽ですからタダの寄付ではありません、御出資者の一身上に吉凶禍福ある際は、七・八おいても必ず返す仕組です。当選すれば歳費の中から即座に返すのです。生きている限り私の良心に銘記して必ず責任を果たすのです。いかかでしょうか。私と多少は主義も違いましょうが、真の議院制を活用する最後の試みとして、無産党を少数でも出してみるため、この無尽に御参加下さい。解散は一月末か二月です。解散なくとも四月には改選ゆえ、一月末までに千円の金をつくりたく。

平素尊敬するアナタへ、このおこがましい手紙を差し上げるのです。御都合がつきますならば、同封のフリカエで早速御払込み下さい。尚御立場上の御都合もありましょうから御氏名は絶対に公表しません。

右お願申します。再拝。

福岡県小倉市堺町二丁目

田原春次
振替福岡四七九二番

〔注〕謄写版一枚。田原春次の松本治一郎宛一九三六年一月一二日消印封書に同封。「松本議長殿　甚だあつかましい事をお願いいたします」という田原の追伸がある。謄写版「社会大衆党とは何ぞや」と郵便局払込取扱票も同封。

資料②「田原春次選挙成績」（一九三六年三月九日）

昭和十一年二月二十日の総選挙に於いて社会大衆党公認・全農及び総同盟応援の下に斗争せる結果を御参考までに左に整理します。

一、福岡第四区各候補郡市別得票数

	氏　　名	小倉市	門司市	企救郡	田川郡	京都郡	築上郡	計
当	勝　正憲（民）	7,425	564	1,857	14,758	519	91	25,214
当	末松偕一郎（民）	756	9,594	160	372	5,077	5,199	21,258
当	片山秀太郎（政）	2,557	238	2,313	3,749	70	48	8,975
当	末次虎太郎（政）	243	3,214	648	179	2,363	1,917	8,564
	田原春次（社）	2 087	1,137	1,092	2,260	1,456	329	8,361
	小池四郎（愛）	1,567	2,240	581	3,061	624	234	8,307
	今吉政吉（政）	522	936	138	1,852	732	3,282	7,362
	堂本為広（社）	1,160	1,225	121	1,180	154	117	3,957
	宮原大三郎（国）	196	1,307	44	204	152	70	1,973
	有効投票	16,513	20,455	6,954	27,615	11,147	11,387	94,071
	無効投票	185	388	143	350	177	92	1,335
	総投票数	16,698	20,843	7,097	27,965	11,324	11,479	105,406

二、支出総額　金弐千九百五十円七十七銭也
1、労務者報酬　金参百八十二円九十銭也
2、会場費　金弐百弐拾円也
3、通信費　金参拾七円参拾六銭也
4、交通費　金五百五拾二円〇四銭也
5、印刷費　金千百七拾弐円七拾銭也
6、広告費　金弐百拾七円八拾銭也
7、筆墨費　金七拾参円四拾銭也
8、宿泊費　金六円八拾銭也
9、飲食物費　金百五拾壱円五拾四銭也
10、雑費　金百参拾六円弐拾弐銭也

三、収入総額（寄附）　金参千八百四十二円也（敬称略）
「金四百円宛」麻生、松本、「金参百円宛」吉川、北代、「金二百円宛」亀井、豊福、「金百円宛」志立、千石、石橋、吉川、渡辺、堀口、池田、吉田、東、江崎、「金七拾円宛」出口、「金五拾円宛」野田、光應、斎藤、出田、島田、三輪、松本、「金参拾円宛」福田、大蔵、矢次、「金弐拾円宛」景山、早麻、長岡、藤野、「金拾円宛」藤本、佐藤、永橋、棟尾、田原、長部、豊原、千葉、菊竹、佐藤、関口、鶴見、杉村、福井、若山、内山、杉本、石塚、堀江、石川、埼田、西川、「金五円宛」椋本、池本、田原、久保、富田、八波、渡辺、西頭、深川、渡辺、田中、猿田、続木、井手口、「金参円宛」瀬戸埼、真鍋、「金弐円宛」田中、福井、伊藤、広渡、島本、丸山、「金壱円宛」高橋
外国――北米「金五弗宛」飲村、安孫子、宮田、――ブラジル「金五拾ミル宛」中山、「金百ミル宛」黒岩、――カナダ「金十四弗五拾仙宛」キャンプ・ミル労働組合
外に――米拾七俵、餅三俵、乾大根一俵、酒一樽、醤油二樽、ミカン、菓子、木炭等
四、演説会――弐拾弐日間、百拾七回、聴衆数、壱万三千余名
五、残金の使途――選挙費用に使用して尚残った約八百円は一部を田原の生活費に充て、他の一部を今後の社会運動資金に充てる事にいたします。

〔注〕謄写版一枚。差出人部不記載の松本治一郎宛一九三六年三月九日消印封書に同封。ただし、「一、福岡第四区各候補郡市別得票数」は、縦書きを横書きに、漢数字を算用数字に変更した。最終確定得票数とは若干の齟齬がある。田原春次「有権者に誓う」、「候補者略歴」、「田原の政見」、社会大衆党執行委員長安部磯雄「今度は逃げない人」、社会大衆党書記長麻生久「此戦闘機を没落議会に進撃せしめよ」、「投票するには」掲載の活版リーフレット『社会大衆党公認田原春次選挙闘争宣誓』も同封。このリーフレットについては、すでに辰島秀洋「田原春次――マイノリティの声を代弁した大衆政治家」(『部落解放』第六七一号、二〇一三年一月)が、法政大学大原社会問題研究所所蔵の同一資料を紹介している。

資料③　「全国農民組合福岡県聯合会第五回大会議事録」(一九三六年八月二二日)

一九三六・八・二二

於京都郡行橋町郡公会堂

一、開会ノ辞(出口養造)
一、農民歌合唱
一、議長　副議長　選挙(議長　田原春次　副議長　倉石正夫　牧野渡)
一、書記任命(馬竹豊次郎　正路末蔵　野沢四郎)
一、代議員歓迎ノ辞(森下福松)
一、答辞(組坂克己)
一、大会執行委員選任

藤本幸太郎（企救）　吉塚謙吉（三井）　下原忠蔵（企救）　溝尻清太郎（企救）　正路末蔵（京都）　崎田繁太郎（京都）　出口武一郎（京都）　浦野比太郎（田川）　高下庄太郎（田川）　北代金次郎（田川）　中川尚美（鞍手）　井手口松太郎（田川）

委員長　藤本幸太郎

一、一般報告　藤本幸太郎

一、各地区委員会報告

（京築地区　牧野渡）（田川地区　倉石正夫）（企救地区　佐保高）（筑後地区　吉塚謙吉）

一、祝辞・祝電披露

祝電・メッセーヂ

日鉄従業員組合　全農埼玉県聯　社大党静岡県聯　全農静岡県聯　社大党別府支部　全農福佐　全農岡山　全農高知県聯　直方市議岡本興市　福岡労働組合　小倉運送労働組合　全農広島県聯　全農総本部　麻生久　亀井貫一郎　弁ゴ士福光修一　山崎剱二　中村高一　杉山元治郎　冨吉英二

祝辞

社大党田川支部許斐親三郎　全農福佐岩田重蔵　福岡県会議員団代表野口彦一、代議士松本治一郎・黒田寿男

議案

（イ）農産物損失国家補償ノ件　（ロ）農民戦線統一ノ件　（ハ）小作法制定要求ノ件　（ニ）土地取上・立入禁止・立毛差押反対ノ件　（ホ）ファッショ反対ノ件

議長ヨリ右ノ議案逐次審議スル筈ナレドモ時間ノ関係ニテ明二十三日ノ大会ニテ、夫レ〳〵審議スルコトニシテ、最モ重要ナ戦線統一ノ議案ヲ本日ノ大会ニテ審議シ、後ハ明日ニ廻スガ意見並ニ異議ワアリマセンカ

トノ問ヒニ一同異議ナシ、依テ

農民戦線統一ノ件　説明　野沢四郎君

（佐保高君ヨリ質問アリ万場一致決定可決）

一、大会委員会発表　藤本幸太郎

資格審査・役員詮衡両委員会共ニ発表　代議員　田川35・企救18・鞍手5・筑後2・京築185・計245名

外ニ傍聴多数アリ

規約ノ一部ヲ改変シテ今回新ニ支部聯合会長一名ヲ任命セリ。更ニ従来ノ筑豊地区委員会ヲ田川・鞍手ノ両

地区ニ分離セリ

一、新任役員代表ノ挨拶　田原春次君

一、閉会ノ辞

一、農民歌合唱・万才三唱

〔注〕謄写版一枚。法政大学大原社会問題研究所所蔵の全農総本部史料、旧協調会福岡出張所史料に含まれていない『福岡県史　近代史料編　農民運動（三）』（福岡県、二〇〇〇年）未収録の新資料。全国農民組合福岡県聯合会の松本治一郎宛一九三六年八月二六日消印封書に同封。謄写版「昭和十一年度役員並ニ執行委員・各地区委員会主事」も同封。

注

（1）イアン・ニアリー（森山沾一・〔公社〕福岡県人権研究所プロジェクト監訳・平野裕二訳）『部落問題と近代

日本――松本治一郎の生涯』（明石書店、二〇一六年）は、戦前期の田原春次に関する事実誤認が散見される。例えば、「一九三〇年に日本大衆党に入党」を「一九三〇年に社会大衆党に入党」（四二七ページ）と誤記し、「全国水平社九州連合会執行委員」または「全国水平社九州地方協議会地方委員」とすべきところを「水平社の支持者」（一七四ページ）と部外協力者のごとく記している。また、北原泰作を「社会大衆党福岡県連の書記長」（一六四ページ、一八二ページ）とする記述も誤っており、後述するように社会民衆党系社会大衆党福岡県支部連合会の書記長は田原春次であり、北原は同党の福岡県連教育部長・福岡支部書記長であった。

（2）第三章第二節。

（3）末松偕一郎は、一九三〇年五月、第五八特別議会の衆議院で可決、貴族院委員会で審議未了、廃案となった婦人公民権案をめぐり、提案者（民政党有志議員三六名）の一人として衆議院本会議で女性参政権を支持する論陣を張った。また、末松は同時期、浜口内閣の内務政務次官斎藤隆夫とともに首長直接公選制導入を主張しており、これらは、政党政治の確立を期した民政党リベラル派の一連の対応だった。功刀俊洋『戦後地方政治の出発――1946年の市長公選運動』（敬文堂、一九九九年）。進藤久美子『市川房枝と「大東亜戦争」――フェミニストは戦争をどう生きたか』（法政大学出版局、二〇一四年）。松田恵美子「近代日本女性の政治的権利獲得運動」（『名城法学』第七一巻第一号、二〇二一年七月）。さらに時代を遡れば、一九〇四年一〇月二九日、山口義三（孤剣）、小田頼造と堺利彦は、平民社第二期伝道行商の途上、静岡県参事官の末松偕一郎を訪問している。週刊『平民新聞』第五二号、一九〇四年一一月六日。ただし、末松の初期社会主義への支援は、資料上で確認できない。

（4）村松怜「戦前日本における大蔵省の所得税思想――「社会政策的税制」の再検討」（『歴史と経済』第二四二号、二〇一九年一月）が、勝正憲が大蔵省主税局国税課長時代に断行した一九二〇年の所得税改正（配当所得の総合課税化）を検討。

（5）横井香織『帝国日本のアジア認識――統治下台湾における調査と人材育成』（岩田書院、二〇一八年）が、

片山秀太郎の南洋協会台湾支部幹事（一九一六年設立）、台湾総督官房調査課初代課長（一九一八年新設）、台北高等商業学校第二代校長在職中（一九二〇年五月～二三年一二月）のアジア調査を検討。

（6）内野辰次郎は堺利彦農民労働学校の校舎建設費として一〇円を寄付している。小正路淑泰「堺利彦農民労働学校の周辺（その二）――「ツバメ館」＝常設校舎建設運動」（『初期社会主義研究』第一七号、二〇〇四年一一月）。清原芳治『内野東庵とその一族』（内野東庵とその一族刊行委員会、二〇〇六年）参照。

（7）田原春次「五年がかりの南北米移民地巡礼記」（『日布時事』一九二八年一月三〇日特別号）。スタンフォード大学フーヴァー研究所邦字新聞デジタル・コレクション所蔵。田原春次は、アメリカ留学中、田原生の筆名で『福岡日日新聞』に多くの通信を寄稿。以下は、一九二六年六月二九日掲載「ユタ州内の九州人（二）」の抄録である。「ヘルパー市　早川節次郎氏と早川恭氏夫妻は福岡県京都郡の人。八千代亭と云う料理屋をもち、かたわら、少し計りの畑ももっている、節次郎老人は、今井須佐神社近くの人で在米三十五年、人みな彦左衛門老人として奉っている。記者は同郡の関係で、今でも、千哩もはなれたここへ、ときどき大根のツケモノやミソや、カズノコ、コーヤドーフなどを送ってもらっておる。／ブライス市　荒巻延治と云う豊前椎田町の人あり。ユタホテルを経営しその商売あたったとみえて、十万近くの金をにぎっているよし。小野、則行、武道、永松などと云う同郡の人もみな氏の仕事をたすけつつある。／グランドジャンクション　ユタ州とコロラド州との州堺であって、ここに新世界と云う大きい料理店を開いているのが之亦豊前の人で加藤秀雄と云う老人。なんでも豊津中学校の卒業生で、元の校長大森藤蔵氏と同級だったとか云う仁だ。地の利よろしかりしとみえて、小さな町だけど今日までに十万近い金をためこんでいるそうだ」

（8）田村紀雄『エスニック・ジャーナリズム――日系カナダ人、その言論の勝利者』（柏書房、二〇〇三年）。同『日本人移民はこうして「カナダ人」になった――『日刊民衆』を武器とした日本人ネットワーク』（芙蓉書房出版、二〇一四年）。廣畑研二「カナダから水平社に届いた連帯メッセージ――部落民移民史研究のために」（『解放研究』第二一号、二〇〇八年三月）。

（9）田原春次、浅原健三、木村毅は、一九三一年四月九日に出国、八月二〇日、田原、浅原とサンフランシスコ在住の池田秀雄（筆名豊耕、アメリカ共産党日本人部斂持貞一と月刊誌『階級戦』発行）が帰国。八月二三日、旧全国大衆党下谷浅草支部主催の帰朝報告演説会で池田秀雄「日本無産階級に訴う」、田原春次「アメリカ無産党と左翼労働組合」、浅原健三「太平洋を圍る帝国主義戦争の危機」などを演説（下谷公会堂、入場料二〇銭）。田原は八月二六日に来福し、第二期堺利彦農民労働学校で「続マルクス政治学」（当初の予定は「水平運動史」）を講義。浅原は八月三一日に帰福し、第二期堺利彦農民労働学校最終日に開催された堺利彦農民労働学校大会で「戦なき所に勝利なし」を演説（行橋町都座劇場、入場者約六〇〇名）。以下のアメリカ・カナダ視察報告がある。浅原健三「資本主義国アメリカを見に――渡米通信の第一信」（『東京日日新聞』一九三一年四月三〇日）。同「粗描『アメリカ』十数景」（『改造』同年一〇月）。田原春次「左翼アメリカを走る――資本主義崩壊の一葉墜つ」（『京城日報』同年九月一八〜二二日（四回））。木村毅「アプトン・シンクレアと語る」（『改造』同年九月）。桐山圭一『反逆の獅子――陸軍に不戦工作を仕掛けた男・浅原健三の生涯』（講談社、二〇〇三年）参照。

（10）第五章第一節。なお、松本治一郎旧蔵資料（仮）には、吉川兼光のウィーン大学留学時の松本宛書簡（一九三五年三月一五日消印）と吉川兼光君渡欧送別準備会の松本宛書簡（同年一一月二六日消印）がある。渡欧送別会を企画したウィスタリア倶楽部は、満州事変や一〇月事件の資金を提供した政商藤田勇（豊津中明治三二年中退、第七章第六節）を囲む親睦団体として一九三五年三月三日に結成され、吉川が同倶楽部の相談役となった。

（11）六鼓菊竹淳は五・一五事件のテロ行為と軍部の政治介入を敢然と批判した気骨のジャーナリストとして著名であり、堺利彦農民労働学校の校舎建設費として二〇円を寄付している。小正路前掲「堺利彦農民労働学校の周辺（その二）」。

（12）革新官僚の代表者奥村喜和男は、田原春次の豊津中学校の一学年下で大正八年卒。奥村喜和男に関しては、橋川文三の古典的名著『近代日本政治思想の諸相』（未来社、一九七六年）以来、電力国家管理論を中心に多くの研究が蓄積されているが、ジャニス・ミムラ（安達まみ・高橋実紗子訳）『帝国の計画とファシズム――革新官僚、満洲国と戦時下の日本国家』（人文書院、二〇二一年）は、奥村喜和男の思想を最も体系的に論じた研究として注目される。

(13) 竹永茂美「松本治一郎と各県各地の水平運動について――一九三三年から一九三六年の松本治一郎あて電報を中心に」（『リベラシオン』第一六四号、二〇一六年一一月）。

(14) 宮下正昭「翼賛選挙無効判決を勝ち取った大衆政治家・冨吉栄二伝」（『九州地区国立大学教育系・文系研究論文集』第六号、二〇二二年三月）。

(15) イアン・ニアリー前掲『部落問題と近代日本』の松本・山川会談に関する「二人は協力の基盤について合意することはできなかった。治一郎が「理論家タイプ」に好感を抱くことはなかった」（一六三ページ）という記述に同意できない。松本と山川は社大党に対する評価をめぐって対立したのであり、その後、松本は社大党内左翼の形成という山川の理論的・実践的指針を受容していく。鈴木徹三『鈴木茂三郎〈戦前編〉――社会主義運動史の一断面』（日本社会党機関紙局、一九八二年）。石河康国『マルクスを日本で育てた人――評伝・山川均Ⅱ』（社会評論社、二〇一四年）。なお、山川均と山川菊栄は、堺利彦農民労働学校校舎建設発起人（第二章）。山川均主宰の水曜会出身の稲村隆一は第二章第二節、高橋貞樹は第七章第四節を参照。

(16) 田原春次の松本治一郎宛一九三六年七月八日消印葉書。松本治一郎旧蔵資料（仮）。

(17) 差出人部は「京都郡行橋町下道　今川水利権防衛同盟内　田原春次（小倉市堺町二ノ三七）」。松本治一郎旧蔵資料（仮）。

(18) 協調会福岡出張所「報告第五四七号　全農福岡県聯合会第五回年次大会」一九三六年八月二〇日。法政大学大原社会問題研究所所蔵。

(19) 岩田重蔵については以下を参照。岩田重蔵『岩田重蔵――闘いの足跡を辿る』（岩田重蔵、一九八五年）。秋定嘉和『近代日本の水平運動と融和運動』（解放出版社、二〇〇六年）第一部第三章、第四章。

(20) 藤本幸太郎「自由日記」(『部落解放史・ふくおか』第六号、一九七七年一月)。のち『生命の土――藤本幸太郎自由への闘い』(藤本幸太郎顕彰碑建立実行委員会、一九九二年)再録。

(21) 協調会福岡出張所「報告第五六四号　全農福岡県聯合会第(本部派)と全農福佐聯合会(会議派)との合同問題」一九三六年一一月三〇日。法政大学大原社会問題研究所所蔵。

(22) 新藤東洋男「米騒動と農民運動・部落解放運動――福岡県における大正期の小作争議・水平社運動」(『現代と歴史教育』第一三号、一九六九年七月)によれば、中川尚美は旧労大党系浅原健三派の古参活動家。高松地裁差別裁判取消請願隊に「山口代表」として参加し、一九三四年一一月二五日、香川県香川郡鷺田村で開催された報告演説会の騒擾より仲多度郡で検束されている。山下隆章「高松結婚差別裁判糺弾闘争と香川」(四国部落史研究協議会編『四国の水平運動』解放出版社、二〇二二年)。

(23) 北原泰作は一九三〇年四月、東京朝日新聞社船舶記者時代の田原春次の仲介により日本大学専門部社会科夜間部に入学し、東京水平社の田原(日本大衆党―全国大衆党)や深川武(社会民衆党)らが同年七月に開設した浅草プロレタリア学校で社会科学を学び、思想形成に多大な影響を受けた。一九三四年一月の第二次九州共産党事件で検挙・起訴された北原は、転向手記・上申書を提出し、翌年六月一〇日、松本の保証金二〇円により福岡刑務所土手町刑務支所を保釈された。北原は社大党福岡県連教育部長・福岡支部書記長と松本の政治秘書を兼務し、松本は月額三〇円の生活費を支給した。北原は松本名義の著作『特別議会闘争報告書』、『議会防衛の為に』の編集・発行や労協―日無党書記長鈴木茂三郎との連絡・調整など、その能力を遺憾なく発揮して松本の議会活動を支えた。しかし、全水の国家主義的転換(新たな水平社解消論)を志向する北原は、一九三八年一月に松本秘書と社大党福岡支部書記長を辞任した。戦時下の北原泰作については、以下を参照。朝治武「転向過程における北原泰作の思想と行動」(『部落問題研究』第一九二輯、二〇一〇年四月)。藤野豊・黒川みどり『人間に光あれ――日本近代史のなかの水平社』(六花出版、二〇二二年)第七章。手島一雄「北原泰作――高松闘争への意気込みと獄中での苦悩」(福岡県人権研究所松本治一郎・井元麟之研究会編『解放の父　松本治一郎への手紙——全国水平社を支えた人々との交流』解放出版社、二〇二三年)。

(24) 旧社民党系社大党福岡県連については、以下を参照。木永勝也「一九三〇年代の無産運動戦線統一問題——福岡県地方を対象に」(『九州史学』第八三号、一九八五年七月)。小西秀隆「地方における無産政党運動——福岡県無産政党史」(『福岡県史 通史編 近代 社会運動(一)』福岡県、二〇〇二年)。

(25)『社会大衆新聞』第九二号、一九三七年六月五日。第六章第二節。

(26) 協調会福岡出張所「報告第六四九号 社会大衆党福岡県支部聯合会昭和十二年度大会」一九三七年七月一八日。法政大学大原社会問題研究所所蔵。

第五章

独立系水平社・自治正義団と堺利彦農民労働学校

対抗的公共圏の形成

本章は、第二六回九州地区部落解放史研究集会（二〇〇七年八月二七日、佐賀市）の報告原稿を加筆修正した。報告の機会を与えていただいた佐賀部落解放研究所の中村久子氏、藤井千鶴子旧蔵資料（みやこ同和教育研究会機関誌『地下水』など）を提供いただいた行橋市史編纂委員会の山内公二氏、本報告の一六年前に自治正義団同人の聞き取りに同行いただいた田原行人氏に記して感謝申し上げたい。

はじめに

福岡県京都郡地方（行橋市・苅田町・みやこ町）は、戦後の部落解放運動史や同和教育運動史において〝識字運動発祥の地〟として知られている。[1] 識字運動は一九五九年に京都郡白川村（現苅田町）で始まり、[2] その後、みやこ同和教育研究会（みやこ同研、一九六〇年結成）が、一九六三年一月下旬に行橋市で「成人学校」という識字学級を開設し、翌年に「開拓学校」へと名称を変更した。[3] 〝識字運動の発祥〟は、無名の被差別部落民衆が担った苅田町だったのだが、みやこ同研に集う青年教師や青年活動家の功績とされてきた。何故ならば、みやこ同研の情報発信力が突出していたからである。

例えば、みやこ同研草創期の実践記録として以下がある。平田良介「差別の教育をつく」（『教育』第一二巻第五号、一九六二年五月）。平田良介「二十坪の内と外との統一――福岡の教育と運動について」、藤井千鶴子「部落まわり――地域の要求をどうくみとるか」（以上、『部落』第一四巻第一二号、一九六二年一二月）。平田良介「みやこ教科研と同和教育」（『教育』第一四巻第八号、一九六四年七月）。みやこ同研機関誌部「開拓学校の記録――文盲ととりくむ人たち」、藤井千鶴子「生活記録運動をすすめて」（以上、『部落』第一六巻第一四号、一九六四年一一月）。山本泰邦「ドロ沼の同和教育・福岡県行橋市行橋中の藤井千鶴子先生ら」（『朝日ジャーナル』第七巻第二七号、一九六五年七月）。藤井千鶴子「部落の解放と教育運動」（『部落』第一九巻第一二号、一九六七年一〇月）。

みやこ同研の中心的なメンバーであった行橋中学校初代同和教育推進教員の藤井千鶴子は、その後、みやこ同研機関誌『地下水』(一九六一年二月創刊)に掲載した実践記録を加筆修正して『識字学校』(同和教育実践選書刊行会、一九八七年)に再録する。

東上高志は、みやこ同研による識字運動が胎動する一九六〇年代初頭の京都郡について次のように書いている。[4]

行橋市・京都郡に七〇数部落ある未解放部落では、ねた子を起こすなという支配的な空気のなかで、(中略)部落解放運動の組織をめざして、はいずりまわっていた。二〇歳代後半の青年たちにとって、「ねた子」の壁は、きわめてきびしいものであった。というのは、ここ行橋・みやこ地域においては、部落解放運動の伝統はまったくなかったからである。戦前の農民運動の生きのこりをつなぎながら、水平社運動いらい四〇年間の空白を、一挙に埋めなければならなかったからである。

本章では、このような、京都郡には「部落解放運動の伝統はまったくなかった」という歴史的事実に反する無責任な記述に対し、史実を以て反論を試みる。

本章の課題は、第一に、一九二六年に結成された京都郡の独立系水平社・自治正義団の思想と運動を明らかにすることである。自治正義団に関する旧稿[5]では、それまでの「福岡県親善会とも密接な関係をもち、地域団体の一つとして融和運動推進の一翼をになった」、「水平社運動と対立する融和団体[6]」という評価に疑問を投げかけ、水平運動との共通点を挙げながら「自主的融和団体」と規定した。その後、朝治武は、旧稿に言及しつつ、自治正義団を「水平社とも連携するし融和運動とも連携する。水平社ではない独自の運動」、即ち「独立系水平社」と、より積極的に評価した[7]。

ただし、自治正義団を「独立系水平社」と規定することに関しては、守安敏司の「小正路がこれまで、融和運動として水平社運動の敵対物と見なされていた自治正義団の創立過程や思想、一九三〇年代の無産運動との関係を明らかにした功績は充分認めた上で、自治正義団を独立系水平社と規定することについては、さらなる議論が必要ではないかと感じる」という批判的見解がある。[8] 朝治武も近刊の水平運動通史で「中間的潮流とも言うに相応しい、部落民も参加する自主的な部落差別撤廃運動」として自治正義団と高知県自治団、高知県差別撤廃期成同盟を例示している。[9]

また、石瀧豊美の「「自治正義団創立の中核」である吉川にとって自治正義団と親善会とは矛盾しない関係としてあったことになりはしないか。親善会（ひいては福岡県社会課）が自治正義団のリーダーである吉川の参加を必要としていたとすれば、それはなぜだろう。同床異夢であったり、利用し、利用される関係だったとしても、その点にもう少しこだわってほしかったという気がする」という旧稿に対する指摘は的確であり、本章で自治正義団と全県的融和団体福岡県親善会との関係を再検討する。[10] 田原行人の「自治正義団について、筆者は、川向、小正路どちらの分析にも精緻な検討の余地があると考える」という指摘も謙虚に受け止めたい。[11]

本章では、自治正義団同人の自己認識を尊重し、独立系水平社・自治正義団として叙述する。その際、一九九一年に行橋市・行橋市教育委員会が復刻した自治正義団発行の二冊の論集『地殻を破って』（一九二八年）、『覚醒』（一九三四年）を用いるが、自治正義団同人の論考の引用に際しては、原則として表題のみとし、執筆者名をあえて記さないことを予めお断りしておきたい。

本章の第二の課題は、一九三一年に開校した堺利彦農民労働学校を水平運動史に位置付けることである。就中《なかんずく》特に同校に参加した自治正義団同人や、同校から誕生した水平運動の新たな主体が展開した差別糺弾闘争に注目し、地域社会における対抗的公共圏の形成を論じてみたい。

一　独立系水平社・自治正義団の思想と運動

(1) 初代理事長吉川兼光

自治正義団は全国水平社に遅れること四年、一九二六年五月一一日に創立された。先ずは、初代理事長吉川兼光のプロフィールを簡単に紹介する。吉川兼光は、一九〇二年年一〇月二七日、福岡県京都郡行橋町（現行橋市）の被差別部落に生まれ、豊国中学校（大正九年九月第三学年入学、同年一一月除退、現豊国学園高等学校）から早稲田大学専門部政治経済科に進学し、一九二五年に専修大学専門部経済科を卒業。専大卒業後、母方の吉川姓を名乗った。早大時代には、実兄田原春次が主宰した学生合宿冷人社《レーニン》に参加し、早大講師佐野学の講義を受ける。佐野が「特殊部落民解放論」（『解放』一九二一年七月）という歴史的な論文を執筆した一つの契機は、田原春次・吉川兼光兄弟という部落青年との出会いであった（第一章第二節）。

早稲田大学時代の吉川兼光。『西北の黎明――早稲田生活』（文泉社）より転載。

吉川兼光は、一九二六年に大阪毎日新聞社に入社して門司の西部総局に配属され、この年、自治正義団が創立される。その後、京城日報東京支社論説委員・調査部長から専修大学経済学部講師・教授として政治学を担当。京城日報時代には、一九三二年の「リットン報告書」審議のために開催された国際連盟理事会・総会に特派され、一一月七日（革命記念祭）より一三日間かけてウラジオストクからシベリア鉄道を横断。この時の記録「労農ロシア見たままの記」（『福岡県人』一九三三年五月、六月）では、ソ連邦の現実や民衆の生活実態が批判的に報告されている。一九三五年ウィーン大学に留学し、日本の革新官僚にも影響を与えた全体主義経済学者・哲学者オスマー・シュパン（Othmar Spann）に師事した。翌年五月二〇日、「日本精神」と「東洋倫理」紹介の功績によりハンガリー政府から勲章を授与（『福岡県人』一九三六年七月）。一九四四年四月、千葉県市川市に私立興亜農林学校（現千葉県立薬園台高等学校園芸科）を開校して校長となる。戦後は、旧千葉県第一区選出の社会党―右派社会党―民社党の衆議院議員を七期務めた。

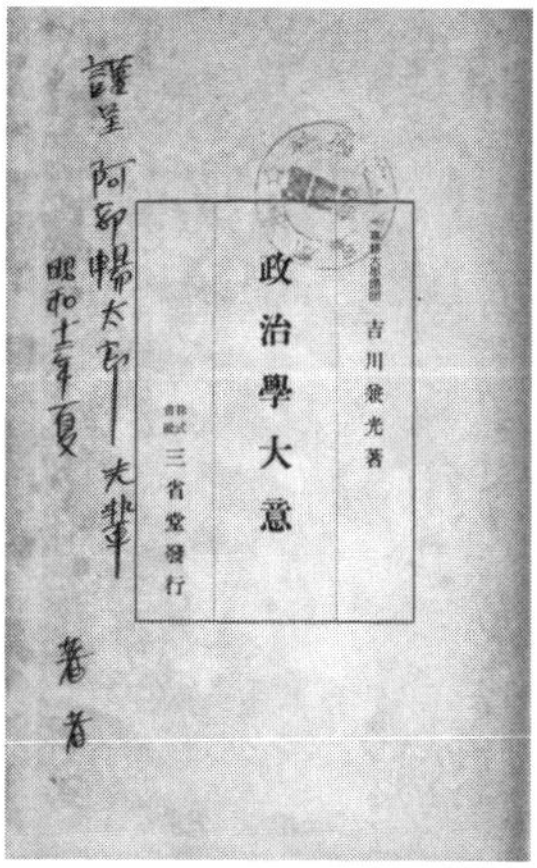

左：吉川兼光『政治学大意』（三省堂）の福岡日日新聞社長阿部暢太郎への謹呈署名。小正路蔵。
上：ウィーン大学留学時代の吉川兼光（右）。個人蔵。

　戦前の著書に第一章で引用・紹介した『西北の黎明――早稲田生活』（文泉社、一九二五年）や『政治学大意』（三省堂、一九三七年、写真）、『全体主義の理論と実際』（日本評論社、一九三八年、『全体主義十講』と改題して刀江書院より再刊）、『友邦洪牙利《ハンガリー》』（新英社、一九三八年）、『海南島建設論』（大阪屋号書店、一九四二年）などがある。部落問題に関しては、「全体主義より見たる融和問題」（『融和事業研究』第五〇輯、一九三八年七月）や「「夏の夜」の感傷」（『福岡県人』一九三五年六月）、「県人社の想い出」（『福岡県人』一九四三年七月）などがある。今日からすると「全体主義より見たる融和問題」の論旨は理解に苦しむのだが、「「夏の夜」の感傷」は自治正義団による「京都郡内百回講演会」、「県人社の想い出」は融和運動家中村至道との論争の回想として興味深い。

(2) 自治正義団の思想と運動

『地殻を破って』所収の「正義団の沿革」は、自治正義団創立の経緯を次のように記している。

豊前地方には可成り多数の特殊部落民居住すれども水平運動、融和運動共にあまり盛んでなかった。少なくとも表面的には何事もなきが如く静かであった。けれども一度その表皮をめくると、到るところに部落民差別の言動あり、その都度小さな紛擾をかもしていた。京都郡に親和会と云う融和目的の団あれども、二、三幹部の無能横暴に会員の信望なく、全くの有名無実と化していた。従って差別問題等起こりても、親和会として何等奔走するでなく、只親和会内の正義派と目される（中略）が個人的に努力するに過ぎなかった。

ここに於いて、多数の団結力による自主的部落解放運動要望の声は各部落〳〵に充ち、期せずして新団体組織の機運は醸成された。

自治正義団創立以前の一九二〇年代に豊前の京築地方（京都郡・築上郡）で発生した差別事件で、今日記録に残されている氷山の一角は次の四件である。

一九二二年三月一一日　京都郡今川村　村会議員が「特殊部落」の言辞。議員は辞職。

一九二三年三月二九日　築上郡築城村　大日本仏教済世軍の真田慶順が説教中に「穢多」という言辞を用い部落民衆が激昂。真田慶順が謝罪。(12)

一九二五年一二月一二日　京都郡行橋町　友人の名刺を見ながら「勲八等はエタ五郎なり」との発言を傍らの部落民衆に咎められる。発言者が謝罪。

一九二六年二月三日　京都郡行橋町　乗合馬車駐車場において「金の事は言うな、金は穢多でも持っている」と発言。発言者は謝罪文提出。(13)

このように、「一度その表皮をめくると、到るところに部落民差別の言動あり、その都度小さな紛擾をかもしていた」が、「親和会と云う融和目的の団」は、「何等奔走するでなく」、「全くの有名無実」化していた。

親和会の詳細は不明だが、『特高月報』一九三一年六月分の「反水平運動団体調（昭和五年十月末調）」には、京都郡共和会（一九二五年三月二〇日結成、会員六二〇名）が掲げられている。田原行人「福岡県における融和事業の展開——福岡県親善会設立までとその活動」（『部落解放史・ふくおか』第一〇九号、二〇〇三年三月）によれば、京都郡共和会は「地域的にも人的にも大正期の改善運動の系譜をもつ組織」で、その中心人物である被差別部落出身の行橋町会議員は、企救郡共和会発起人（帝国公道会講師）と親交があった。なお、『特高月報』一九三一年六月分は、自治正義団も「反水平運動団体」に位置付けており、この警察資料の不確かな記述が、自治正義団に対する誤解を招く要因となる。

自治正義団の同人・理事であった古老（一九〇三年一一月二三日生まれ）からの聞き取りでは、前掲「正義団の沿革」の「多数の団結力による自主的部落解放運動要望の声」は、官製融和団体の京都郡共和会に対抗し、それらを乗り越えようとした青少年層から発せられたものであり、そうした機運の高まりは、全国水平社の創立に鼓舞されてのことであった。

こうして一九二六年五月一一日、行橋町京都郡公会堂で自治正義団創立大会が開催された。創立大会では、吉川兼光が起草した宣言、綱領、規約が満場一致で可決され、満二三歳七カ月の吉川が初代理事長に選出される。

宣言

地球は公正である

人類は今、自己の社会に存在する不正義を匡正すべき、大試練の中に置かれている

改造か、革命か
耳を傾けよ！　解放の叫び、破壊の声が、地球の隅々から、もの凄く聞えて来るではないか
そして、次々と勝利の鐘は鳴り出している
不正義を糾明する者の頭上には、恒に天帝の加護があるのだ
人類の多数がもし、この不正義を匡正することを怠れば、その到達すべき最後の運命は明らかである
国家の隆盛、社会の繁栄、悉くこの不正義を除去して後、始めて実現すべき可能を有する
同胞差別と云う不正義をもつ日本よ、醒めよ、そして静かに祈れ
差別観念の根絶を目標として、正義を闡明し、不正義を糺弾し、地上に人類共存共栄の新社会を建設すべく、自治正義団は生れ出たのである
正義団の使命は、日本の念願であり、人類最高の完成である
地球は公正である

綱領
一、明治天皇御聖旨の徹底を期す
一、人類生活に対する真正を把持す
一、賤視観念による社会悪の根絶を期す
一、行動は公明を期す

自治正義団は、「明治天皇御聖旨」（賤民廃止令）や「天帝の加護」に依拠しながら、「人類共存共栄の新社会」と「人類最高の完成」をめざした。差別行為・言辞こそが「不正義」、すなわち正当な社会秩序からの逸脱であ

り、「不正義を糺弾」する側こそが正義派と自認する点や、「本団ハ所謂特殊部落民ノ有志ヲ以ッテ組織ス」（規約第五条）という組織原理は、全国水平社と類似している。

創立大会後の演説会では、吉川兼光「生存権の主張」など自治正義団同人四名、福岡県社会課真鍋博愛、京都郡選出県会議員筒井省吾（民政党）の演説があり、吉川の演説は、「過去一千年に渉る特殊部落民被差別の悲惨なる生活から説きはじめ（中略）世界に於ける被圧迫民族の台頭と、その台頭の前にモロクも没落して逝く圧迫民族の最後の運命を論じ」（「創立大会記」『地殻を破って』一一四～一五ページ）という内容であった。第一章で検討したように「民族＝階級」型の部落民意識である。水平運動指導者・参画者の間で、近代以前の社会的地位にもとづく集団を「身分」概念で捉え、水平運動を「身分闘争」とする認識が定着するのは一九二〇年代後半であり、吉川もその後、「特殊部落の起源は、封建時代に於いて、支配階級の自己中心政治の、犠牲者として発生したもの」（「人間性の奪還」『地殻を破って』八四ページ）と戦後の政治的起源説に連動する部落問題認識へ転じている。

自治正義団同人。1928年。『地殻を破って』
行橋市・行橋市教育委員会復刻版より転載。

吉川兼光らは、創立大会直後より「郡内百回講演会」と銘打った部落民衆の立ち上がりを促す講演会を精力的に行った。吉川は先に紹介した「「夏の夜」の感傷」でこの「郡内百回講演会」について「新聞社が退《ひ》けて行橋へかえり着くのは八時すぎ、それから、駅頭に僕のかえりを待っていてくれる同志たちと一緒に幌馬車を駆って、長鞭一閃《ちょうべんいっせん》、月光淡い今川の千間《せんげん》土手や小倉街道、サテは豊津道、中津往還などをこまねずみの様に走り廻ったが、それこそ文字通り、東奔西走、南船北馬の苦斗であった」（傍点原文）と回想している。

また、参詣者二〇万人という京築地方最大の夏祭りであった今元村須佐神社例祭（「今井祇園」）では、「差別の言動に端を発する事故も年々尠《すく》なからぬため」、「民衆救援隊」を組織し、「正義団員七、八十名が揃いの腕章、提灯にて出動し民衆自警につとめ、些の事故もなく所期の使命を果たし」た（前掲「正義団の沿革」）。吉川兼光は、自治正義団結成半年後の一九二六年一〇月、東京へ転勤となり、理事長を辞任する。

翌一九二七年四月、自治正義団第二回総会を行橋町の万福寺で開催して、吉川の後任理事長が選出された。ところが六月、「正義団創立以来未曾有の差別事件に関する暴力云々の問題起こり（中略）正義団最初の犠牲者を出す」（同前）こととなった。

この年、四月二八日、二九日、自治正義団同人三名と田川郡水平社同人一名は、京都郡稗田村（現行橋市）で二件の差別糺弾を敢行した。一件目は、差別発言者に「謝罪文の交付・謝罪宣伝ビラの配布及新聞による謝罪広告」の掲載を迫った。二件目は被差別部落と一般地区の隣接行政区合併問題に端を発した差別事件で、部落側の「改善」を主張して合併を拒否した行政区長の「差別的言語」を問題視し、「謝罪宣伝ビラ千枚を配布し、福岡日日新聞に一ヶ月間謝罪広告をなし、且謝罪文を交付せしむるよう要求」した。これらの要求をつきつけた四人は、暴力行為等処罰法違反で起訴（懲役二カ月を求刑）され、六月六日、行橋区裁判所で有罪判決を言い渡された。[14] 吉川兼光はこの差別糺弾への刑事弾圧を「一般民側は、暴力を事とする団体だろうと、眉をひそめ（中略）その中を猛然と運動を続けて行った団員の姿は、全く殉教者のそれであった」（「編輯後記」『地殻を破って』一二一ページ）と振り返っている。

一九二八年五月、自治正義団第三回総会を開催し、理事長を議長に変更するなどの規約改正がなされ、議長に前年の差別糺弾闘争で刑事弾圧を受けた一人が就任した。この人物は、「親和会の正義派」（前掲「正義団の沿革」）と目された年長格で、その後、全国大衆党京築支部準備委員会に加入した（『全国大衆新聞』一九三〇年九月一日）。

（3）融和団体福岡県親善会と連携

自治正義団創立大会・演説会に福岡県社会課真鍋博愛（第四章第一節）が参加していたことは、注目すべきであろう。中央融和事業協会の強力な働きかけにより、全県的な融和団体として福岡県親善会（会長は福岡県会議長林田春次郎（豊津中明治二二年中退））が結成されるのは、自治正義団創立二年後の一九二八年九月一〇日である。真鍋博愛は福岡県親善会主事として融和運動の推進を中心的に担い、吉川兼光も翌年八月に福岡県親善会嘱託を委嘱されている。[15] 自治正義団は初発の段階から融和運動とも連携していた。

福岡県親善会は、その後、一九二九年一二月一四日、行橋町有志懇談会を開催した。参加者は徳田伊勢次郎町長のほか、町役場職員、小学校長・訓導、隣保館長、有志家、神職、方面委員、商工会長、区長、町会議員、消防部長、米穀検査員など一九名であった。この懇談会の席上、部落民衆からは、次のような部落差別の実態を批判・告発する多くの発言があった。[16]

◇職業上の機会均等を得ざるため吾々は一般社会に後るる。相当の人物あらば当局は採用あらんことを切望す。

◇結婚迄進みたいもの。

◇本県庁員はすべて誠意あり、差別心なきや。（主事答う――原文）

◇紡績会社に雇い入れぬ。只郡内部落より一人入っているのみ。

◇機動演習の宿舎割につき、『何中隊は何々××部落』と云いたる事実あり。何を以って××の二字を付ける必要ありや。将校たる人物が不謹慎、無理解と思う。中津病院に看護婦に入って故なく十一日目に解雇されたものがある。

◇巡査部長試験に三番に合格したが部落の者を除かんが為、奇数に当る者は任用しないとの理由を以て不任用となったから遂に短気を起こして自ら退職した。

福岡県親善会は、翌年五月二二〜二四日にも、浄土真宗本願寺派布教研究所長内田晃融、中央融和事業協会嘱託河上正雄を講師とする第四回融和事業講習会を行橋町隣保館で開催した。参加者は京都・築上両郡の町村長、小学校長、宗教家、警察官、方面委員など六〇名であった。第二日目の夜には懇談会が行われ、ここでも部落民衆からは次のような発言があった。[17]

◇小学校時代に苦しめられたことが多い。学校の先生に充分なる理解と援助をお願いする。
◇我々は職業の機会均等を得ていない。どし〳〵人材の採用をしてほしい。
◇私は農学校三年間に受けた悩みは決して忘れることは出来ない。同級に十一人の内部の者が入学していたが卒業したのは只私一人である。退学の理由は皆同じである。何と云っても心から手を引いて指導してくれる人のない程世の中に淋しいことはない。人間冒瀆程苦しいものはない。
（その外悲痛な差別の悩み、真剣な叫びが続出した。——原文）

部落民衆がこうした悲痛な被差別体験を語ったのは、部落差別撤廃を実現する組織や運動として福岡県親善会に期待を抱いていたからであろう。こうした期待は、吉川兼光を始めとする自治正義団同人たちにも共有されていたのではないだろう。それ故、自治正義団は、初発の段階から福岡県社会課や福岡県親善会と連携したのである。少し時代が下るが、一九三六年の京都郡の親善会員は一二六人で、嘉穂郡の一八三人、田川郡の一五〇人、築上郡の一四五人に次いで四番目に多い（『福岡県親善会要覧』一九三七年）。

（4）『地殻を破って』と『覚醒』

一九二八年一二月二〇日、自治正義団は部落問題論策集『地殻を破って』を刊行した。無産運動家（安部磯雄、小池四郎、杉山元治郎、布施辰治）、歴史家（喜田貞吉）、融和運動家（有馬頼寧、下村春之助、中村至道）、国家主義者（大川周明、安岡正篤、清水行之助）、福岡県選出の衆議院議員（政友会の内野辰次郎、民政党の勝正憲、末松偕一郎、吉田磯吉）、京都郡出身の明治銀行頭取生駒重彦（豊津中明治二七年卒）、中山製鋼創業者中山悦治（豊津中明治三〇年中退）や地域社会に影響力を持つ県会議員、元・前京都郡長、行橋警察署長、県視学、京都郡教育会長、在郷軍人会分会長などの論考や書簡を掲載している。安部磯雄、杉山元治郎（第二章第二節）、布施辰治、喜田貞吉、有馬頼寧（第一章第三節、第四章第一節）、下村春之助、中村至道の論考は、『融和時報』、『融和事業研究』、『同愛』、『社会事業研究』（大阪社会事業連盟）からの転載または抄録である。

全国水平社関係者からの寄稿はないが、「全国水平社創立宣言」、全水第二次「綱領」、全水第七回大会で審議未了となった「水平運動の要綱と政策」を収録した。

自治正義団同人一九人の寄稿もあり、その論旨に特徴的なことは、第一に、「部落民は自己の力によりて、徹底的に部落を解放すべく水平運動に進んで行くに到ったのは、蓋し自然の勢と云うべきである。（中略）部落民自身自力による解放運動を完成する時、吾等の善き日は招来される」（「部落解放運動の第三期」）、「凡ての人間は尊重すべきであるという水平社の運動が起こり、人間礼讃の叫びが高潮して来たのは誠に喜ぶべき事」（「謝罪の気持ちになれ」）、「水平社の掲げる荊冠旗、それは特殊部落民の旗印である。この旗印を掲げて雄々しく天下に呼号してから早十年、しかもいばらの冠は寸影だも塗り消されておらぬ」（「記念の随筆」）という全国水平社への共鳴であり、自治正義団を水平運動とする自己認識である。「改善に改善を加えて

自治正義団発行『地殻を破って』表紙。行橋市・行橋市教育委員会復刻版より転載。

内務省から表彰までせられた所もあるが、決して解放はせられていない。社会は依然差別している」（「改善ではなく解放へ」）とそれまでの部落改善運動への批判もなされている。

第二に、「明治天皇御聖旨の徹底を期す」という綱領第一項に即した主張である。「世界の特殊部落といわれたユダヤ民族も、二千年来の圧迫から脱却した」（「生を否定する力」）という通俗的なロシア革命観から、「吾が国民の自覚することなくんば、皇国の下に赤子の醜き闘争は一層深刻を極める」（「本能の力は無敵」）ことに警鐘を鳴らし、「それでも差別側の国民は、皇室に忠義を致すものと云われるか。醒めよ、起てよ、昭和の聖代を吾等の協力で更に一段と光りあらしめよ」（同前）と訴えた。こうした「平等の赤子」観は、多くの自治正義団同人たちに共通しており、そもそも『地殻を破って』は、同年一一月の昭和天皇即位式を記念して発行されたものであった。

同人たちの寄稿文のなかで異彩を放っているのは、「私は穢多です。自らこう叫ぶことを誇りとします」で始まる「自己を侮るな」である。この論考は、堺利彦主宰の無産社リーフレット『特殊民の解放』に収録された四篇の一つ「穢多の誇り　一穢多」の文体を常体から敬体に変更し、若干の加筆修正を行ったものだ。『特殊民の解放』が発行されたのは、一九二二年二月一一日、つまり全国水平社創立直前であった。このリーフレットは京都の水平社創立事務所に数百部が郵送され、全水創立大会で配布された。その後、「自己を侮るな」のような複製加工版も作成されていた[18]。

「自己を侮るな」の執筆者は、「穢多の誇り　一穢多」にみられる強烈な部落民意識や、部落民衆が「社会改革運動の第一先鋒」として「新社会建設の功労者」たらんとする訴えに共鳴し、全国大衆党京築支部に加わり、第一期・第二期堺利彦農民労働学校に参加した。後述する全農総本部派京築委員会の差別糺弾闘争は、この「自己を侮るな」の執筆者が展開したものである。

一九三〇年代に入ると、自治正義団の運動は次第に停滞し、組織をいつまで維持していたのかも定かではない。今日確認できる組織的な取組は、二冊目の論集『覚醒』の発行である。「皇太子殿下御降誕」の記念出版として一九三四年一二月八日に刊行された。同書には歴史家（喜田貞吉）、融和運動家（姫井伊介、中村至道、成澤初男）、自治正義団同人、小倉市長、行橋町長、行橋警察署長、京都郡産業組合主事、豊津郵便局長、消防組頭、青年訓練所教官、京都郡内各小学校長など地方行政・教育・自治的諸機関の関係者が寄稿している。

　前回の『地殻を破って』と比較すると、次のような違いがある。

　第一に、田原春次「水は低きに流れる――正・反・合の法則」を除いて無産運動家からの寄稿がない。同書を編んだ保守派の自治正義団書記長・行橋町議吉永栄の編集方針である（第三章第一節）。田原はこの論考で「融和運動」は、「今迄一段高くとまって、他の人間を眼下に見下し」、「他の人間をケイベツし排斥し来た人」が「自らの誤りを認め」る運動であり、これに対して「水平運動」は、「一段低いとみられていた人々が自ら立ち上って、この一段を打ちこわして、誰もかれもおなじ人間であるとの考えをハッキリさせる運動」と部落民衆が理解しやすい平易な言葉で対比し、水平運動への参加を訴えた。ここには、〈差別されるいわれのない部落民〉という新たな社会的定義の獲得を求める〈アイデンティティの政治〉や、「人間をケイベツし排斥」する行為こそが社会的逸脱であると主張する〈逸脱とは何か〉をめぐって繰り広げられる〈逸脱の政治〉の論理が明瞭に示されている。(19)

自治正義団発行『覚醒』表紙。行橋市・行橋市教育委員会復刻版より転載。

　第二に、全国水平社の関係資料が掲載されず、静岡県、愛知県、三重県の社会事業協会融和部、静岡県融和団体連合会、福岡県親善会など官製融和団体の趣意書や、中央融和事業協会の諮問機関である融和教育調査委員会策定の「融和事業に関する教育的方策要綱」（一九三四年五月一一日）などが収録された。この点も吉永栄の編集方針であろう。三重県社会事業協会融和部は、三重県水平社から追放された北村庄太郎ら日本水平社系の『聖戦』グループや部落上層部と連携し、融和運動の組織化と指導者育成を試みていた[20]。

第三に、自治正義団同人以外には、①「非常時より見たる国民差別観念」、②「融和運動と水平運動」、③「部落問題の徹底的解決方法――附、解放か！　向上か！　糺弾の可否」の三項目アンケート形式での原稿執筆を依頼した。ここには、自治正義団は、あくまで「向上」よりも「解放」を求め、「部落問題の徹底的解決方法」として「糺弾」を重視するという意図が込められている。

だが、「糺弾は、差別されたる被害者の報復手段でありますが、同時に、人間的教養を欠いだ頑迷なる愚物に対する（教育的意味を含めた）膺懲だと信じます」と共鳴する文芸戦線派プロレタリア作家・堺利彦農民労働学校講師鶴田知也（第七章第七節）「部落問題の客観的把握」を除いて、「新聞に謝罪広告とか或いは暴力行為によりこれを膺懲するが如きは百害ありて一利なし」（塩次彦一郎「非常時と融和問題」）、「団体行動に出で闘争的脅迫的手段を弄するは、差別解除を望む善良なる手段方法と云い得ず」（京都郡産業組合理事松本勝五郎「時局に鑑み相互の反省を望む」）など、差別糺弾闘争に否定的な見解が多い。

以上三点の渾然一体化が、一九三四年段階の自治正義団の特徴である。第三章第一節で述べたように、保守派の吉永栄は、前年に田原春次らと京都郡の被差別部落町村議員団（全農総本部派京築委員会と日農九同豊前連合会に所属）を組織し、松本治一郎歓迎会、高松事件真相発表演説会を開催した。

二　堺利彦農民労働学校から誕生した水平運動の主体

（1）自治正義団無産運動進出派大衆党系の差別糺糾弾闘争

一九二〇年代後半より自治正義団では、中間派の全国大衆党系―全農総本部派京築委員会、右派の社会民衆党系―日農九同豊前連合会の無産政党や農民運動に参画する無産運動進出派が派生した。前者は、堺利彦農民労働学校を契機に次第に勢力を拡大していく。『全国労農大衆新聞』第三六号（一九三一年一一月二五日、田原春次執筆か？）が、「吾党京築支部員、全国水平社有志、北豊前農民組合有志、九州合同労働有志等共同発議のもとに設立された九州最初の定期プロレタリア学校たる堺利彦労農《ママ》学校」と報道した「全国水平社有志」は、自治正義団産運動進出派の大衆党系を指している。自治正義団の大衆党系は、差別糺弾闘争を果敢に展開した。

例えば、一九三一年一〇月七日発行の『堺利彦農民労働学校ニュース』第四号（筆耕者落合久生、法政大学大原社会問題研究所所蔵）には、「この支部の活動を要求する水平問題が起こりました」とあり、全国労農大衆党京築支部が、「水平問題」に対して何らかの対応を迫られ、差別糺弾を運動課題の一つとしていたことがわかる。

また、一九三三年一〇月二四日に開催された全農福連第二回大会（行橋町都座劇場）では、「京築地区委員会闘争報告」として堺利彦農民労働学校に学んだ自治正義団常務理事（『地殻を破って』の「自己を侮るな」執筆者）による五件の差別糺弾や、松本治一郎を招聘した高松事件真相発表演説会、「差別問題」による京都郡泉村村長辞職などの報告があった[21]。

一九三三年九月の泉村村長辞職は、「差別問題」とともに公金の不正使用が発覚したためであった。村長辞職の村民大会を主唱した自治正義団常務理事（一八九〇年生まれ、日農九同豊前連合会所属）の長男の一九九一年一二月六日付私信には、「泉村村民大会が開催された時、私は旧制豊津中の三年生でした。父に云われて村民大会のビラ貼りやビラ配りをさせられたことを覚えています。同志が集まって会議をする時は、その家の周囲の警戒に当たった事もありました。父のところには、色々な方から脅迫状のようなものが度々届いていました。父が作った歌に「税金を荒食いしたるそのためにやせ衰えし泉村」とあったのを覚えています」と記されている。行橋市・行橋市教育委員会が復刻した『地殻を破って』と『覚醒』の原本所蔵者が、この自治正義団常務理事の長男である。

全農福連第二回大会では、旧労大党系社会大衆党京築支部長蓑干万太郎が、「第二議案　京都郡農会差別糺弾の件」の提案理由を「郡内地主の利益擁護機関化した京都郡農会は、しば〳〵部落民の不注意に乗じ、その納入藁縄に限って重量をゴマ化し来りたるは、差別と横領の二罪をしておる。これを徹底的に糺弾するにあらざれば、不当の損害を受けねばならぬ」と説明し、「郡内各村の部落代表者を以って、農会糺弾委員会を組織し、大衆的規模に於いて、要求貫徹まで闘争すること」が可決された。

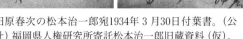

　こうした差別糺弾は、全水未組織の部落民衆を巻きこみながら同年夏頃より本格化した高松結婚差別裁判糺弾闘争に連動していた（第三章第一節）。翌年四月三日開催の全水九州連合会拡大委員会財政部会計報告（一九三三年八月〜三四年三月）では、京都郡今元村（現行橋市）の被差別部落二カ所より差別糺弾闘争九州地方協議会へ闘争基金三円の拠出が報告されている。[22] 田原春次はこの全水九連拡大委員会に「小倉代表」で出席し、組織宣伝部委員に留任する。

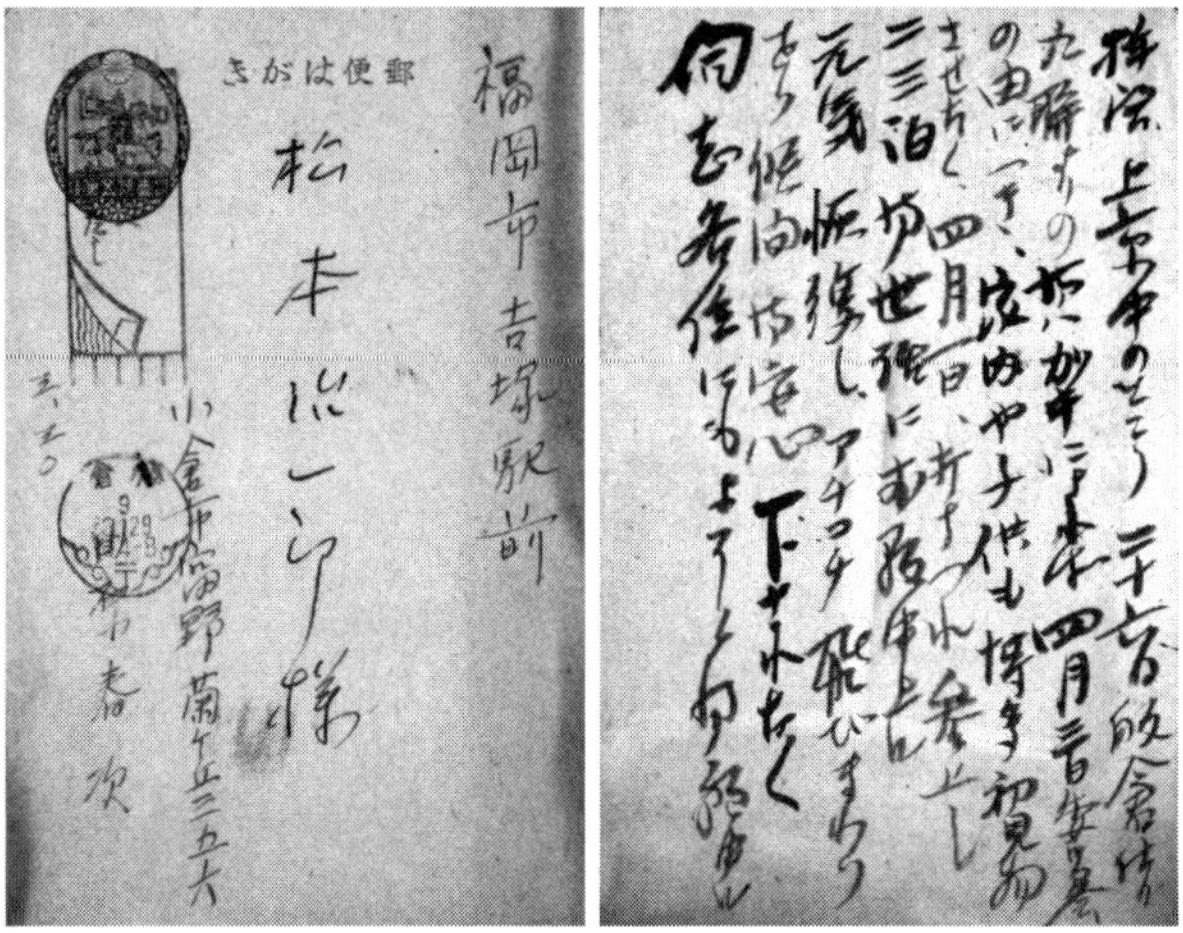

田原春次の松本治一郎宛1934年３月30日付葉書。（公社）福岡県人権研究所寄託松本治一郎旧蔵資料（仮）。

　なお、松本治一郎旧蔵資料（仮）には、田原が全水九連拡大委員会の参加要請に応じた松本宛一九三四年三月三〇日付葉書（写真）がある。

　拝啓　上京中のところ二十六日帰倉仕候、九聯よりの御ハガキによれば四月三日委員会の由につき、家内や子供も博多初見物させたく四月一日、打ちつれ参上し二三泊御世話に御願申上候。元気恢復し、アチコチ飛びまわりをり健康、御安心下されたく同志各位にもよろしく御願申候。

この時、田原に連れられて「博多初見物」をした長女ルイザは満三歳、次女チエカは満一歳だった。

自治正義団無産運動進出派大衆党系の差別糺弾闘争という対抗的公共圏の形成の試みに福岡県親善会は敏感に反応した。親善会は、一九三三年八月二一日、京都郡今川村で「融和親善講演会」を開催し、親善会主事真鍋博愛「融和促進」、行橋町の中津浄福寺系万福寺住職大友教雄「自力更生」の講演が行われた。参加者は、戸主会、青年会、主婦会、処女会からの二五〇名以上である。また、親善会は九月には、融和映画の上映会を仲津村（二一日、一〇〇〇余名）、豊津村（二二日、五〇〇余名）、節丸村（二三日、一〇〇〇余名）、城井村（二四日、約五五〇名）の京都郡内四カ所で開催した。

親善会は、この一連の融和事業について「京都郡内各地に於いて、数度差別事件が起こったので、今川村長檜原延彦氏は深く之を遺憾とされ、融和親善講演会の開催を企画し[23]」、あるいは、「同郡は各地に於いて、近時屡々差別問題を起こし、県下に於いて特に融和促進を強調して、国民諧和の実現を期したき地方[24]」と説明している。これは、部落差別の深刻度において京都郡に地域的な偏差があったことを意味するのではない。支配的な公共性のなかで、それまで問題とされなかった事柄を部落差別として批判・告発する主体が形成されたことにより、部落問題を社会・政治問題化することに成功したのである。「差別問題」で村長が辞職するほど、地域社会に大きなインパクトを与えたのであった。

しかしながら、全農福連第三回大会以降の議案書には、部落差別糺弾の経過は報告されていない。自治正義団無産運動進出派大衆党系が、無産大衆一般との一体化を指向し、部落民意識を抑制したからである[25]。

（2）全国水平社福岡県連合会京築支部準備委員会の差別糺弾闘争

堺利彦農民労働学校は、部落差別の撤廃という独自課題を追求する水平運動の新たな主体を誕生させた。その代表が、小市民層の木本新次郎（ラジオ商、第四章第二節）である。木本は前掲『堺利彦農民労働学校ニュース』第四号に「学校の闘争史を物して『文戦』と『労農』へ送るやいなや県議選の応援に門司に行かなければならなくなりました。九月十一日ヨリ二十二日迄竹本晛候補及小倉市豊田由松候補のための応援で、学校側より鶴田・蓑干・落合・柿本・木本の諸君が行きました」と記されている「学校役員」の一人であった。

第二期堺利彦農民労働学校の直後に行われた一九三一年九月の福岡県会議員選挙では、木本らが支援した竹本晛（門司市定数三人）は一五六票（得票率一％）、豊田由松（小倉市定数二人）は六六九票（得票率五・九％）でともに最下位落選した。『堺利彦農民労働学校ニュース』第四号の「不幸両候補とも落選しましたが、最も手薄い所へいけたのは愉快でした」という自嘲気味の総括は、「当選第一主義」ではなく「暴露・煽動、組織拡大、大衆の政治的教育・訓練」を「選挙闘争」の課題とした労大党『府県会選挙闘争方針書』に即したものである。

木本新次郎は、翌年一〇月の全農福連第二回大会（行橋町都座劇場）のために行橋の店舗兼自宅を大会準備事務所として提供し、同大会では祝辞演説（注意）を行っている。[26] その後、木本は一九三五年三月一日の全農京築委員会を「全国水平社」を名乗って傍聴し、八月三〇日の全農福連第四回企救郡地方大会（企救町北方記念館）に「行橋町政浄化会」として出席した。[27]「行橋町政浄化会」は、前年より本格化した今川ダム建設反対運動のなかで結成された町政刷新団体である（第三章第二節）。

一九三五年八月五日付の第四次『水平新聞』第一〇号には、「不良分子が扱った屈辱的解決を弾糺《ママ》し直す（福岡県京都郡）」という見出しの次のような記事が掲載された（□□は地名）。

今まで水平社の組織が無かったため差別事件が発生したら一部不良分子によって結局はウヤムヤに葬られ

ていた福岡県京都郡延永村□□（十三戸）の兄弟は今回同村某女の差別が起こったので始めて全水の応援を得て糺弾したが、そこに端なくも昭和五年に不良分子と□□区との間に交された屈辱的差別契約書が白日のもとにサラケ出された。

それによると

一、従来ノ差別根性ヲ一掃シ今後失言等ノアッタ場合ト雖モ問題トセザルコト

二、モシ万一紛糾セシ場合ハ区内ノ有志之ヲ解決シ区外ノ者ノ応援ヲ絶対ニ求メザルコト。

おまけに氏神の「をこもり」に参加させるとの条件で三百円を神社修理寄附名義で強奪され、公然と驚くべき差別待遇を続けられて来ていた。

しかもその契約書には村長、小学校長及び区長を始め区会議員一同が署名捺印しているので、先ず之が糺弾を開始し遂に左記条件で勝利的に解決した。

一、差別契約書を破毀すること

二、氏子加入金を返却する事（利子共三百七十六円七十六銭）

三、差別撤廃リーフレットの配布

四、今後差別事件発生の場合は、村長、校長、区長が全責任を負うこと

「従来ノ差別根性ヲ一掃シ今後失言等ノアッタ場合ト雖モ問題」とせず、「若シ万一紛糾セシ場合ハ区内ノ有志之ヲ解決シ区外ノ者ノ応援ヲ絶対ニ求」めないという「屈辱的差別契約書」を締結した「一部不良分子」の詳細は不明だが、「始めて全水の応援を得て糺弾した」のは木本らである。

木本新次郎は、この年一月四日消印の松本治一郎宛葉書に次のように書いている（松本治一郎旧蔵資料（仮））。

拝啓　昨日は色々と沢山御馳走に預有意義なるお話を拝聞仕厚く御礼申上候。尚、今年もより真剣に、より懸命に差別糺弾に邁進するものに有之候。今後共宜しく御指導御援助有らん事を御願申上候。

翌一九三六年九月一七日、「全水福連京築支部員木本新次郎ほか二名は差別糺弾運動に藉口《しゃこう》し、全水九連を背景とし金員喝取をなしいたる事実発覚」として福岡地裁小倉支部に予審請求された。(28) こうした「恐喝被告事件」という刑事弾圧は、木本らの差別糺弾闘争が、支配的な公共圏を揺るがしていた証左であろう。木本らは松本治一郎や前年二月一一日の今川ダム建設反対町村民大会・講演会に来橋した全水九州地方協議会常任委員藤原権太郎らと連携し、全国水平社の傘下組織を確立しようとしていた(第三章第二節)。

さらに、木本新次郎は、一九三七年、差別発言を糺した被差別部落青年が、差別発言者に殺傷されるという悲惨な差別事件の糺弾闘争に全水福連京築支部組織準備委員長として参加した。この差別事件及び糺弾闘争の概要は以下のとおりである。(29)

八月七日、福岡県築上郡下城井《しもきい》村(現築上町)のある青年会は、同村若宮神社の牛馬願成就奉納相撲大会を開催し、相撲大会終了後、青年会長宅で祝宴を開き、青年会員二二名が参加、うち四名は被差別部落の青年であった。その宴席で些細なことから口論となり、ある青年が部落青年に対して「エタノクセニ」と罵倒したため、部落青年は即座にその差別発言を糺し、「暴行を加え、遂に軽傷を負わ」せた。差別発言をした青年は「鬱憤押え難く、彼等に復讐すべく直ちに自宅に至り匕首を携帯」して青年会長宅に向かい、その途中、午後一〇時三〇分頃、件の部落青年二名と出会い、二、三の口論の後、匕首で一人の部落青年の下腹部を突刺し即死させた。

翌日、被害者遺族は加害者の実父を訪問して「差別言辞」に対する謝罪を要求したが、それに応じなかったため木本新次郎を通じて全水福岡県連の応援を求め、八月一六日、衆議院議員田原春次、全水福岡県連常任委員藤原権太郎、全水京築支部組織準備委員会主事牧野渡が被害者遺族宅で糺弾方針を協議し、「差当り本問題は地元に於いて取扱い、福連本部は当分静観的態度をとることに決定」した。

これに対して被害者遺族と全水京築支部組織準備委員会は、「福連本部の態度を軟弱なりと非難」して、「一、我等同志の通学児童を停学さす。一、青年会、国防婦人会、消防組、其他の団体を離立す」を決議し、決議文を福岡県知事、下城井村長、下城井小学校長、全水中央委員長松本治一郎に郵送した。下城井村は、「本件が将来一般民対部落民の確執の原因となるを憂慮」し、八月二九日、下城井村会全員協議会を開催、「融和団体を組織することにより円満解決に導くこと」を申し合わせ、信用組合長に調停を依頼。全水京築支部組織準備委員会は、「将来不祥事件の再発防止に関する村当局の保証書一札を徴すること」などを主張したが、最終的には調停者に一任することになった。

堺利彦農民労働学校から誕生した木本新次郎を中心とする全水京築支部組織準備委員会は、日中戦争期に「国民融和」を重視し、差別糾弾闘争に対する自己規制を強めようとする全水福岡県連を下から突き上げ、徹底的糾弾を主張したのであった。(30)

おわりに

以上検討したように、東上高志が「部落解放運動の伝統はまったくなかった」と記した福岡県京都郡地方には、水平運動の確かな足跡があった。先ず、一九二六年五月一一日創立の独立系水平社・自治正義団は、水平運動と融和運動の双方に連携しながら独自の運動を展開した、次に、一九三一年二月一一日開校の堺利彦農民労働学校に参加した自治正義団の無産運動進出派大衆党系、そして、同校から誕生した全国水平社福岡県連合会京築支部（準備委員会）が展開した差別糾弾闘争という対抗的な公共圏形成の試みは、地域社会に大きなインパクトを与え、全県的融和団体福岡県親善会も敏感に反応した。

全水福連会京築支部準備委員長木本新次郎は、戦後、一九四五年一一月三〇日、日本社会党京都郡支部結成式で経済部長に就任するとともに、部落解放全国委員会福岡県連合会にいち早く加盟し、松本治一郎公職復帰運動を京都郡で展開した[31]。

一九五九年八月二日、部落解放同盟京築協議会が結成され、委員長、書記長、会計に戦前の運動歴がない戦後派が就任する。書記長（のち共産党系行橋市議）と会計（のち社会党系行橋市議、父は自治正義団相談役・日農九同豊前連合会長）は、二〇歳代の青年であった。一九六〇年、部落解放同盟京築協議会は、豊前築上地区協議会と行橋京都地区協議会に分離し、みやこ同研が結成されたのは、この年の五月三日の憲法記念日である。

みやこ同研結成時の中心的メンバーは、みやこ教育科学研究会（一九五二年結成、機関誌『教育開拓』）やみやこ作文の会に所属して集団主義教育や生活綴り方運動に取り組んでいた真摯な青年教師たちである（白石健次郎聞き取り）。みやこ同研は、「差別は観念ではなく生活実態である」という部落解放論に依拠し、同和教育を「教育の中で、あらゆる差別をゆるさないという立場に立って、そのための教育行政を要求し、そのための教育実践を要求し確立」する教育と規定した[32]。そして、「二十坪の中の実践と二十坪の外の実践との統一――最底辺から出発する国民教育の創造」をスローガンに掲げ、「二十坪の外」（教室外）の被差別部落の児童生徒を取り巻く生活実態を直視し、当時の最大の課題であった長期欠席・不登校の解消など教育実践を地道に積み重ねた[33]。機関誌『地下水』に掲載された実践記録には、今日なお学ぶべきものが多い。

ところが、部落解放同盟行橋京都地協では、一九六〇年代初頭より路線対立が表面化し、みやこ同研の共産党系は、「解放同盟の枠にとじこもるのではなく、俺たちは農民組合に組織をされなくちゃあならないと主張する層」を「統一戦線派」と称して重視していく（藤井前掲「部落まわり」）。では、この時期、旧日農統一派が指導部を掌握していた全日農福岡県連は、どのような部落問題認識を持っていたのであろうか。例えば、次の如くである[34]。

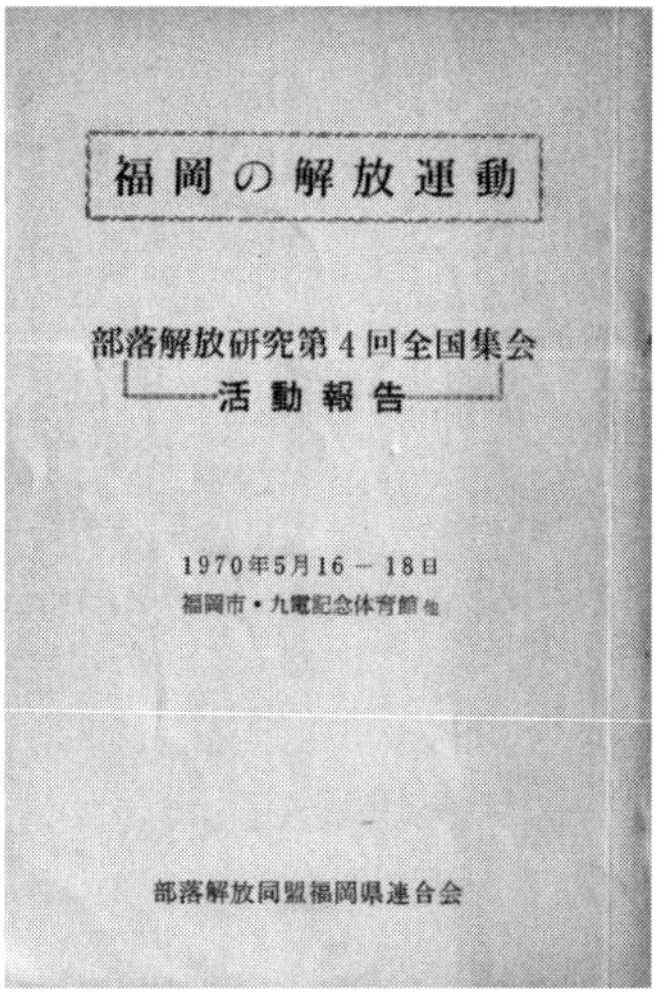

『福岡の解放運動―部落解放研究第４回全国集会活動報告』(部落解放同盟中央出版局，1970年)。再編された京都行橋地協の行橋市の支部（戸数98戸，人口358人）が要求綱領分科会で活動を報告。小正路蔵。

農民運動に対する分裂策動のあらたなうごきとして注目されるのは、戦闘的伝統をもっともよくひきつぎ今日でもなおどこよりもはげしくたたかいつづけている「未解放部落」農民を「一般」農民のたたかいからひきはなし孤立させようとするたくらみがおこなわれていることです。「未解放部落」農民は戦前から戦後にかけて、県下農民運動の先進的部隊としてつねに積極的役割をはたし、全日農の主要な勢力にもなっています。ところがこの先進的部分を他のおくれた広範な農民ときりはなし、かれらのたたかいを「部落改善」運動のわく内におしとどめ、農民闘争の拡大と強化を計画的に阻害しているのです。

このように、全日農福岡県連は、部落農民が部落差別撤廃の独自要求を打ち出すことを「「部落改善」運動のわく内におしとどめ、農民闘争の拡大と強化を計画的に阻害」するものと批判していた。こうして部落解放同盟行橋京都地協とみやこ同研の共産党系は、次第に部落民衆からの支持を失っていった。

そこで、共産党系の「統一戦線」路線に反対し、部落解放運動の独自課題を追求しようとする多数派は、部落解放同盟福岡県連の執行委員長田原春次や専従執行委員羽音豊らと連絡をとりながら一九六二年七月、行橋、京都地区協議会再建同志会を結成し、一九六四年五月二日、再建同志会を部落解放同盟京都行橋地区協議会に再編する臨時大会を開催した。京都行橋地協には、六七支部が結集し、苅田町で全国に先駆けて識字運動を初めた無名の部落民衆も常任委員に迎えられた。その後、行橋市と京都郡の各地で識字学級―解放学級を再構築したのは、自治正義団無産運動進出派と堺利彦農民労働学校に連なる田原春次派の系譜であった（白石健次郎と和田英樹聞き取り、第六章）。

注

（1）岡本顕実「発生の地・福岡に見る識字運動」（『部落解放』第二九九号、一九八九年一〇月）。森山沾一「福岡県における識字運動のはじまり」（『部落解放史・ふくおか』第五九号、一九九〇年九月）。養父勇「識字運動半生記」（『革』第一七号、一九九八年一一月）。社団法人福岡県人権研究所羽音豊調査研究プロジェクト編『にんげん・羽音豊――鉱害闘争と部落解放運動』（福岡県人権研究所、二〇〇七年）。

（2）運動史編纂委員会編『部落解放同盟京都行橋地区協議会苦闘四〇年のあゆみ』（部落解放同盟京都行橋地区協議会、二〇〇六年）一〇四ページ。

（3）無署名（藤井千鶴子）「開拓学校の記録」（みやこ同和教育研究会機関誌『地下水』第一一号、一九六四年六月）。

（4）東上高志『人物でつづる戦後同和教育の歴史』下巻（部落問題研究所出版部、一九八二年）五四ページ。

（5）小正路淑泰「自治正義団史論――ある自主的融和団体の軌跡」（『部落解放史・ふくおか』第六六号、一九九二年六月）。

（6）川向秀武「福岡県における融和事業と融和教育――福岡県親善会を中心に」（『部落解放史・ふくおか』第二七号、一九八二年九月）。

（7）朝治武・黒川みどり・関口寛・藤野豊『「水平社伝説」からの解放』（かもがわ出版、二〇〇二年）一一〇ページ、一三九～四〇ページ。

（8）守安敏司「水平社運動の展開」（黒川みどり編『部落史研究からの発信』第二巻近代編、解放出版社、二〇〇九年）二二二ページ。

（9）朝治武『全国水平社1922－1942――差別と解放の苦悩』（筑摩書房、二〇二二年）二四四～四六ページ。高知県自治団、高知県差別撤廃期成同盟については、高知県部落史研究会編『高知の部落史』（解放出版社、二〇一七年）第二部第七章、第八章（吉田文茂執筆）参照。

（10）石瀧豊美「近現代史研究の成果と課題――『部落解放史・ふくおか』25年を読み直す」（『部落解放史・ふくおか』第一〇〇号、二〇〇〇年一二月）九一ページ。

（11）田原行人「福岡県における融和事業――一九三〇年代、部落経済更正運動期における全水とのかかわりを中心に」（『部落解放史・ふくおか』第一二一号、二〇〇六年三月）四五ページ。

ただし、中村福治『融和運動史研究』（部落問題研究所、一九八八年）の「全農福連（総本部派）は、支部、組合員ともに、部落に主たる基盤を置きながらも、関係各支部いずれも全水九連に一切、加盟せず、ただ田原春次が全水大会、九連大会に出席し、合法左翼的立場から発言するのみである。私は田原が九連の左翼的な理論と実践を嫌い、下部組合員が九連に近づくことにより、全農福佐とのつながりができることを恐れたという田原の意向の反映であると理解する」（三一三ページ）という自治正義団を等閑視した見解は受け入れがたい。自治正義団同人であった全農福連京築委員会のサブリーダー層が、全水九連に加盟しなかったのは、田原春次の政治的リーダーシップによるものではなく、自治正義団の運動を水平運動とする自己認識があったからである。

（12）以上、秋定嘉和・西田秀秋編『水平社運動――一九二〇年代』（神戸部落史研究会、一九七〇年）五四五ページ。真田慶順は大日本仏教済世軍創立者真田増丸（豊津中明治三〇年卒）の弟で、増丸没後に済世軍の第二代主管となる。一九一五年創立の大日本仏教済世軍は、布教伝道と生活困難者支援など社会事業を展開し、社会化をめざす街頭仏教として一世を風靡した。菊川一道「東陽学寮とその実践論の研究」（龍谷大学大学院文学研究科博士論文、二〇一七年）第四章参照。金山登郎が『リベラシオン』第一二七号（二〇〇七年九月）に掲載した聞き書きによれば、大日本仏教済世軍は、部落寺院・僧侶と関係を持ち、部落民衆への布教伝道を積極的に行っていた。

（13）以上、渡部徹・秋定嘉和編『部落問題・水平運動資料集成』第一巻（三一書房、一九七三年）二六〇～六一ページ。

(14)渡部徹・秋定嘉和編『部落問題・水平運動資料集成』第三巻（三一書房、一九七三年）三〇九〜一〇ページ。

(15)『融和時報・九州版』第三六号、一九二九年一一月一日。

(16)『融和時報・九州版』第三九号、一九三〇年二月一日。

(17)『融和時報・九州版』第四四号、一九三〇年七月一日。

(18)第七章第一節、第五節。小正路淑泰「堺利彦と部落問題――身分・階級・性別の交叉」（『初期社会主義研究』第一一号、一九九八年一二月）。

(19)水平運動における〈アイデンティティの政治〉〈逸脱の政治〉については、以下を参照。関口寛「国民社会形成史のなかの水平運動」（『部落解放研究』第一四七号、二〇〇二年八月）。同「水平社創立と民衆――奈良県の事例から」（秋定嘉和・朝治武編『近代日本と水平社』解放出版社、二〇〇二年）。日本法社会学会九州研究支部（江口厚仁・吉岡剛彦・林田幸広・木原滋哉）「市民的公共性／公共圏のゆくえ」（『法政研究』第七四巻第三号、二〇〇七年一二月）。

(20)黒川みどり『地域史のなかの部落問題――近代三重の場合』（解放出版社、二〇〇三年）第五章、第六章。三重県社会事業協会融和部は、『覚醒』発行五カ月前の一九三四年七月四日、財団法人三重県厚生会に改組され、委員会及び補助機関として経済更生研究会、融和教育研究会、融和青年連盟、融和青年連盟婦人部を置いた。

(21)『福岡県史　近代史料編　農民運動（三）』（福岡県、二〇〇六年）二二四〜二五ページ。

(22)渡部徹・秋定嘉和編『部落問題・水平運動資料集成』補巻二（三一書房、一九七八年）一六一〇ページ。

(23)『融和時報・九州各地版』第八三号、一九三三年一〇月一日。

(24)『融和時報・九州各地版』第八四号、一九三三年一一月一日。

(25)黒川みどりは、三重県の被差別部落民衆の一般無産階級への同化指向について「一九二〇年代後半の三重県の部落解放運動は、もっぱら無産階級運動として展開されつつあった。それはすでに見たように、できるかぎり〝部落民〟に固有の要求を覆い隠そうとする同化の指向によるものにはちがいなかったが、一方で、差別糾弾闘争のみでは差別事件が発生しないかぎり恒常的運動を維持することがむずかしいのに対して、その点を克服し、自らを抑圧している諸現象を権力との関わりで構造的にとらえる目を民衆のなかに培っていくことにつながっていった」(前掲『地域史のなかの部落問題』二〇五～〇六ページ)と指摘している。自治正義団無産運動進出派大衆党系も同様の傾向にあった。黒川みどり『被差別部落認識の歴史――異化と同化の間』(岩波現代文庫、二〇二一年)参照。

(26)前掲『福岡県史 近代史料編 農民運動(三)』一九九ページ、二二六ページ。

(27)同右二七八ページ、三一八ページ。

(28)渡部・秋定編前掲『部落問題・水平運動資料集成』補巻二、二〇六一ページ。

(29)渡部・秋定編前掲『部落問題・水平運動資料集成』第三巻、五二一～二二ページ。

(30)日中戦争期の全水福岡県連の糺弾闘争に対する自己規制については、朝治武『アジア・太平洋戦争と全国水平社』(解放出版社、二〇〇八年)第三章参照。

(31)『行橋市史』下巻(行橋市、二〇〇六年)四〇九ページ。『越えてきた山々の道』下巻(京都行橋啓発資料編纂委員会、一九八七年)四五五～五七ページ。

(32)平田良介「みやこ同和研一九六〇年度歩みと当面の課題」(『地下水』第二号、一九六一年四月)。

(33)平田良介「創刊のことば」(『地下水』第一号、一九六一年二月)。

(34)無署名「福岡県における最近の農業と農民のたたかい」(『九州産労資料月報』第一八三号、一九六五年二月)一〇ページ。

第六章
戦時下の田原春次
堺利彦農民労働学校の再編過程を中心に

本章の執筆に際しては、公益社団法人福岡県人権研究所、法政大学大原社会問題研究所、みやこ町歴史民俗博物館、堺利彦・葉山嘉樹・鶴田知也の三人の偉業を顕彰する会の古賀勇一氏、白石健次郎氏、原田さやか氏に貴重な資料を提供いただいた。

はじめに

京都郡豊津村に落成した堺利彦農民労働学校校舎で一九三三年九月二二日、二三日に開催した第五期堺利彦農民労働学校では、プロレタリア政治学（落合久生）、小作争議戦術（佐保高）、農村経済学、金銭債務調停法、小作調停法（以上、田原春次）、ファッショの研究（浅原健三）の講義が行われた[1]。しかし、参加者は僅か二四名と低迷して創設期のような反響を巻き起こすことができず、同校の再建が田原春次ら全農福連の課題となった。同校の運営に決定的な打撃を与えたのは、労農派地方同人の同校主事・全農福連教育部長落合久生の社会運動からの離脱である。落合は翌一九三四年一月二三日、すなわち堺利彦没一年後の祥月命日に突如として社会運動からの絶縁引退する旨の「声明書」を発表し、各紙は翌日の朝刊で一斉にこのニュースを報道した。以下は、「落合氏転向／今後社会運動とは絶縁／北九州の左翼戦線に衝動」という見出しの『九州日報』一月二四日である。

既報北九州及び北豊前地方に於ける農民運動の輝ける指導者として活躍していた堺利彦労働農民《ママ》学校主事並に全農福岡県聯合会教育部長落合久生氏が突如思想的転向を表明し、堺利彦労働農民《ママ》学校主事並に全農県聯教育支部長を辞任し、今後は一切の社会運動から手を引いた事は地元豊前北九州を始め各地の左翼戦線に異常なショックを与えている。しかして今回の転向は非常時の重圧にたえかねたのは勿論である。

左翼スパイ事件である同志が撲殺されたるもその後始末を持ち得なかったのが重大な一因ではないかと見られている。

△声明書

永い間お世話になりましたが今回感ずるところあって堺利彦労働学校《ママ》主事及全農福岡県聯合会教育部長を辞任すると共に一切社会運動と称するものと絶縁し引退します。その理由は複雑で沢山ありますが

一、堺先生死去されるやその親しき人々の態度の移変《ママ》が意想の外にあった事

二、或る同志撲殺されたるも後始末に自信を持ち得ず責任を感ずる事

三、自分が今にして漸く従来の認識不足を知りたる事

等であります、社会の大勢が如何に動いているかを知らぬのではありません、しかしかくする私の動機に如何に深く又強いものがあるかそれは御想像にまかせます

福岡県豊津　落合久生

「声明書」の一は、堺利彦死去前後に落合の周辺で進行していた事実が反映されている。例えば、京都郡出身の在京知識人川内唯彦（豊津中大正七年卒、田原春次と同期入学）は、堺利彦主宰のM・L会出身のロシアマルクス主義文献の翻訳家で、堺利彦の東京市議選（一九二九年三月）を落合らと支援していた。ところがその後、プロレタリア科学研究所の論客として労農派と政治的に鋭く対峙するようになり、堺や落合の第二期堺利彦農民労働学校の講師依頼には応じなかった。(2) また、落合の影響下で合法的な農村社会運動に参画した森毅（第二章第二節、第七章第六節、第八節）ら青年層の一部が、当時の運動用語で急速に「ウルトラ」化し、「声明書」公表四日後の一月二七日、治安維持法違反事件（第二次九州共産党事件）で目的遂行罪容疑により一網打尽に行橋署に検挙される。

その一方で、福岡四区から総選挙出馬の野望を抱く田原春次は、凋落する浅原健三派（旧全国労農大衆党系）に見切りをつけ、旧社会民衆党系との連携に踏み切った（第四章第一節）。田原は「声明書」公表二五日後の二月一七日、落合が結成した労農派系無産大衆党京都郡支部をルーツとする労大党系社大党京築支部を社民党系社大党京都郡支部に再編した。このように落合の周辺にいた人々は左と右に急傾斜し、落合は次第に孤立していったのである。

次に「声明書」の二は、「左翼スパイ事件」ではなく、全農福連組織部主任・社会新聞九州支社長小祝藤吉《こいわいとうきち》の撲殺事件を指している。小祝は前年の五月七日、京都郡節丸村《せつまる》（現みやこ町）で、「村会議員選挙に落選した地主に買われたゴロツキ共十数名の卑怯なる暗打ちを受けて重傷」を負い、一〇日後に死去した。[3] この小祝の惨劇が落合に大きな精神的打撃を与えたことは間違いない。落合は一九三四年五月頃に中国大陸に渡り、満洲国協和会、河北省唐山市の冀東《きとう》日報記者（一九三九年二月二二日入社）から中華民国新民会の職員に採用された。[4]

本章では、落合久生の離脱後、田原春次が主導した九州植民学校構想と大陸植民講座の開催、校舎の行橋移転と豊前農民会館としての再建、九州農民学校開校に至る堺利彦農民労働学校の再編を中心としながら、戦時下における田原春次の動向を追ってみたい。

一　九州植民学校と大陸植民講座

(1) 九州植民学校の創立原案と大陸植民講座の開催

第五期堺利彦農民労働学校開講二カ月前の一九三三年七月一六日、突如として「創立委員田原春次」の発出者名で「九州最初の唯一の常設海外移住機関」と銘打った『九州植民学校創立原案』[5]（次ページの写真）が発表された。九州植民学校の目的を「満蒙南米南洋その他各国に移住せんとする人々に学術技芸を短期に教授す

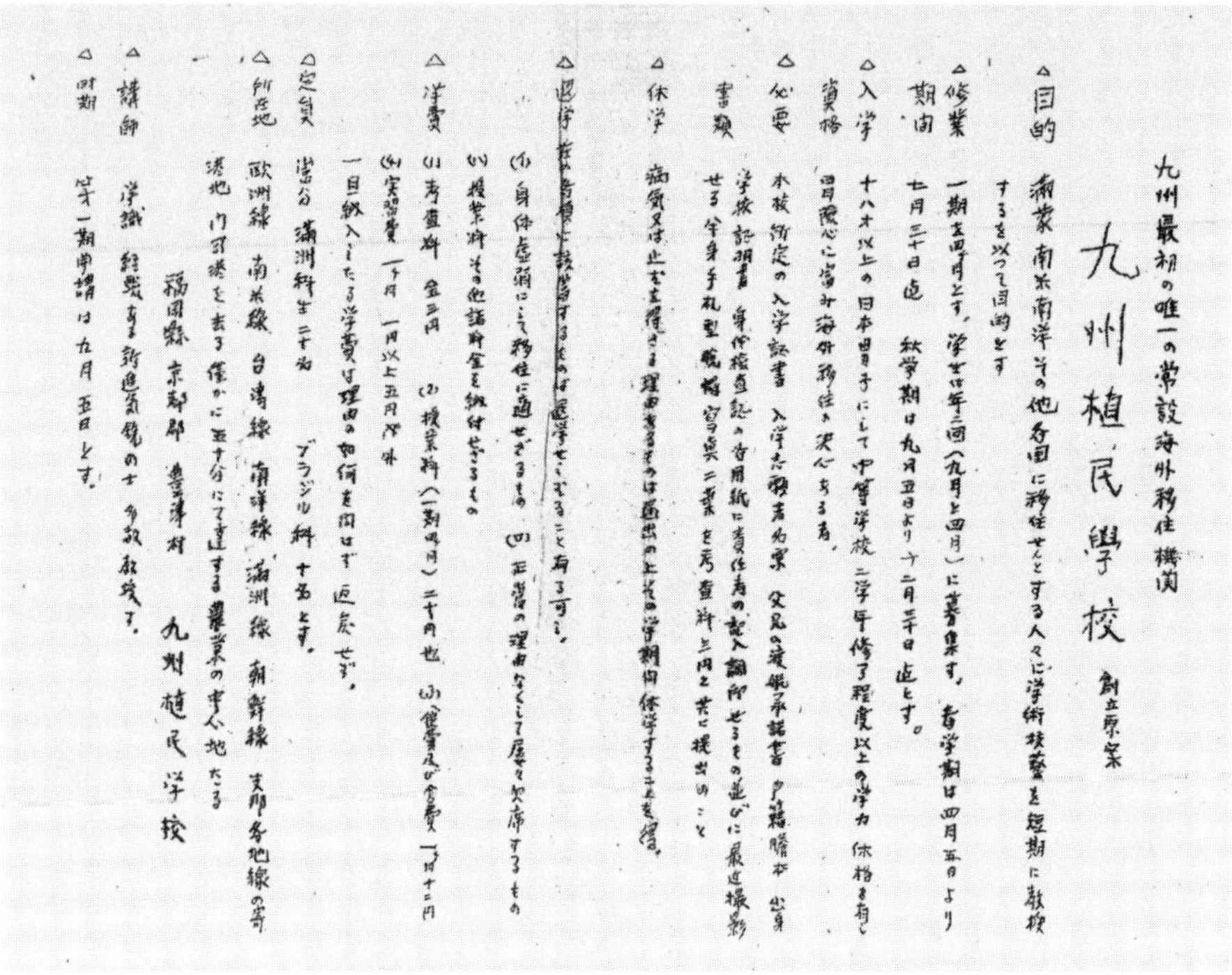
九州最初の唯一の常設海外移住機関

九州植民學校　創立原案

△目的　満蒙　南米　南洋　その他各国に移住せんとする人々に学術技藝を短期に教授するを以つて目的とす

△修業期間　一期を四ヶ月とす。学生は年二回（九月と四月）に募集す。春学期は四月五日より七月三十日迄　秋学期は九月五日より十二月三十日迄とす。

△入学資格　十八才以上の日本男子にして中等学校二学年修了程度以上の学力　体格を有し冒険心に富み海外移住の決心ある者

△必要書類　本校所定の入学証書　入学志願書　父兄の渡航承諾書　戸籍謄本　出身学校証明書　身体検査証（右用紙に責任者の記入調印せるもの）並びに最近撮影せる全身手札型脱帽写真二葉を考査料三円と共に提出のこと

△休学　病気又は止むを得ざる理由あるものは届出の上其の学期中休学することを得。

△退学　左の各項に該当するものは退学せしむることあるべし。
(イ)身体虚弱にして移住に適せざるもの　(ロ)正当の理由なくして屡々欠席するもの
(ハ)授業料その他諸納金を納付せざるもの

△学費　(1)考査料　金三円　(2)授業料（一期四ヶ月）二十円也　(3)食費及び舎費　一ヶ月十二円
(4)実習費　一ヶ月　一円以上五円以内
一旦納入したる学費は理由の如何を問はず返戻せず。

△定員　当分　満洲科　二十名　ブラジル科　十名とす。

△所在地　欧洲線　南米線　台湾線　南洋線　満洲線　朝鮮線　支那各地線の寄港地　門司港を去る僅かに五十分にて達する農業の中心地たる
福岡縣　京都郡　豊津村　九州植民学校

△講師　学識　経験ある斯道[illegible]の士　多数教授す。

△時期　第一期[illegible]は九月五日とす。

創立委員田原春次発行の『九州植民学校創立原案』。
1933年７月。法政大学大原社会問題研究所所蔵。

る」と定め、修業期間は「一期を四ヶ月」、「入学資格」は「十八才以上の日本男児にして中等学校二学年終了程度以上の学力体力を有し、冒険心に富み海外移住の決心ある者」とし、「満洲科二十名」と「ブラジル科十名」の募集である。学校の所在地は、「欧州線　南米線　台湾線　南洋線　満洲線　朝鮮線　支那各地線の寄港地門司港を去る僅かに五十分にて達する農業の中心地たる福岡県京都郡豊津村　九州植民学校」とあり、これは豊津村豊津五二番地の一（現みやこ町）付近の堺利彦農民労働学校校舎を指している。つまり、九州植民学校は、堺利彦農民労働学校の再編案として構想されたのである。

ここでは、先ず、九州植民学校の「ブラジル科」、「満洲科」という二学科設置構想について検討しておきたい。

一八九九年から一九三二年までの福岡県の累計移民数は四万四七九三人に達し、広島、熊本、沖縄についで全国第四位、全国総数の八・一%を占める全国有数の移民県であった。一九二四年にアメリカで排日移民法（Immigration Act of 1924）が成立すると、福岡県移民の主流はそれまでのハワイ北米移民から南米移民へ移行し、一九三〇年代初頭にはブラジル移民全盛期を迎えた。一九四〇年調査では、福岡県出身のブラジル在留者は一万七六九八人で全国二位、ペルー在留者は一〇七四人で全国第三位となっている。しかも、福岡県の移民送出地域は偏在しており、田原の地盤である京都郡と築上郡の出移民率は県下の最上位に位置した。[6]

地元紙『京都新聞』一九三四年六月一五日の投書欄には、「水も飲めない小百姓で、せせこましい田や畑をいじってるよりアノ目も遙に届かぬ大陸南米に渡航して一働き……という意気で祖国を後に渡米者の多さ……何時までもオヤジの脛の味が忘れられずになす事もなく下宿の二階で蒼くなっている書生上り共よ、ちとこの意気込みでも学んではどうだ（一針生）」という投書が見られる。九州植民学校の「ブラジル科」設置構想は、こうした民衆心性に対応したものであった。

次に、田原は、九州植民学校の「満洲科」設置構想について『九州植民学校創立原案』に「近来植民地に関する学校は東京を中心として十数校設立されており年々総数千余名の学生を収容する中に九州出身学生はその約三割を占むる状態」と記しているが、全国各地の拓殖関係学校における九州出身者の実態を明らかにするのは容易ではない。

「満州国建国宣言」（一九三二年三月一日）以降創立された拓殖関係学校、例えば、満蒙学校（東京）は、「新満洲国ノ全般ニ渉ル知識ヲ授ケ将来満蒙ノ地ニ於テ中堅トナリテ活動シ得ベキ人材ヲ養成」[7]することを目的とし、海外高等実務学校（東京）は、「主トシテ満蒙ニ於テ就職セントスル者ノ養成機関」[8]として設立された。また、一九三三年に開校した官立の第一拓殖訓練所（盛岡高等農林学校内）と第二拓殖訓練所（三重高等農林学校内）は、「満蒙ニ移住シ農業ニ従事セントスル者」[9]を対象としていた。このほかに満州農業移民の中心的役割を果たした拓殖関係学校は、教学農本主義者加藤完治を校長とする日本国民高等学校（茨城県）および同系列の諸学校である[10]。このように、一九三二年以降、拓殖関係学校では「満蒙ブーム」が到来しており、九州植民学校の「満洲科」設置構想は、そうした動向と軌を一にしていたといえよう。

『九州植民学校創立原案』が「満蒙」、「南米」、「南洋」を同列に並べ、「満洲科」と「ブラジル科」の二学科設置を構想したように、「満州国」建国以降、田原春次にとって満州への国策移住は、ブラジル移民と同様の「青年諸君の海外発展」に他ならなかった[11]。

翌一九三四年五月一日、田原春次は、福岡県小倉市（現北九州市）で大陸植民講座を開催した。先駆的な農民運動通史として知られる北口栄「農民組合運動史」によれば、大陸植民講座は、「一〇〇名の募集にたいし僅か八名の聴講者があるのみで所期の目的を果たすことが出来なかった[12]」という。田原春次は、八月発行の『福岡県人』第一二巻第八号に、「大陸植民学校主事」という肩書きでアメリカ留学時の南米旅行を回想した短文「南米の二先輩」を寄せ、「植民教育をはじめている」ことをアピールしている。同誌の動静欄には「田原春次　大陸植民学校学監　行橋」という紹介もある。

しかしながら、九州植民学校という「学費低廉短期速成の植民学校」（『九州植民学校創立原案』）は、「外国語、植民学、歴史、海外事情、農芸、工芸、商業、衛生、武術」を教授する「学識経験ある新進気鋭の士」（同前）を集めることができず、結局、幻に終わった。

全国農民組合（全農）解体後に結成された大日本農民組合（大日農）は、満州農業移民の積極的推進を主要な運動課題としていく。田原はそれより五年前、すでに大日農の運動方針を先取りして九州植民学校の創立を構想していた。このことの持つ意味は大きい。つまり、この段階で「異常な白色テロルの十字火の中にある九州地方殊に北九州の工場地帯と炭坑地方との重要な場所に、運動の新しい確固たる足場と理論的道場を築くことであり、今一つは、我等の先駆者たる堺利彦氏の永き闘争を、その生まれ故郷の地に於いて真に階級的に記念せんが為のものであります[13]」という堺利彦農民労働学校の理念は、完全に変質してしまったのである。

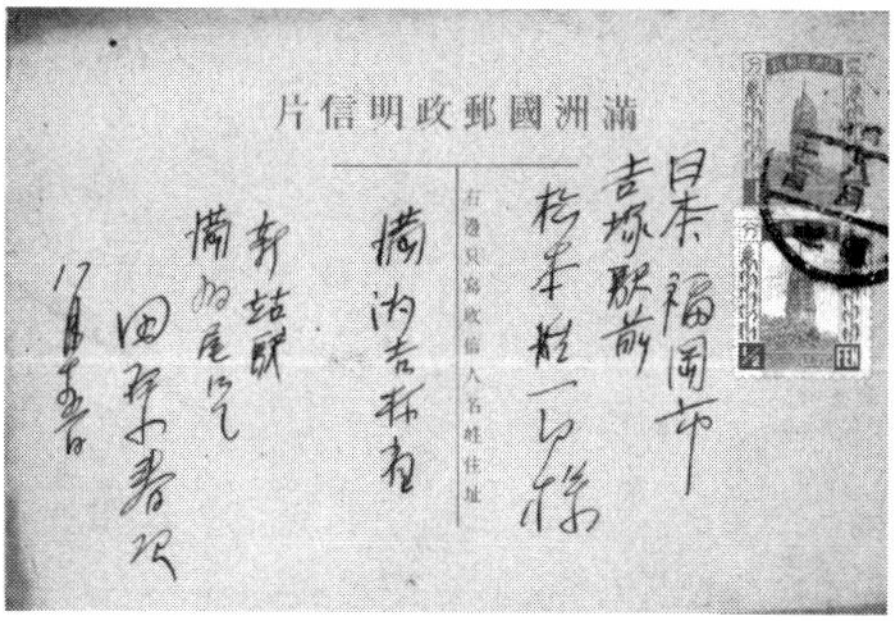

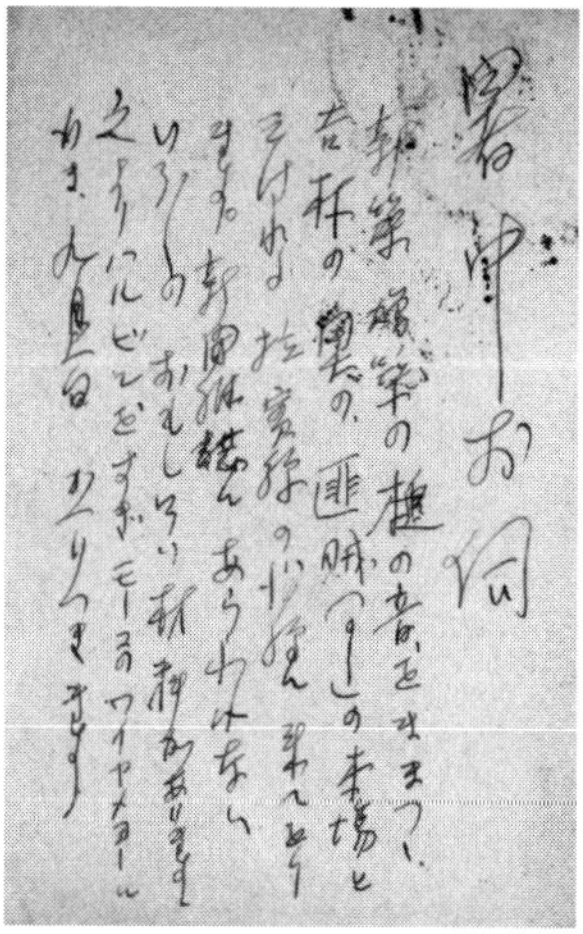

田原春次の松本治一郎宛1934年７月15日付葉書。（公社）福岡県人権研究所寄託松本治一郎旧蔵資料（仮）。

（2）社会大衆党と大日農の満州視察

田原春次は、水平運動・農民運動の指導者のなかで、アメリカ留学や豊富な海外視察経験を持つ希有の存在であった。大陸植民講座を開催した一九三四年の夏は、ジャパン・タイムス門司支局長として「朝鮮、満洲、内蒙古の移民事情を調査」していた(14)。公益社団法人福岡県人権研究所寄託の松本治一郎旧蔵資料（仮）には、この時、田原が松本に宛てた書簡が残されている。一九三四年七月一五日付の満州国郵政明信片（葉書、写真）で、差出人部には「満州吉林省　新站《シンジャン》駅満州屋にて　田原春次」とある。

暑中お伺
新築、増築の槌を聞きつつ吉林の奥の匪賊（?）の本場と云われる拉《ろう》浜《ひ》線の新站に来ております。新聞雑誌にあらわれない、いろ〳〵のおもしろい材料があります。これよりハルビンをすぎモーコのワイヤメヨーに行き、九月上旬かえりつきます。

第一次建設線の拉浜線は、前年四月に仮営業したばかりで、拠点駅の新站駅には機関区、満鉄従業員の社宅、鉄道倶楽部が新築中だった。「吉林の奥の匪賊（?）の本場」という文面に違和感を持つのは筆者だけではないだろう。この時、田原が見たのは、反満抗日勢力の襲撃に備え、各駅に看視塔や銃眼付きの防弾鉄扉を設ける軍事戦略鉄道の建設風景であった(15)。

田原春次は、中学上級向けの受験雑誌『受験と学生』（研究社）の「海外渡航顧問」欄（一九二六〜二九年）や、青年層に絶大な人気を誇った『新青年』（博文館）の「海外問答」欄、産業組合中央会の『家の光』などで長年にわたり海外移民・移住の情報提供と紙上相談を担当し、一九四二年四月には、「私の海外問答屋としての経験と、そして青年諸君の海外発展の道案内者として来た私の一つの二十周年紀年出版」として『南方雄飛案内』（清水書房）を刊行している。

一九三七年四月の第五回男子普選第一九回総選挙において、社会大衆党公認で初当選を果たした田原は、同年八月、須永好（群馬）、野溝勝（長野、第一章第一節）、井上良二（大阪）、永江一夫（兵庫）ら衆議院議員と社会大衆党満州移民調査団を結成し、八月二〇日から二週間の日程で、関東軍、満鉄、拓務省関係者の案内により満州および朝鮮を視察した[16]。田原は、『社会大衆党公認田原春次選挙闘争宣誓』所収の「田原の政見」で「満洲国を自主的民族国家として発展」させ、「満州国の経済建設に対し（1）資本主義政策への逆転を阻止し（2）自主的なる民族独立国家としての発展を助成し、その為め統一的なる経済工作の助成」という外交政策を訴えており、このような視点で社会大衆党満州移民調査団に加わったのであろう。

全農総本部は、一九三七年一二月一五日の第一次人民戦線事件、翌年二月一日の第二次検挙の打撃により全面的な方向転換をして解体し、一九三八年二月六日、反共・反人民戦線を掲げる大日本農民組合（大日農）を結成した。福岡でも二月一九日、全農を解体して大日農福岡県連合会と改めた。田原春次は、四月三〇日の大日農第一回全国大会で理事、そして、「海外問答屋としての経験」（前掲『南方雄飛案内』）から新設された移民部の部長に選出される。大日農は、①「生産力の維持増進」、②「農民生活安定のための諸活動」、③「農村における建設的主張」、④「日満支総合的農業国策と大日本農民組合の役割」の四本柱を運動方針とし、④に関しては、「極東経済会議」と「分村計画と国策移民の積極化」が提唱された。こうして、大日農は満州農業移民の推進を主要な運動課題としていく[17]。

大日農は、この年八月二三日、満州移住地小作農視察団（団長須永好）を結成した。『須永好日記』三月一五日の条には「田原春次君と拓務省に拓務局長を訪ね、移民地視察団の打合をする」、四月一八日の条には「移住協会で田原春次君と落合い、山名（義鶴――引用者）君と満州視察団の事を打合せ」とあり、大日農移民部長の田原は、満州移住地小作農視察団の結成と派遣で主導的な役割を果たした。総勢四三名の視察団員は、日本国民高等学校に併置されていた満蒙開拓青少年義勇軍訓練所（内原訓練所）で四日間の訓練を受けたのち、八月二六日東京を出発し、九月三日から一〇日まで現地を視察した。

この視察団には、田原の推薦により大日農福岡県連主事藤本幸太郎も参加した。藤本は戦後、「北豊前農民斗争の思い出（五）」（北九州市同和教育研究協議会機関誌『北九どうけん』第四九号、一九六九年一〇月、塩塚茂嘉旧蔵資料）で

「満州事変」以降軍部の政治介入がひどくなり、軍国主義がハバをきかすのに反比例して世相は暗くなる一方でした。労働運動、民主運動が圧殺されていき、わたし達の組合も例外ではありませんでした。しかし、政府は、労働運動、民主運動を弾圧する一方懐柔して手なづけるというやり方もとりました。その一つが農民運動の指導者を満州に行かせたことです。これは満州の広大な原野を開拓して日本の食糧補給地にするねらいがあったわけですが、これに大挙入植させるために農民運動の指導者に視察させ、同時に開拓団の指導者をさせようというねらいをもった虫のいい話をもちかけてきました。わたしたちは、この件に関して批判的でしたが、「満州」には一度行ってみたかったので、「視察」団に加わることにしました。

と満州移住地小作農視察団について批判的に回想している。だが、視察団参加者には、権力の懐柔ではなく、「国策移民の積極化」という大日農の運動方針を具体化しようとする自発的、積極的な契機があったのではないだろうか。

九月二五日、田川郡伊田町（現田川市）の田川高等実業女学校（現東鷹高等学校）講堂において、大日農福岡県連結成大会が開催された。この結成大会では、「出征将士ヘノ感謝決議」、「小作料ノ合理的引下ゲノ件」、「炭坑地陥落保障ノ件」、「農業報国運動促進ノ件」とともに「移民国策促進ノ件」が可決された[18]。大日農福岡県連の新役員は、会長吉塚謙吉、副会長兼主事藤本幸太郎、会計堀口専正、企救地区長佐保高、京築地区長牧野渡、鞍手地区長中川尚美（第四章注22）、筑後地区長吉塚謙吉、政治部長田原春次。牧野と中川以外は、全農福連結成以来の幹部である。

二　豊前農民会館と九州農民学校

(1) 堺利彦農民労働学校校舎の行橋移転

ここで少し時代を前に戻すことにする。九州植民学校の頓挫後、全農福連は一九三五年三月一五日、臨時常任委員会を開催し、懸案だった堺利彦農民労働学校の今後について以下のように決議した[19]。

九、豊前農民会館建設の件
京築委員会並びに県聯常任委員会に於いて決定したる堺利彦農民学《ママ》校の校舎を買収し、これを小倉市に移転して農民会館に建設するに要する経費五百円を各組合員に一人五銭宛とし、その他は各友誼団体等の寄付によることとし依頼状発送のこと。

この臨時常任委員会の決議に基づき、豊前農民会館建設委員会（委員長田原春次）が結成され、豊津の堺利彦農民労働学校校舎の移転と豊前農民会館としての再建が着手された。同委員会の全農福連書記長藤本幸太郎、

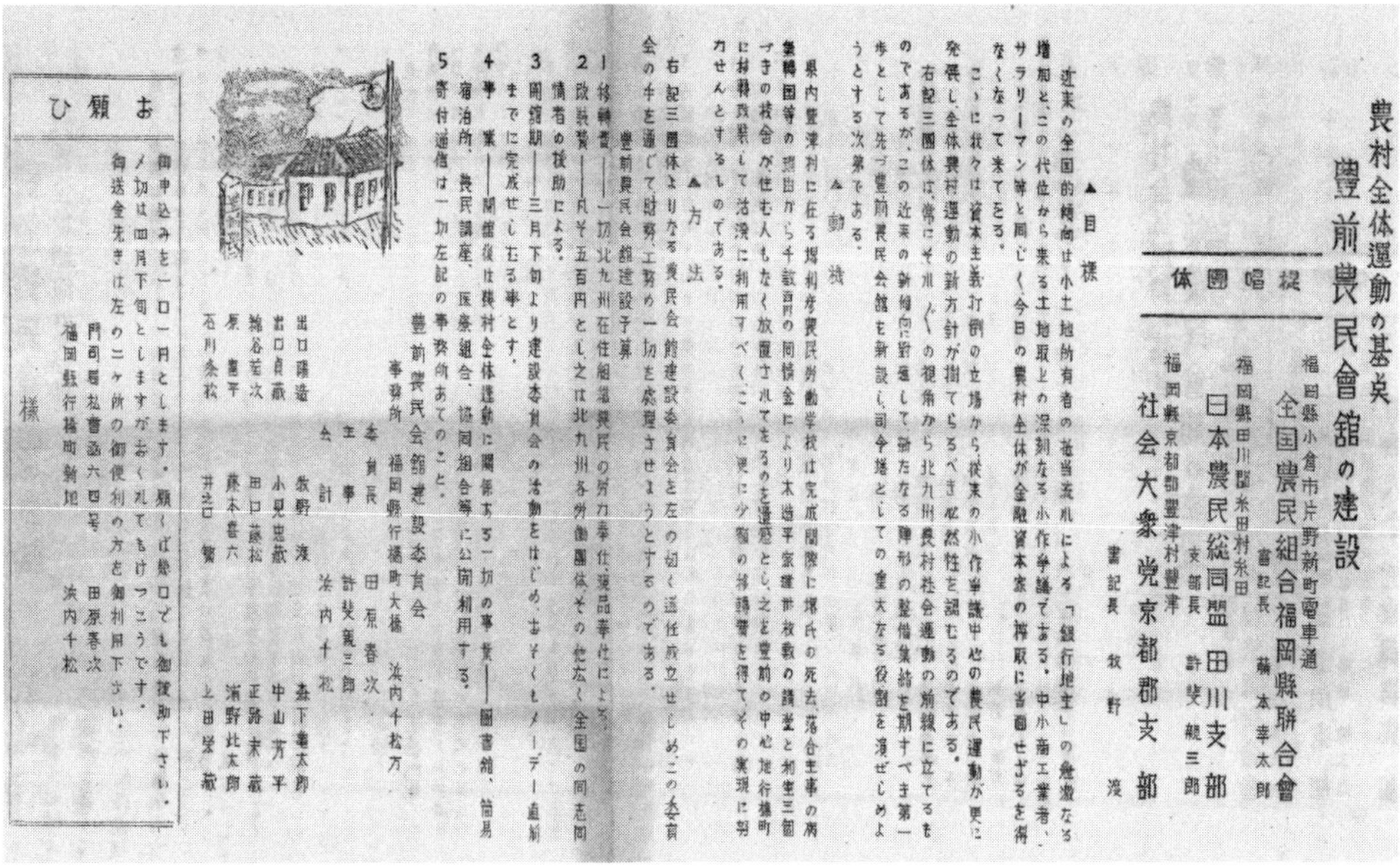

農村全体運動の基点
豊前農民會館の建設

提唱團体

福岡縣小倉市片野新町電車通
全国農民組合福岡縣聯合會
書記長　藤本幸太郎

福岡縣田川郡糸田村糸田
日本農民総同盟田川支部
支部長　許斐親三郎

福岡縣京都郡豊津村豊津
社会大衆党京都郡支部
書記長　牧野渡

▲目標

近来の全国的傾向は小土地所有者の抵当流れによる「銀行地主」の急激なる増加と、この代位から来る土地取上の深刻なる小作争議である。中小商工業者、サラリーマン等と同じく今日の農村全体が金融資本家の搾取に当面せざるを得なくなって来てをる。

こゝに我々は資本主義打倒の立場から従来の小作争議中心の農民運動が更に発展し、全体農村運動の新方針が掲てらるべき必然性を認むるのである。

右記三團体は、常にそれ〴〵の視角から北九州農村社会運動の前線に立てるものであるが、この近来の新傾向に對應して新たなる陣形の整備集結を期すべき第一歩として先づ豊前農民会館を新設し、司令塔としての重大なる役割を演ぜしめようとする次第である。

▲動機

県内豊津村に在る堺利彦農民労働学校は完成間際に堺氏の死去、落合主事の病気轉国等の理由から千数百円の同情金により木造平家建廿数畳敷の講堂と和室三個づきの校舎が住む人もなく放置されてをるのを遺感とし、之を豊前の中心地行橋町に移轉改装して活溌に利用すべく、こゝに更に少額の移轉費を得てその実現に努力せんとするものである。

▲方法

右記三團体よりなる農民会館建設委員会を左の如く選任成立せしめ、この委員会の手を通じて財務、工務の一切を處理させようとするのである。

豊前農民会館建設予算

1　移轉費——一切北九州在住組織農民の労力奉仕、現品奉仕による。
2　改装費——凡そ五百円とし、之は北九州各労働團体その他広く全国の同志同情者の援助による。
3　開館期——三月下旬より建設委員会の活動をはじめ、おそくともメーデー直前までに完成せしむる事とす。
4　事業——開館後は農村全体運動に関係ある一切の事業——図書館、簡易宿泊所、農民講座、医療組合、協同組合等に公開利用する。
5　寄付通信は一切左記の事務所あてのこと。

豊前農民会館建設委員会
事務所　福岡縣行橋町大橋　浜内千松方

委員長　田原春次
主事　許斐親三郎
会計　浜内千松

出口陽造　牧野渡　森下喜太郎
出口貞蔵　小見忠蔵　中山芳平
蜷谷苦次　田口藤松　正路末蔵
原豊平　藤本喜六　浦野此太郎
石川条松　井之口繁　上田栄蔵

お願ひ

御申込みを一口一円とします。願くば幾口でも御援助下さい。
〆切は四月下旬としますがおくれてもけっこうです。
御送金先きは左の二ヶ所の御便利の方を御利用下さい。
門司局私書函六四号　田原春次
福岡縣行橋町新地　浜内千松

様

豊前農民会館建設委員会発行の『農村全体運動の基点／豊前農民会館の建設』。1935年3月。（公社）福岡県人権研究所寄託松本治一郎旧蔵資料（仮）。

旧社民党系日本農民総同盟田川支部長許斐親三郎、旧社民党系社会大衆党京都郡支部書記長牧野渡が連名で『農村全体運動の基点／豊前農民会館の建設』[20]（写真）を発出して移転費・改装費五〇〇円のカンパを訴え、その「動機」を次のように述べた。

県内豊津村にある堺利彦農民労働学校は完成間際に堺氏の死去、落合主事の病気転国等の理由から千数百円の同情金により木造平屋建三十数畳敷の講堂と和室三個づきの校舎が住む人もなく放置されておるのを遺感《憾》とし、これを豊前の中心地行橋町に移転改装して活発に利用すべく、ここに更に少額の移転費を得て、その実現に努力せんとするものである。

移転先が小倉から行橋へ変更されたのは、全農福連京築委員会や社大党京都郡支部がそれを頑強に主張したからであろう。『農村全体運動の基点／豊前農民会館の建設』は、豊前農民会館の「目標」をこう記している。

近来の全国的傾向は小土地所有者の抵当流れによる

「銀行地主」の急激なる増加と、この代位から来る土地引上の深刻なる小作争議である。中小商工業者、サラリーマン等と同じく今日の農村全体が金融資本家の搾取に当面せざるを得なくなって来ておる。

ここに我々は資本主義打倒の立場から、従来の小作争議中心の農民運動が更に発展し、全体農村運動の新方針が樹てらるべき必然性を認むるのである。

右記三団体は、常にそれぞれの視角から北九州農村社会運動の前線に立てるものであるが、この近来の新傾向に対応して新たなる陣形の整備集結を期すべき第一歩として先ず豊前農民会館を新設し、司令塔としての重大なる役割を演ぜせしめようとする次第である。

このように豊前農民会館は、「従来の小作争議中心の農民運動」を脱却する「農村全体運動」の基点と位置付けられ、「図書館、簡易宿泊所、農民講座、医療組合、協同組合等」の事業が想定されていた。「農村全体運動」は、地主など農村支配層も包摂して農業利益の実現を目指すものであったが、全農福連や社大党京都郡支部が、その究極の目的を「資本主義打倒」とアピールしているところが興味深い（第二章第二節）。

移転費・改装費五〇〇円の確保には二年半の時間を要し、一九三七年九月二一日、ようやく堺利彦農民労働学校常設校舎の現在の行橋市中央一丁目一三番二一号への移転が完了し、豊前農民会館として再建された[21]。豊前農民会館再建の三カ月前、六月五日付の『社会大衆新聞』第九二号には、「農村社会運動者の／九州農村青年学校／八月福岡県に開く」という見出しの小さな記事が掲載されている。

福岡県京都郡行橋町に改築中の九州農村青年学校では、九州地方の農村にて社会運動の第一線に立てる青年闘士のため、一年一回身心鍛錬のための短期学校を開く事となり、着々準備中であるが特別議会終了後に開校する事となってをる。

会期一週間　授業料二円五十銭　宿泊は実費の由
講師及び科目は次の如くである
日本政治学　九大元教授《ママ》　山内《やまのうち》一郎(22)
農民組合学　代議士　前川正一
農村問題　代議士　富吉《ママ》栄二
社会倫理学　代議士　田原春次

一九三七年八月開催予定の九州農村青年学校は、計画倒れに終わった。「九州地方の農村にて社会運動の第一線に立てる青年闘士」の「心鍛錬錬のための短期学校」は、翌年に九州農民学校として開校されることとなった。

(2) 九州農民学校へ再編

大日農福岡県連結成大会は、本来ならば一九三八年五月中旬に開催する予定であったが、田原春次は、それに代わり、五月一六～二〇日に豊前農民会館で開催する九州農民学校の入校案内『農民は農民学校へ』（法政大学大原社会問題研究所所蔵）を発行して参加を呼びかけた。

『農民は農民学校へ』によれば、九州農民学校の開設予定講座と講師は以下のとおりであった。

①農地調整法と小作農民運動、②肥料・米穀問題と自小作農民論、③米穀検査その他二三の農業経営論
講師　衆議院議員（香川県）　大日本農民組合理事　前川正一
④農業保険法の解説、⑤農村負債整理法と銃後農村対策、⑥養蚕農民運動論

講師　衆議院議員（長野県）　大日本農民組合主事　野溝勝
⑦満洲・支那・南洋・南米移民地実情、⑧社会大衆党の革新的農村政策解説、⑨「言志録」「日本精神通義」大要解説
講師　校長　衆議院議員（福岡県）　大日本農民組合理事　田原春次

三人の予定講師は、いずれも大日農の幹部であり、九州農民学校が目指したものは、第一義的には九州地方における大日農の中堅幹部の養成である。授業料は一円五〇銭、宿泊料は三食込の五日間で二円五〇銭、ただし、枕、敷布、寝巻は持参だった。

しかし、九州農民学校には、それとは別の一面を見出すことができる。入校案内『農民は農民学校へ』は、「一年に数回の農閑期を活用して講師を招き学生と共に寝ね共に食べ共に語るの機会をつくろう」と呼びかけており、これは、「師弟ハ日夕ニ往来団欒ニ努メテ起居寝食ヲ伴ニシ膝下ノ教育炉辺ノ垂訓ヲ訓育ノ主眼トスル」（山形県立国民高等学校「修練の目的、方針」）という国民高等学校系列校の教育方針の模倣である。

農林省は農山漁村経済更生運動の担い手として「真ニ農民精神ヲ体得シ、勤労主義ニ徹底シタ農山漁村中堅人物」を養成するため、一九三四年以降、助成金を交付して全国に国民高等学校運動の理念を継承した教育機関（修錬農場＝農民道場）を整備していった[23]。入校案内『農民は農民学校へ』にある「農漁山村に父祖の業をついで黙々と働きつつある中堅国民」のイメージは、経済更生運動が重視した「農村中堅人物」と一致する。入校申込票の所属団体には、社会大衆党、大日本農民組合、日本労働組合会議のほかに産業組合青年連盟、大日本連合青年団、帝国在郷軍人団が記されており、従来の社大党系諸組織以外からも幅広い参加を呼びかけていた。産業組合青年連盟や大日本連合青年団は、経済更生運動を「下から」支えた青年組織であった。⑦は九州植民学校構想田原春次が予定していた講義内容にも修錬農場＝農民道場との関連がうかがわれる。⑦は九州植民学校構想

の継承であり、⑧は国営農業保険制の充実、肥料の国営、米穀専売制と戦時食糧統制の確立、土地の国有など社会大衆党農村委員会が打ち出した農村政策についての解説であろう。注目すべきは⑨である。

⑨の「日本精神通義」とは、日本農士学校の経営母体である財団法人金鶏学院の学監安岡正篤が、一九三六年に日本青年館より刊行した著書名であり、「言志録」とは、安岡門下の亀井一雄が金鶏学院より刊行した佐藤一斎「言志録」に関する二冊の注釈書、『言志四録鈔釈』（一九二九年）と『言志四録続抄』（一九三〇年）を指している。これらは、日本農士学校の「正徳科目」（座学）のテキストとして使用されていた。[24] このように、田原は、日本農士学校に類似した教育内容を準備していたのであった。

日本農士学校は、一九三一年四月、「軽薄な社会運動、職業的な教化運動」に対抗して「社稷を慎むべき農士」の養成を目的に、「屯田式教学の地」として埼玉県比企郡菅谷村に開校した（安岡正篤「日本農士学校創立の趣旨」）。開校に際して福岡県知事松本学や炭坑主麻生太吉が支援している。修養年限は本科一年、研究科一年であり、主として在村中小地主層の子弟が入学し、入学に際しては、各県知事や学務部長、産業組合長などの推薦が必要とされた。

同年六月には系列校として福岡農士学校が、早良郡脇山村（現福岡市早良区）に開校した。日本農士学校教授伊藤角一が学監に就任し、第一回生九名が入学している。一九四六年に財団法人九州農士学校に改組されるまで、福岡農士学校の代表者は歴代の福岡県知事であった。[25]

福岡農士学校の校友会誌『愛日』第四〇号（一九四〇年三月）に掲載された鳥取女子師範学校校長岡野徳右衛門「二宮尊徳思想の根柢について」には、「左翼農民組合は《ママ》指導するところは、村は階級意識によって分割され、争闘の気分に満み、嫉視と反感とを醸成」させ、「勤労を厭い、耕作を怠り、収穫の不足を、納入米の軽減により補うとする様な、往々近時の小作組合のとる態度は真の農夫の心意気ではない」と記されており、福岡農士学校関係者の農民運動観が端的に示されている。田原は、このように農民運動に対抗的であった日本農士学校や福岡農士学校に急接近しようとしたのである。

(3) 九州農民学校の講師・講義内容・参加者

では、九州農民学校は、実際にどのように展開されたのであろうか。全日本労働総同盟九州連合会の機関紙『九州労働新聞』第三九号(一九三八年六月一日、東京製綱労組小倉支部福井春次主筆)は、「九州農民学校/第一期講座終了/各県中堅青年五十五名出席」という見出しで次のように報道している。

福岡県京都郡行橋町にある九州農民学校では五月十六日より四日間第一期講座を開講したが県内をはじめ遠く熊本鹿児島等より農村勤労青年五十五名が入学し終始まじめに聴講した。科目及び講師は左の通りであった。

1二宮尊徳論　2最近の国内状勢　講師　田原春次

3農地調整法解説　4米穀検査改正運動　講師　前川正一

5町村財政の解剖　講師　織本侃《かん》

なお、講習生に対しては拓務省寄贈になる移民地図四種小冊子四冊、金鶏学院の寄贈になる晴耕雨読読本及びゾラのゼルミナールを配布した

九州農民学校の開講日時は、一九三八年五月一六日から一九日までの四日間と、当初予定よりも一日短縮されている。会場は行橋の豊前農民会館である。参加者は「県内をはじめ遠く熊本鹿児島等」からの「各県中堅青年五十五名」であった。参加者への「拓務省寄贈になる移民地図四種小冊子四冊」の配布は、大日農福岡県連が運動方針に掲げた「移民国策促進」に添うものであった。

先ず、九州農民学校が、九州各県より広範な参加者を集めたのは、以下の事情による。前年の福岡県八幡市議選支援のため社会大衆党書記長麻生久、総務部長平野学（堺利彦農民労働学校講師）、組織部長浅沼稲次郎が来幡した一九三七年五月三一日、社大党衆議院議員亀井貫一郎（福岡二区）、田原春次（福岡四区）、冨吉栄二（鹿児島二区、全農鹿児島県連会長）など九州各地支部代表者二十数名が八幡市に集合して意見交換を行い、社大党九州地方協議会準備会を結成し、委員長に冨吉、書記長兼会計に田原が就任する(26)。そして、九州農民学校開校一カ月前の一九三八年四月二〇日、社大党九州大会が八幡市で開催され、大分県連、熊本県連、鹿児島県連、宮崎県の二支部、福岡県の一三支部から総勢四五名が参加した。九州農民学校に「熊本鹿児島等より農村勤労青年五十五名が入学」したのは、地方支部レベルで組織的基盤を拡充させた社大党九州地協が動員力を発揮したからに他ならない(27)。

後列右が前川正一。前列左から浅沼稲次郎，小岩井浄，一人おいて杉山元治郎，山上武雄。全農創立期の1928年。『土地と自由のために――杉山元治郎伝』（杉山元治郎伝刊行会）より転載。

次に、講師と講義内容について検討したい。入校案内で予告されていた三講師中、野溝勝は参加しておらず、それに代わって社大党地方議会部主任織本侃が「町村財政の解剖」を講義した。織本は同年一月一五日に来幡し、「党の綱領、政策、主義及決議の徹底実現を期すと共に、八幡支部の精鋭部隊としての訓練修養を目的」とする社会大衆新聞読者会を組織した(28)。織本の講義は、社大党九州地協の「精鋭部隊としての訓練修養を目的」としたものと思われる。

前川正一の講義内容は、入校案内とほぼ同一である。この年八月一日に施行された農地調整法（一九三八年法律第六七号）は、最初の戦時農地立法（「銃後農村」対策）であった。同法は微温的とはいえ、小作権が第三者に対抗できるような規定を設け、また正当な事由が

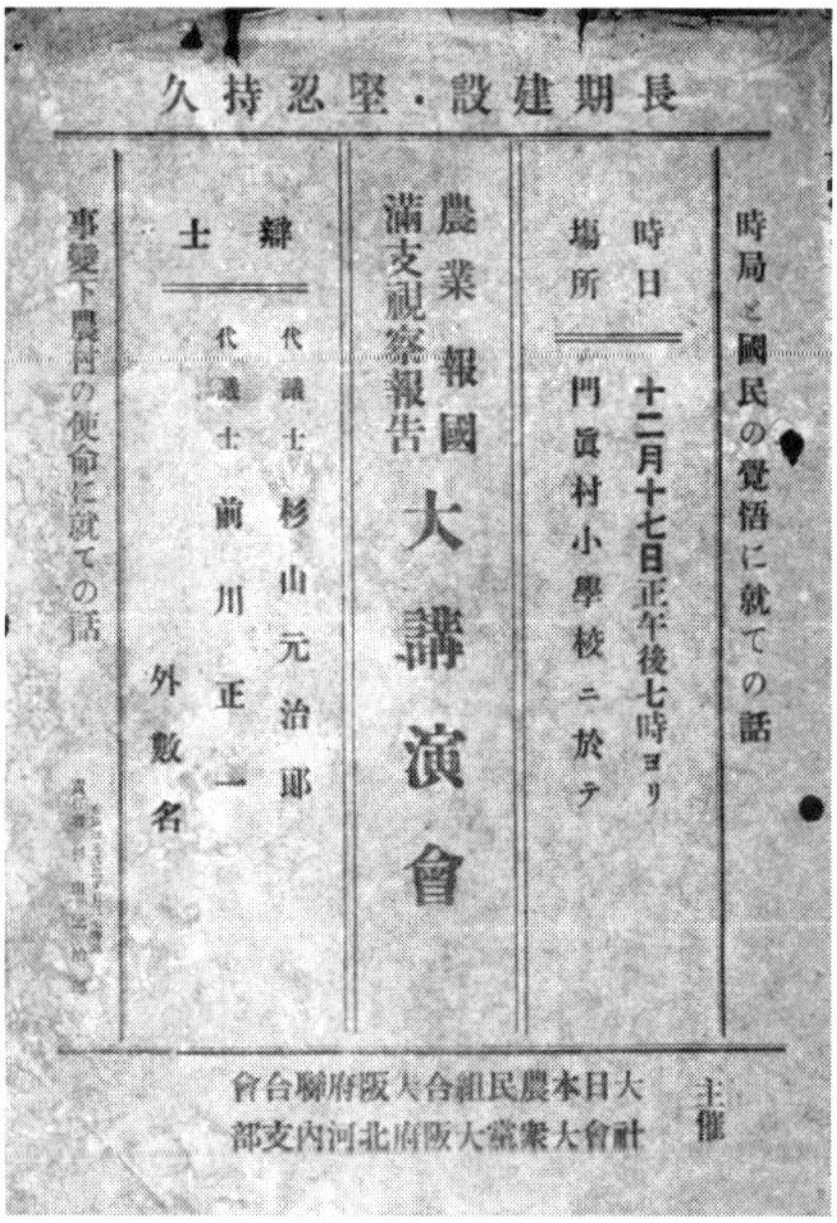

上：前川正一『左翼農民運動組織論』（白揚社，1931年）。小正路蔵。
右：大日農大阪府連と社大党大阪府連北河内支部が主催した農業報国・満支視察報告大講演会のポスター。弁士は前川正一，杉山元治郎ほか。1938年12月。法政大学大原社会問題研究所所蔵。

ない限り地主が一方的に小作契約を解除できないと規定するなど、土地所有権の絶対性の制限、契約自由の原則の動揺、土地賃借の物権化、裁判より調停へ、など非常法としての特徴をもっていた。(29)

農地調整法は、土地関係争議を防止するうえで効果を発揮し、全国的には、同法の公布を機に土地争議は急速に沈静化した。だが、福岡県では一九三八年度に発生した小作争議二二四件のうち一一七件（五二・二％）は土地関係争議であり、「殊に地主の小作地売却又は新地主の土地引上を理由とするもの及び小作期間の満了を理由とするものの如きは絶対に認められない筈であるが、それにも拘らずこれらを理由とする小作地引上が強行され、それによって多くの小作争議が発生したのであるから、農地調整法の規定は徹底的に無視」されるという状況にあった。(30)

大日農福岡県連は、こうした事態を打開するため農地調整法の厳格な適用を求めた。福岡県が作成した「福岡県ニ於ケル小作争議ノ概要」（一九三九年四月）が、「旧全農福聯ニ於テハ（中略）昭和十三年五月行橋町ニ移転シタル農民学校ニ於テ農地調整法ヲ主トセル講習会ヲ開催シテ組合員ノ啓発ニ努メツツアリ」と指摘しているように、前川の「農地調整法解説」は、九州農民学校の聴講者に有益な講義であった。

田原春次の講義内容は、「1二宮尊徳論、2最近の国内状勢」である。農山漁村経済更生運動期、二宮尊徳は、「勤倹力行」の金太郎少年」というイメージに加え、「計画的な農村復興を現実化したプランナー」、「村落復興を可能とする現実的処方箋を指し示す人物」という表象が立ち現れる。なかでも、「農士道」を提唱した日本農士学校校長の教学農本主義者菅原兵治は、『二宮尊徳語録』(金鶏学院、一九三二年)、『野の英哲　二宮尊徳』(新英社、一九三六年)を著し、「浮華惰弱ではない、深い人生哲理を有する実践的な「農道」実践者」、「東洋的指導者の一典型」という独特の尊徳像を提示していた。(31) 九州農民学校参加者に配布された「金鶏学院の寄贈になる晴耕雨読読本」(『九州労働新聞』第三九号)とは、金鶏学院第一期修了生であった菅原が、長野県立実業補習学校教員養成所へ赴任した時に編纂したテキスト(金鶏学院より一九二九年刊)であり、その第九章では「尊徳」論が展開されている。

早大時代の思想形成期に「安岡正篤氏の東洋思想研究所に出入り(32)」していた田原春次は、ここに至って金鶏学院に回帰し、菅原兵治の「尊徳」論を踏まえ、日本農士学校と見間違うかのような農本主義的な講義を行ったのである。

おわりに

以上検討したように、昭和恐慌下の「農村危機」を「大陸植民」によって打開しようとした田原春次は、九州植民学校設立構想を発表して大陸植民講座を開催し、堺利彦農民労働学校再編の第一歩を踏み出した。それらが頓挫すると、豊津の校舎を行橋に移転、豊前農民会館として再建し、九州農民学校を開校する。九州農民学校には、大日農や社大党九州地協を中心に、産業組合青年連盟、日本労働組合会議、大日本連合青年団、在郷軍人会などに所属する九州各県の青年層五五名が参加した。

九州農民学校は、第一義的には大日農や社大党の中堅幹部養成機関であったが、日本農士学校系列の塾風教育機関としての性格を併せ持っていた。また、九州農民学校には、「上から」の農山漁村経済更生運動に包摂された「農村中堅人物」養成機関という一面も見出すことがでる。つまり、田原は階級対抗的な堺利彦農民労働学校をそれらに転換することで豊前農民会館の存続を図ろうとしたのである。九州農民学校はその後、開講されなかった。だが、豊前農民会館は、アジア・太平洋戦争末期、行橋国民学校児童の通学途中の空襲被害を避けるため、大橋地区低学年児童の分教場として使用された。大橋地区の古老の記憶には、豊前農民会館という名称が刻まれている。

最後に、田原春次のその後の動向を概観する。

一九四〇年七月六日、社会大衆党は他党に先がけて解党し、八月一五日、大日本農民組合も解散する。八月二八日、東京の協調会館で開催された全国水平社第一六回大会に、田原は、冨吉栄二、水谷長三郎ら旧社大党所属衆議院議員らと来賓として参加した。この大会では、中央融和事業協会（中融）との合体を目指す大和《たいわ》国民運動（のち大和報国運動）が提唱された。田原も全水総本部派＝大和報国運動派の一人として、一一月一六日、大和報国運動在京理事会、一九四一年五月五日、大和報国運動第一回全国推進員大会、一九四二年一月六日、大和報国会婦人部講演会などに参加している[33]。

一九四二年六月、中融が同和奉公会に改組されると、田原は、他の全国水平社関係者とともに、同和奉公会中央協議員及び福岡県本部理事となった。田原は、同年一二月の同和奉公会第二回中央協議会において、「満洲、海南島、ニューギニア、ビルマ等」の「新天地に永住の基礎を樹立」し、「その具体的協力方法としては同和奉公会と関係官庁との間に協議機関を設くべき」という「海外発展国策に積極的に協力の件」を提案した[34]。

翌年四月、「シンガポール陥落」という時局に即応して田原が刊行した前掲『南方雄飛案内』では、「偉大な

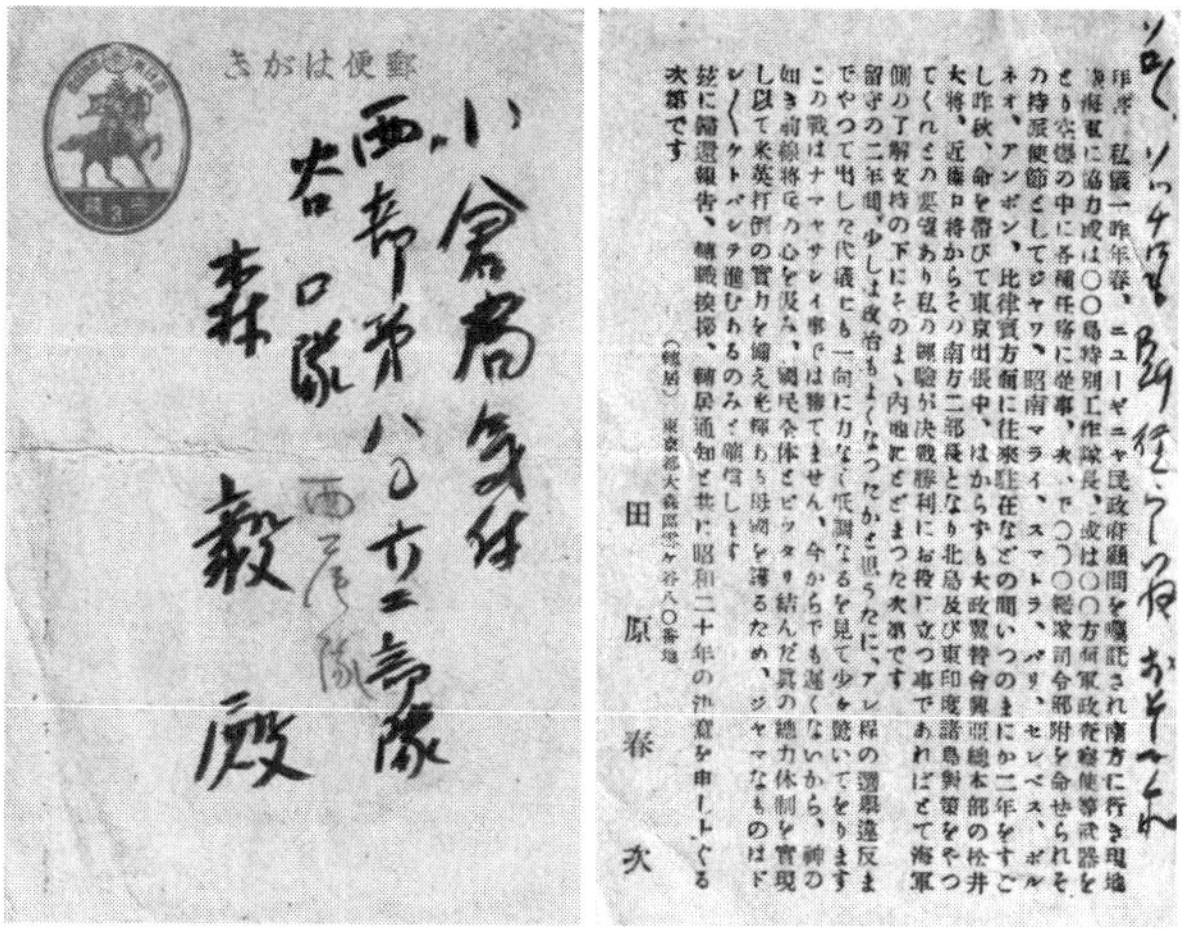

郵便はがき

小倉局気付
西部第八〇六三部隊
谷口隊
西尾隊
森毅殿

ソロソロソッチにもB29行くらしいね　おとしてくれ

拝啓 私儀一昨年春、ニューギニヤ民政府顧問を囑託され南方に行き現地海軍に協力或は○○島特別工作隊長、或は○○方面軍政監察使等武器をとり空爆の中に各種任務に従事、次いで○○○総隊司令部附を命ぜられその特派使節としてジャワ、昭南マライ、スマトラ、バリ、セレベス、ボルネオ、アンボン、比律賓方面に往来駐在などの間いつのまにか二年をすごし昨秋、命を帯びて東京出張中、はからずも大政翼賛会興亜総本部の松井大将、近藤□将からその南方二部長となり北島及び東印度諸島對策をやつてくれとの要望あり私の經驗が決戦勝利にお役に立つ事であればとて海軍側の了解支持の下にそのまゝ内地にとゞまつた次第です

留守の二年間、少しは政治もよくなつたかと思うたに、アレ程の選擧違反までやつて出した代議士も一向に力なく低調なるを見て少々驚いてをります

この戦はナマヤサしい事では勝てません、今からでも遅くないから、神の如き前線将兵の心を汲み、國民全体とピッタリ結んだ眞の總力体制を實現し以て米英打倒の實力を備え光輝ある母國を護るため、ジャマなものはドシドシケトバシテ進むあるのみと確信します

茲に歸還報告、轉職挨拶、轉居通知と共に昭和二十年の決意を申し上ぐる次第です

（轉居）東京都大森區雪ヶ谷八〇番地

田原春次

大政翼賛会興亜総本部南方局第二部長時代の田原春次の森毅宛年賀状。1945年1月。「ソロソロソッチにもB29行くらしいね、おとしてくれ」と追伸。原田さやか氏提供。

る皇軍の戦果を空しう」せず、「十二月八日を起点として新しい世界をつくる」ため、「一切の因習や惰性やいきがかりや情実」を捨て去り、「殊に南方経営という新目標」に向かって邁進することを訴え、自らも拓南鉱業株式会社（本社・旧南洋群島ヤップ島コロニア）の社長に就任する。

全国水平社は一九四二年一月二〇日に法的に消滅し、田原春次ら農民運動関係の国会議員を中心に結成されていた農地制度改革同盟も同年三月一七日、言論出版集会結社等臨時取締法により解散を命ぜられた。田原春次は、その後、一九四三年二月一日、日本軍政下のニューギニア民政府嘱託、一九四四年一〇月二五日、大政翼賛会興亜総本部南方局第二部長（インドネシア等南方特別留学生招聘事業担当）に就任する。

日中戦争期に田原が主導した農民教育運動の方向転換は、田原のその後のなし崩し的な戦争協力の序曲となった。『田原春次自伝』（田中秀明、一九七三年）は、堺利彦農民労働学校の創設期や「堺学校の門下生」が展開した果敢な小作争議を回想しているが、同校の九州農民学校への再編には全く触れていない。堺利彦農民労働学校の堺利彦の講義内容や葉山嘉樹の知られざるエピソードなど貴重な回想や談話を残した無産運動の語り部宮原敏勝（第一期堺利彦農民労働学校で受付担当、第七章第六節、次ページの写真）も同校の終焉と再編については沈黙した。(35)

戦後の五五年体制成立期、戦前期と同様に社会党（左派）京都支部、社会党（右派）京都支部協議会、共産党京築群協議会に分立していた堺利彦農民労働学校関係者は、一九五六年一月二三日、党派的な違いを乗り越えて再結集し、堺利彦顕彰会を結成する。堺利彦農民労

無産大衆党九州遊説。京都郡豊津村にて。1928年12月。後列左から鶴田知也，田口運蔵，葉山嘉樹。中列右から髙橋信夫，蓑干万太郎。前列右が宮原敏勝。堺利彦顕彰記念館旧蔵資料。みやこ町歴史民俗博物館寄託。

働学校で自己を形成し、社会を発見した人々にとって、同校は心の拠り所だった。堺利彦顕彰会は一九六〇年一二月一七日、戦前からの悲願であった堺利彦記念碑を堺利彦農民労働学校校舎跡地付近の豊津町豊津五二番地の一（現みやこ町）に建立した（現在は同町八景山に移転）。顕彰会創立メンバーである戦後派の白石健次郎[36]（社会党平和同志会＝松本治一郎派）からの聞き取りによれば、顕彰会草創期の中心的な働き手は、戦前期の急進青年層で顕彰会初代事務局長の森毅（共産党五〇年分裂時の国際派、次ページの写真）、記念碑建設地を無償で提供した文芸戦線派の洋画家福田新生（鶴田知也の実弟、第七章第七節）と田原春次であった。

堺利彦顕彰会は、その後、堺の生没年月日に碑前集会を重ね、一九七三年一一月、堺利彦顕彰記念館を記念碑隣接地に開館した（現在は閉館。みやこ町歴史民俗博物館に資料を寄託）。開館式には、かつての堺利彦農民労働学校講師の近藤（堺）真柄、鶴田知也、労農派－文芸戦線派の荒畑寒村、高橋正雄、小牧近江、日本労農弁護士団の元大分県知事木下郁らが遠路駆けつけた（第七章第八節）。田原春次はこの年七月一四日、入院先の済生会八幡総合病院で死去し、開館式への参列は叶わなかった。『田原春次自伝』は、村田哲一が田原の原稿を大幅に加筆修正し、没後に遺著として刊行されたものである。

堺利彦顕彰会は田原春次の遺志を継承し、今日までの半世紀間に次のような顕彰事業を展開した。

一九七七年一〇月　葉山嘉樹文学碑を建立（豊津町八景山）

事業計画

第一期計画
一、福岡県京都郡豊津町
　堺利彦農民学校跡
一、記念碑建設
　工事費　九十二万円
(右の工事費の内、既に敷地購入代、登記料、設計費等の支出済みが九万五千四百五十七円で、又現在の収支現金残高が十一万一千二百二十円あり、従ってこの記念碑建設のためには、あと約七十一万余円必要です)

募金計画

福岡県行橋市田町　京都地区労仂組合協議会内
堺利彦先生顕彰会

送金先
東京都港区芝新橋六の一八
全国セメント労仂組合連合会　書記長　羽広竹夫気付
堺利彦先生顕彰会東京連絡所

賛助会員芳名（順不同）

浅沼稲次郎　荒畑寒村　高津正道
池田禎治　岡田宗司　岩井章
川内唯彦　加藤勘十　小柳勇
志賀義雄　鈴木茂三郎　向坂逸郎
田原春次　滝井義高　高橋正雄
野坂参三　福田新生　鶴田知也
劔木亨弘　松本七郎　吉田法晴
山川菊栄　米田正文　福岡県議会議員 金子忠
平林たい子　金子洋文　行橋市長 末松實藏
福岡県議会議員 和田又次　豊津町長 石本秀雄　岡崎三郎

堺利彦顕彰会発行の堺利彦記念碑趣意書。1960年。堺利彦顕彰記念館旧蔵資料。みやこ町歴史民俗博物館寄託。

左：京都郡豊津村豊津52番地の１の堺利彦記念碑建設地に立つ森毅（左）。1959年。建設地は福田新生が無償で提供。
上：堺利彦生誕100年記念碑前集会で挨拶する田原春次。1970年11月23日。いずれも古賀勇一氏提供。

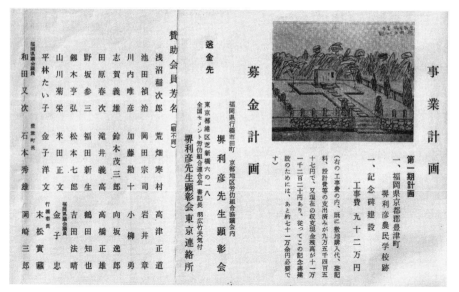

堺利彦顕彰記念館にて。1998年。元三池炭鉱労組書記長灰原茂雄（右）と筆者（左）。「社会革命」は堺利彦の書。

一九八一年一一月　堺利彦農民労働学校開校五〇周年記念講演会（行橋市民会館、講師は川口武彦、玉江彦太郎、鶴田知也）

一九八二年一～一二月　堺利彦農民労働学校を再興（校長鶴田知也、教頭渡辺英生、主事岡部勝興、木村敏彦、原田吉治、堀本和夫）

一九九二年九月　鶴田知也文学碑を建立（豊津町八景山）

一九九五年二月　堺利彦顕彰会、葉山嘉樹文学碑建設委員会、鶴田知也顕彰事業推進委員会を統合し堺利彦・葉山嘉樹・鶴田知也の三人の偉業を顕彰する会に再編

二〇〇二年一一月　堺利彦顕彰記念館を閉館（所蔵資料を豊津町歴史民俗資料館〔現みやこ町歴史民俗博物館〕に寄託）

二〇〇三年六月　豊津町歴史民俗資料館が企画展「堺利彦と故郷『豊津』」を開催

一一月　平民社一〇〇年記念講演会（豊津町総合福祉センター、講師は鈴木裕子、松尾尊兊）

二〇〇五年一二月　堺利彦農民勞働學校址碑を建立（行橋市南大橋五丁目五番一〇号、蓑干万太郎経営の精米所〔第一期・第二期堺利彦農民労働学校仮校舎〕跡）

二〇〇八年二月　みやこ町歴史民俗博物館が企画展「みやこゆかりの先人①　堺利彦資料展」を開催

二〇一〇年一一月　堺利彦生誕一四〇年・大逆事件・売文社創設一〇〇年記念講演会（みやこ町豊津公民館、講師は岡野幸江、大和田茂、中村勝行、堀切利高）

二〇一一年一月　堺利彦獄中書簡を読む会編『堺利彦獄中書簡を読む』（菁柿堂）を刊行

二〇一二年一月　ＮＨＫ・ＥＴＶ特集「日本人は何を考えてきたのか　明治編　文明の扉を開く　第四回非戦と平等を求めて～幸徳秋水と堺利彦～」放映（クリスチーヌ・レヴィ、堀切利高、山泉進、小正路淑泰ら出演）

二〇一三年三月　『堺利彦記念館旧蔵資料目録』（みやこ町歴史民俗博物館）を刊行
八月　堺利彦没後八〇年記念講演会（みやこ町歴史民俗博物館、講師は廣畑研二、第七章第二節）
二〇一四年一〇月　第二回大逆事件サミット（みやこ町豊津福祉センター、大逆事件の犠牲者たちの人権回復を求める連絡会議との共催）
二〇一六年六月　堺利彦顕彰会創立六〇周年記念の小正路淑泰編『堺利彦——初期社会主義の思想圏』（論創社）を刊行
二〇二三年七月　田原春次没後五〇年記念講演会（行橋市中央公民館、講師は関儀久、小正路淑泰、美夜古郷土史学校との共催）
一〇月　堺利彦没後九〇年・平民社一二〇年記念講演会（みやこ町歴史民俗博物館、講師は塚本領、山泉進、同博物館との共催、第七章第八節）
一〇月　みやこ町歴史民俗博物館が企画展「堺利彦と葉山嘉樹」を開催

注

（1）小正路淑泰『堺利彦と葉山嘉樹——無産政党の社会運動と文化運動』（論創社、二〇二一年）第Ⅳ部第三章。

（2）同右第Ⅰ部第七章。ただし、川内唯彦の堺利彦に対する敬愛の念は終生変わることがなく、一九八二年に再興された堺利彦農民労働学校の講師陣に名を連ねるなど堺利彦顕彰会に対する支援を惜しまなかった。原田吉治「堺利彦農民労働学校祉碑建立に寄せて」（『科学的社会主義』第九八号、二〇〇六年六月）。

（3）『土地と自由』第一三号、一九三三年六月二七日。小正路淑泰編『堺利彦——初期社会主義の思想圏』（論創社、二〇一六年）第一四章。

（4）第七章第六節。
（5）法政大学大原社会問題研究所所蔵。
（6）以上については、児玉正昭「アメリカ一九二四年移民法の成立に対する移民県の動向――福岡県を中心に」（三輪公忠編『日米危機の起源と排日移民法』論創社、一九九七年）参照。
（7）JACAR（アジア歴史資料センター）Ref.B04012178100、本邦学校関係雑件第一巻（34）満州学校関係（I−1−1）（外務省外交資料館）。
（8）JACAR（アジア歴史資料センター）Ref.B04012182500、本邦学校関係雑件第二巻1．一般（9）支那関係法人等ノ海外実務学校創立ニ関スル件（I−1−2）（外務省外交資料館）。
（9）佐藤一也『もうひとつの学校史――日本の拓殖教育』（光陽出版社、二〇〇四年）。
（10）宇野豪『国民高等学校運動の研究――一つの近代日本農村青年教育運動史』（渓水社、二〇〇三年）。北﨑幸之助『戦後干拓地と加藤完治――持続可能な農業の源流』（農林統計出版、二〇〇九年）。伊藤淳史『日本農民政策論――開拓・移民・教育訓練』（京都大学学術出版会、二〇一三年）。
（11）廣畑研二「排日移民法と水平社」（『水平社博物館研究紀要』第七号、二〇〇五年三月）。
（12）北口栄「農民組合運動史」（福岡県農地改革史編纂委員会編『福岡県農地改革史』上巻、農地委員会福岡県協議会、一九五〇年）。
（13）『堺利彦農民労働学校校舎建築に就いて』一九三一年六月。本史料については第二章参照。
（14）『社会大衆党公認田原春次選挙闘争宣言』一九三六年二月所収「候補者略歴」。本史料については第四章第三節の資料②参照。田原春次は、一九三四年六月、ジャパン・タイムス社（社長芦田均）が新設した門司支局の支局長に就任した。田原の松本治一郎宛同年六月二五日消印封書には、この時の就任挨拶状（活版印刷）が同封されており、「生活の道を立てました」という田原の追伸がある。松本治一郎旧蔵資料（仮）。
（15）原田勝正「「満州国」成立後の戦略体制と鉄道建設」（和光大学総合文化研究所年報『東西南北一九九九』一

九九九年三月)。
(16) 須永好日記刊行会編『須永好日記』(光風社書店、一九六八年)。
(17) 横関至『農民運動指導者の戦中・戦後――杉山元治郎・平野力三と労農派』(御茶の水書房、二〇一一年)第三章。
(18) 藤本幸太郎「自由日記」(『部落解放史・ふくおか』第六号、一九七七年一月)。のち『生命の土――藤本幸太郎自由への闘い』(藤本幸太郎翁顕彰碑建立実行委員会、一九九二年)再録。
(19) 協調会福岡出張所「報告第三六二号 全農福岡県聯合会臨時常任委員会」(『福岡県史 近代史料編 農民運動(三)』福岡県、二〇〇〇年)。
(20) 同右所収。『農村全体運動の基点／豊前農民会館の建設』の現物は、松本治一郎旧蔵資料(仮)と法政大学大原社会問題研究所が所蔵。前者は田原春次の松本治一郎宛一九三五年三月(日不明)封書に同封されていた。
(21) 小正路淑泰「堺利彦農民労働学校の周辺(その二)――「ツバメ館」=常設校舎建設運動」(『初期社会主義研究』第一七号、二〇〇四年一一月)。
(22) 山内一郎(筆名・別府峻介、高山準一)は、元九州帝国大学法文学部副手、九州法学校講師(政治学担当)。日本国家社会主義学盟(石川準一郎派)の理論家として体系的なファシズム批判論を展開。その後、満州国建国大学助教授・教授を経て戦後は熊本大学法文学部・教養部教授。山内一郎の「国家社会主義」については、福家崇洋『戦間期日本の社会思想――「超国家」へのフロンティア』(人文書院、二〇一〇年)参照。
(23) 野本京子『戦前期ペザンティズムの系譜――農本主義の再検討』(日本経済評論社、一九九九年)。佐藤幸也「農山漁村経済更生運動に見る農民教育の分析――昭和恐慌下の農村における『中堅人物』養成を中心として」(『岩手大学教育学部研究年報』第六五号、二〇〇六年三月)。森武麿「日本近代農民運動と農村中堅人物」(『一橋経済学』第一巻第一号、二〇〇六年七月)。
(24) 佐藤幸也「『日本農士学校』のカリキュラムと指導について」(『岩手大学教育学部附属教育実践総合セン

ター研究紀要』第一号、二〇〇二年三月)。同「日本農士学校の農家経営教育」(『岩手大学教育学部研究年報』第六二号、二〇〇三年二月)。
(25)浜田陽太郎『近代農民教育の系譜』(東洋館出版社、一九七三年)。
(26)第四章第二節。
(27)甲斐募編『八幡製鉄所労働運動誌』(八幡製鉄所、一九五三年)。
(28)同右。
(29)庄司俊作『近現代日本の農村——農政の原点をさぐる』(吉川弘文館、二〇〇三年)。
(30)沢村康「主要農地立法とその影響」(前掲『福岡県農地改革史』上巻)。
(31)見城悌治「一九三〇年代日本における「模範的人物」表象——大原幽学・二宮尊徳を事例として」(『人民の歴史学』第一五三号、二〇〇二年九月)。同「戦中戦後における日本農士学校長・菅原兵治の「尊徳」論/「幽学」論」(『日本思想史研究会会報』第二〇号、二〇〇三年一月)。菅原兵治の農本主義思想については、武田共治『日本農本主義の構造——老農農本主義、官僚農本主義、教学農本主義、社会運動農本主義、アカデミズム農本主義の比較検討を通して』(創風社、一九九九年)を参照。
(32)注(14)に同じ。なお、田原春次の実弟吉川兼光もウィーン大学留学から帰国後、一九三七年頃に金鶏学院で「欧米事情講話」と題する講演を行っている。亀井俊郎『金鶏学院の風景』(邑心文庫、二〇〇三年)。
(33)朝治武『アジア・太平洋戦争と全国水平社』(解放出版社、二〇〇八年)第四章。
(34)同右第五章。
(35)宮原敏勝は、前掲『福岡県史 近代史料編 農民運動(三)』の人名索引に「宮原〈県聯、企救郡〉」と氏名不詳、居住地も京都郡豊津村ではなく企救郡と誤記された無名の民衆だが、「とらえ所のないほど大きな人」(前掲『田原春次自伝』)、「恨みの一説」(『葉山嘉樹と中津川』葉山嘉樹文学碑建立二〇周年記念実行委員会、一九八〇年〔のち三人の会編『葉山嘉樹・真実を語る文学』花乱社、二〇一二年再録〕)など無産運動に関する貴重な回想録がある。また、以下の文献が、宮原敏勝の回想や聞き取りを引用・紹介している。川島成海「堺利彦農民労働学校」(『堺利彦全集月報』第三号、一九七一年)。庄山奎典『錦陵百年』(西日本新聞社、一九七二年)九五〜九七ページ(第七章第六節に重引)。無署名「葉山嘉樹の思い出を語る宮原敏勝さん」(『朝日新聞・西部本社京築版』一九七八年六月一三日)。城戸淳一『京築文学抄』(美夜古郷土史学校、一九八四年)一八二〜八五ページ。林尚男『評伝〈堺利彦〉——その人と思想』(オリジン出版センター、一九八七年)一一一〜一一二ページ。小正路編前掲『堺利彦』三六四〜六五ページ。

(36) 木村敏彦「偉大な白石健次郎先生を送る言葉」、中国武漢市総工会「弔電」(以上、堺利彦・葉山嘉樹・鶴田知也の三人の偉業を顕彰する会『顕彰会通信』第二一号、二〇一八年三月)。

(補注) 九州農民学校で配布されたフランスの自然主義作家エミール・ゾラの長編小説『ジェルミナール』は、堺利彦の翻訳で普及。和田崇『徳永直の創作と理論——プロレタリア文学における労働者作家の大衆性』(論創社、二〇二二年)は、「堺利彦の翻訳は、明らかに日本の労働運動との接続が意識されていた」と指摘。

第七章
書評とエッセイ

廣畑研二（第一節、第二節）、半澤景子、神村和美、有馬樹、木村達美（第七節）、塚本領、山泉進（第八節）の各氏には、堺利彦・葉山嘉樹・鶴田知也の三人の偉業を顕彰する会主催・共催の講演会・シンポジウムの講師を快くお引き受けいただいた。各論の執筆では、辻本雄一、黒川伊織、石川捷治、善野烺、吉田文茂、佐藤礼次、石河康国、大﨑哲人、勝村誠、茅原健、大和田茂、秦重雄、浦西和彦、竹内栄美子、関根和江、原田吉治、髙橋規生、杉山武子、安元隆子、エドウィン・ミヒールセン、梅森直之、西谷郁、安蘇龍生の各氏にお世話になった。

一　廣畑研二著『水平の行者　栗須七郎』

戦前期社会運動家の言説分析の陥穽を衝く

栗須七郎（一八八二・二・一七〜一九五〇・一・二二）は、大阪・西浜を拠点とした初期水平運動の代表的な指導者である。演説の名手として草創期の全国水平社（全水）や各地水平社の大会・演説会に頻繁に登壇し、長髪を垂らした求道者的雰囲気を漂わせる独特の風貌から「水平の行者」と称された。自伝的著作『水平の行者』（一九二三年、日本社、発禁）や論考集『水平道』（一九二八年、水平道舎）など著書も多い。

ところが、これまで栗須七郎についての研究は、大きく立ち後れていた。その理由の一つは、次第に全水主流派から離れていったからであろう。もう一つは、三島中洲の漢学、岡田虎二郎の静坐修行、神生教壇宮崎虎之助の「神人思想」、堺利彦の「社会主義」思想、親鸞の仏教思想などが渾然一体化した栗須の思想と個性を理解するのが容易でなかったからである。

五〇〇ページを超える重厚な本書は、そうした停滞を打破し、「日本近代史を画する最大の事件というべき日露戦争を軸にして、近代部落史と栗須の個人史を読み解」きながら「水平社を誕生させた同時代の思潮」と「戦時下の大阪西濱地区で営まれた、在留朝鮮人少年たちの寄宿寺子屋というべき「水平道舎」」などに光をあて、水平運動史における栗須七郎の軌跡を鮮やかに描き出した。

ここでは、先ず、本書の外形上の特徴について触れておきたい。一九二三年に一〇〇旒製作されたといわれている初代荊冠旗は、水平社博物館所蔵分を含め七点が現存しており、うち二点は栗須の旧蔵である。本書の帯と裏表紙には、その初代荊冠旗のデザインが再現された。また、本書の「水平の行者」題字は、朴烈・金子文子主幹雑誌『現社会』第四号（一九二三年六月）掲載の『水平の行者』初版原本広告から採用された。未発掘の『水平の行者』初版の装幀を手がけたのは西光万吉であり、「水平の行者」の題字は西光の筆跡ではないだろうか。本書奥付発行日の八月五日は、栗須がさまざまな妨害をはねのけ一九二二年に創立した大阪府水平社の創立記念日である。

次に、本書で最も興味深かったのは、栗須七郎の諸著作を実査した上で発禁原テキスト版と改作テキスト版を比較検討した書誌学的アプローチである。著者は、「著作の解題に重点を置いた」課題意識について、「栗須の著作は、つねに運動実践課題に対峙して執筆」されたものであり、したがって、「水平社という結社の基本理念と組織理念、あるいは行動理念認識をめぐる指導者層の葛藤が最も端的に表現されている」（まえがき）からだと述べている。そして、「戦後研究は、長く栗須の著述を解題することができなかった。それは、栗須の一〇年闘争というべき、検閲当局との闘いに着目することなく、検閲済みテキストの表層をなぞったに過ぎないからである」（終章）と指摘した。

著者の例証を一つだけ紹介しよう。栗須の第二著作『水平運動の趣旨』は、一九二三年六月一六日発行、六月二二日付で発禁処分を受けた全六〇ページのパンフレットである。このパンフレットは、同年七月五日、『水平運動の精神』と改題され市場に流通し、その際、以下のように改稿された。傍線部は発禁原テキスト版『水平運動の趣旨』の原文、括弧内（）は改作テキスト版『水平運動の精神』の改稿表記である。

・我々の体からも真赤な血がほとばしりでる事（ほとばしり出る赤心）を見せてやるだけだ。
・我々は今実に第二維新の瀬戸際に立つてゐる。自由の社会、平等の社会（天地の公道に基づいたる）、水平の社会を作り出す為に、一生懸命、我々の働かねばならぬ時機が迫つてゐる。（中略）我々同族たる者は、賤民中の賤民として、此の大改革を実行する急先鋒とならねばならぬ（御用をつとめなければならぬ）。

・それが即ち『人類最高の完成に向つて突進する』と云ふ所である。（中略）最も高い完成と云ふのは、即ち貧富のない、階級のない、差別のない、自由平等の（旧来の陋習を打破つて、天地の公道に基づけるところの）水平社会である。

・我々は常に世人から穢多と呼ばれ、特殊民と呼ばれ、又時としては四本の指を出して侮辱の意志を表示されながら、涙を呑んで其の恥を忍んで来た。然し今後はもう断じてそんな言行を許さない。若しそういふ言行を敢てする者があれば、我々はどこまでもそれをヤツつけずには置かない。そんな奴等は飽くまでも責めつけ、飽くまでも懲らしてやる（それを責める、そして其の差別観念を撤廃さすとともに、人間礼賛の趣旨に帰依するやう意見する）。即ち徹底的に糺弾する。

このように、原テキスト版の「民衆を鼓舞する戦闘的な主張」は、改作テキスト版では、「臣民の分際を自覚させる訓話に貶められ」、そのため、「栗須を「天皇主義者」と評する評者が多い」（第四章）という結果をもたらすこととなった。何より評者もかつて「栗須の場合、とかく容易に析出しうるその「天皇主義」思想が指弾され、思想と運動方法の限界のみが強調されがちだが、無産運動との連帯を志向する独自の論理構成の分析など、今後の課題としたい」（「栗須七郎の復権」〔『初期社会主義研究』一二号、一九九九年一二月〕）と述べたことがある。この記述は全面的に改めなければならない。

著者は、「運動側からすれば、敵となる治安警察の検閲を欺いた巧妙な改作作業は、本来味方となるべき戦後研究者をも長く欺いた」（第四章）と栗須七郎、というよりは戦前期社会運動家全般の言説分析の陥穽を鋭く衝いている。栗須は、論考集『水平道』初版には検閲済改作テキスト版『水平運動の精神』を再録し、同書第三版では検閲前の発禁原テキスト版『水平運動の趣旨』を復元して検閲当局を欺いた。

さらに、著者は、本書執筆に際し、評者などとても追随できない徹底した資料調査を行い、内務省警保局編『社会運動ノ状況』の「大正一四年版」三分冊など新資料を次々と発掘し、本書と前後して『一九二〇年代社会運動関係警察資料』、『戦前期警察関係資料集』全八巻（いずれも不二出版）の二つの資料集を編んだ。本書においてもこれらの新資料が縦横無尽に引用・紹介されている。

例えば、のちに愛媛県水平社創立に関わる香具師で、日本社会主義同盟員であった徳永参二が、一九二二年の全水創立大会前後、無産社（堺利彦主幹、のち長女堺真柄が経営を引き継ぐ）発行のリーフレットなどの社会主義誌紙を行商先の西日本一帯で頒布していたことは、本書によって明らかにされた新事実である。徳永参二は、無産社リーフレット『特殊民の解放』（一九二二年二月）に収められた四編のうち「穢多の誇り　一穢多」を『特殊民解放ノ先鋒』と改題した複製版を作成し、一九二二年六月一九日石川県、七月二五日和歌山県田辺町、八月三日徳島市と少なくとも三カ所で増し刷りを試みている。著者は、「無産社リーフレットは、「社会主義同盟」のネットワークを通じて、あたかも海賊版のように複製加工され、わかりやすく利用しやすい主張部分が拡大再生産されて流布されていたことが分かる」と指摘する（第四章）。

また、栗須七郎の第一著作である未発掘リーフレット『水平社とは何か』（一九二二年九月、発禁）も、その筆写テキストを内務省警保局『水平社運動情況』一九二二年一二月五日調（史料源は米軍没収文書ＭＯＪファイル、前掲『戦前期警察関係資料集』第一巻所収）から発掘し、本書第四章で翻刻・紹介した。著者は、この『水平社とは何か』を全水創立大会で配布された無産社リーフレット『特殊民の解放』に呼応した「意識的な連携文書」と規定し、「この論考は、「一般の貧乏人」と連帯しかつその「急先鋒」に立つと宣言はしても、決して水平運動を無産階級運動一般に同化解消しようとする主張ではないことが分かる。「連帯」志向や「前衛」志向はあっても、「合流」志向や「解消」志向を見いだすことはできない。ここに、のちの運動分岐点をめぐる論点が内包されている」（第四章）と述べている。

ここでの「運動分岐点」とは、全水第四回大会前後に連携・協力していた栗須七郎とボル派の全水青年同盟との分岐を意味している。「ボル派青年は、「糺弾闘争」も「経済闘争」も省略して、一足飛びに「政治闘争」に進もうとした」（第五章）のに対し、栗須は、「あくまで「人間性原理の覚醒」という綱領基本理念と、「徹底的糺弾」という行動理念」（第四章）を基軸に「糺弾闘争、経済闘争、そして政治闘争の統一的展開」、「言い換えれば、水平運動らしい経済闘争」、「水平運動らしい政治闘争」（第五章）を展開した。

著者は、栗須七郎と堺利彦、中西伊之助（本書第七章第五節）らの「水平運動と無産政党運動との連携・連帯活動モデル」（第五章）として、関東全産業労働組合結成大会（一九二九年七月）における「水平社同人に対する差別待遇反対に対する決議案」（大阪統一労働組合椿繁夫提案）、労農派の日本大衆党（日大党）分裂反対戦線統一同盟系日大党大阪府連合会大会（一九二九年一二月）における報告「党ト労働組合水平社等トノ関係」及び特別議案「封建的人種的差別撤廃闘争ニ関スル件」（大阪府水平社有本敏和提案）、（大阪）無産大衆党系関西労働組合総連盟の労働運動、そして、堺利彦農民労働学校への支援などを例示している。

ただし、この点について、評者は、栗須七郎と全水総本部や全水大阪府連の社会民主主義派（泉野利喜蔵や栗須喜一郎など）との「運動分岐点」、つまり、栗須が大阪府水平社を名乗って独自行動をとるようになり、その「「連帯」志向や「前衛」志向」が一九三〇年代以降に変容するのは何故か、という疑問を解消することができなかった。

本書の論点は、従来の水平運動史研究の枠組を超え、部落民海外移民史、ハンセン病対策史、特高警察資料発掘史など多岐にわたっているのだが、それらに全て言及できなかったのは、評者の力量不足による。栗須七郎の独自の思想と運動を解明し、多様で豊かな水平運動史像を鮮やかに描き出した本書は、今後、栗須七郎の影響を受けた全国各地の初期水平運動の実態解明に寄与するに違いない。

（新幹社／二〇〇六年八月／五一九ページ／六〇〇〇円＋税）

写真①　廣畑研二氏。みやこ町歴史民俗博物館にて。

二　堺利彦と水平の行者栗須七郎

（一）

二〇一三年八月一一日、堺利彦・葉山嘉樹・鶴田知也の三人の偉業を顕彰する会主催の講演会「堺利彦と水平の行者栗須七郎」が、福岡県京都郡みやこ町の歴史民俗博物館で開催された。この講演会は、初期社会主義研究会の山泉進氏が提唱した堺利彦没後八〇周年記念事業に呼応し、その一環として企画したものである。

講師の日本近代史研究者廣畑研二氏（写真①）には、『水平の行者　栗須七郎』（新幹社）、『水平の行者　栗須七郎――その思想と実践の軌跡』（和歌山人権研究所）、『戦前期警察関係資料集』全八巻（不二出版）、『大正アナキスト覚え帖』（アナキズム文献センター）、『林芙美子　放浪記　復元版』（論創社）、『甦る放浪記　復元版覚え帖』（論創社）、「『堺利彦獄中書簡を読む』堺利彦獄中書簡を読む会編　附堺利彦随筆「獄中の月」」（『トスキナア』第一三号）など多くの著書がある。

廣畑氏は、『水平の行者　栗須七郎』の「あとがき」に次のように記している。

栗須研究に関する周辺事情について、いくつか述べておきたい。

一つめは、筆者が栗須研究に着手するきっかけとなった小正路淑泰氏のご教示について。同氏は、堺利彦研究の立場から、栗須研究の必要性を訴えた（『初期社会主義研究』第一二号、一九九九年）。筆者の栗須研究は、同氏の示唆に負うところが大きい。同氏には、資料提供をはじめ多くのご教示をいただいた。堺を通して栗須を理解するという研究は、小正路氏のご教示なしには為しえなかった。

今回の記念講演会の骨子は、①はじめに——水平の行者の導き手としての堺利彦、②栗須七郎の略歴（水平運動に投ずるまで）、③水平運動に投じてからの栗須七郎の著作と実践、④栗須の綱領認識、⑤おわりに——3・11原発震災と近世・近代部落史の一断面、であった。廣畑氏は、すでに「福岡炎熱行脚」（『トスキナア』第一八号）、「堺利彦と水平の行者栗須七郎」（『科学的社会主義』第一八七号）で今回の講演に言及している。小文では、廣畑氏風に言えば、栗須七郎を通して堺利彦の理解を試みた記念講演会の一端を報告したい。

水平の行者栗須七郎は、一八八二年二月一七日、和歌山県東牟婁郡本宮村（現田辺市）に生まれた。一九三〇年代半ばには全国水平社（全水）の主流から離れ、大阪・西浜の自宅を「水平道舎」と名付け、在留朝鮮人少年の寄宿寺子屋を営んだ。「水平道舎」時代の栗須七郎については、そこで共同生活を送り、一九七〇年に「裸の俘虜」で第一五回農民文学賞を受賞（第六七回芥川賞候補）した作家鄭承博《チョンスンバク》（一九二三～二〇〇一）が、遺著『水平の人——栗須七郎先生と私』（みずのわ出版）で詳細に回想している。

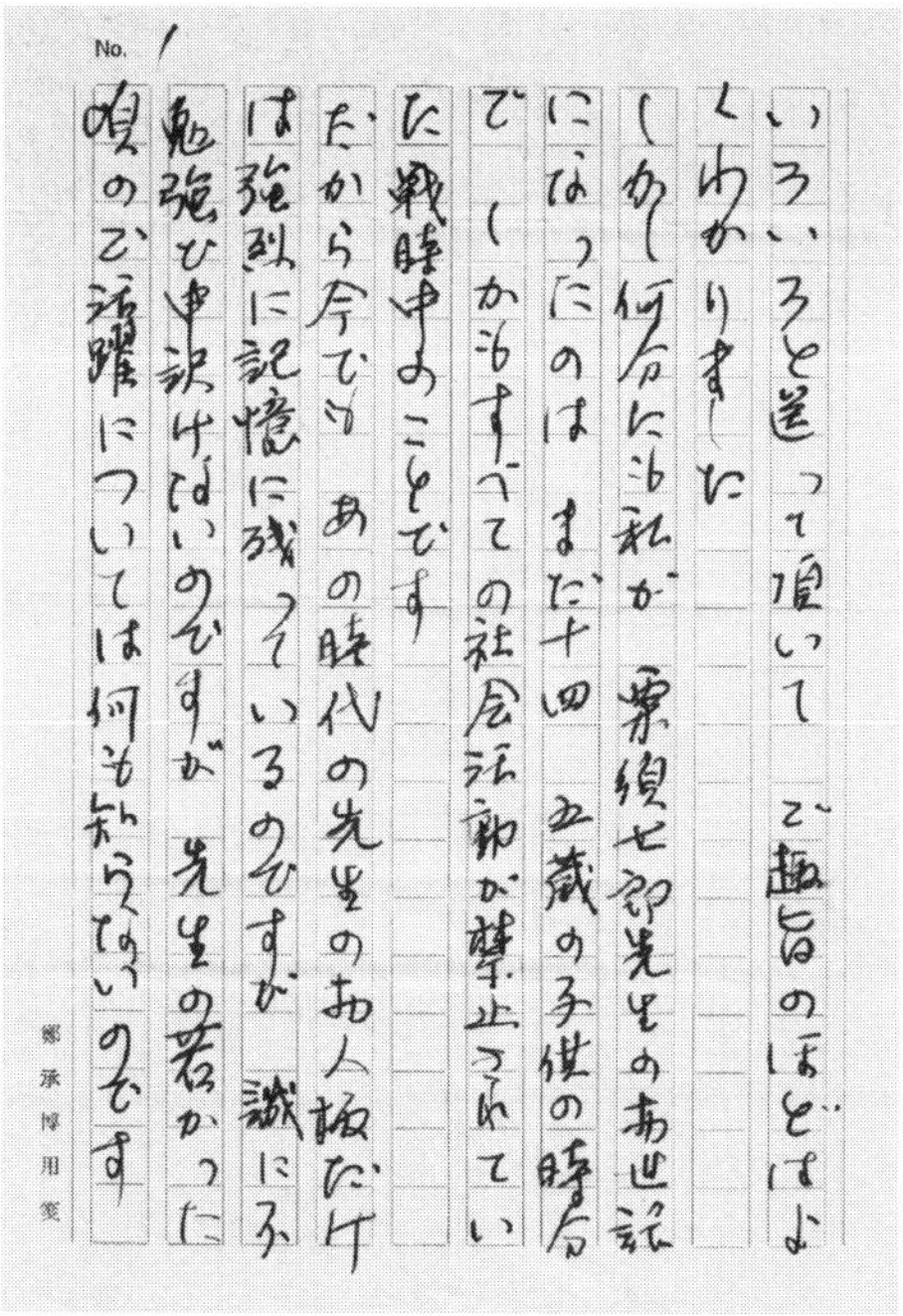
No. 1

いろいろと送って頂いて　ご趣旨のほどはよくわかりました

しかし何分にも私が　栗須七郎先生のお世話になったのは　まだ十四　五歳の子供の時分で　しかもすべての社会活動が禁止されていた戦時中のことです

だから今でも　あの時代の先生のお人柄だけは強烈に記憶に残っているのですが　識に不勉強で申訳けないのですが　先生の若かった頃のご活躍については何も知らないのです

鄭承博用箋

鄭承博の小正路淑泰宛書簡。1999年８月23日消印。この年７月２日，和歌山県西牟婁郡日置川町で開催された栗須七郎没50年記念集会で鄭承博，中川健一と筆者が講演。

廣畑氏は、記念講演で栗須が全水主流から離れ、独自行動をとるようになった要因として全水の綱領問題を挙げ、「栗須は晩年まで「吾等は人間性の原理に覚醒し人類最高の完成に向って突進す」という全水創立時の綱領第三項の実践者を貫き通した」と述べた。

写真②　和歌山県新宮市の浄泉寺旧本堂にて。1937年夏。廣畑研二氏提供。

廣畑氏提供の写真②は、一九三七年夏、新宮・浄泉寺の旧本堂で写されたもので、右奥が山口範之住職の祖父大信師、左手前が栗須七郎の長女文子である。栗須はしばしば浄泉寺に逗留し、山口大信師とともに部落問題や水平運動に関する演説会を開催していた。例えば、『南紀新報』一九三一年五月三〇日は、「社会悪の浄化より／人間礼讃の理想郷へ／熱弁二時間に満堂を魅了／栗須七郎氏の演説会」という見出しで栗須らの演説内容を詳報している。栗須の長姉みねも「寺のおばあさん」と呼ばれるほど熱心な浄泉寺門徒であったという。

近年、中上七松「勇猛法師追善法会所感」（一九二二年）という栗須と山口大信師の交友歴の端緒を示す新資料が発見された（廣畑前掲『水平の行者 栗須七郎――その思想と実践の軌跡』）。辻本雄一『熊野・新宮の「大逆事件」前後――大石誠之助の言論とその周辺』（論創社）は、執筆者の中上七松を「中上健次の義父の父親六松の弟」と特定し、「中上は『紀州』の取材で、「本宮」辺の資料も探索したようだが、この資料までは至っていない。中上作品の新しい展開をも可能にしたのではないかと思わせるような貴重な資料」と指摘している。

栗須七郎はこの本宮で行われた法会で、水平運動参画を宣言し、全水創立大会が開催される京都を目指して大辺路《おおへじ》行脚の途についた。文字どおり、紀南地方における水平運動の第一歩が踏み出されたのである。

アジア・太平洋戦争末期、栗須は妻の実家和歌山県西牟婁郡日置町（現白浜町）に疎開し、小学校教師となった長女文子とともに、被差別部落内外の子どもを集め「学習之家」という学習支援活動を行った。廣畑研二氏が編んだ『一女性教師の戦後日誌――栗須文子の写真帳と日記帳』（私家版）は、「学習之家」の同時代記録として貴重である。

（二）

堺利彦と栗須七郎の交流の契機は、栗須が一九一五年から翌年にかけて展開した本宮村長差別糺弾闘争であった。「冬の時代」後半の売文社時代で、全水創立七、八年前のことである。廣畑研二氏によれば、栗須はアナ・ボル共同の日本社会主義同盟名簿（堺利彦旧蔵第八冊）の二カ所に登載されており、名簿上での同盟加入が確認できる平野小剣、柴田啓蔵など初期水平運動参画者八人の一人だった。

一九三〇年二月の第二回男子普選第一七回衆議院議員総選挙に堺利彦は、東京無産党公認で東京一区、栗須七郎は、（大阪）無産大衆党公認で大阪二区から立候補し、ともに落選した。両党は、清党事件で日本大衆党を除名された労農派が結成した左派地方政党であり、栗須の立候補は、堺の働きかけによると思われる。

写真①の堺利彦の掛け軸「血見亦善」（血を見るもまた善きかな）は、この時、栗須の選挙資金のためにと堺が揮毫し、栗須選挙事務所にいた満二〇歳の関西労働組合総連盟書記長椿繁夫（第二次人民戦線事件で検挙、戦後は全国金属労組執行委員長、参議院議員）に届けたものである。一九八四年四月、椿繁夫より堺利彦顕彰記念館に寄贈された。『社会新報』同年四月二七日は、「記念館へ貴重なプレゼント／大阪から堺利彦直筆の掛け軸1本／「流血革命」否定せぬ側面も」という見出しで、次のように報道している。

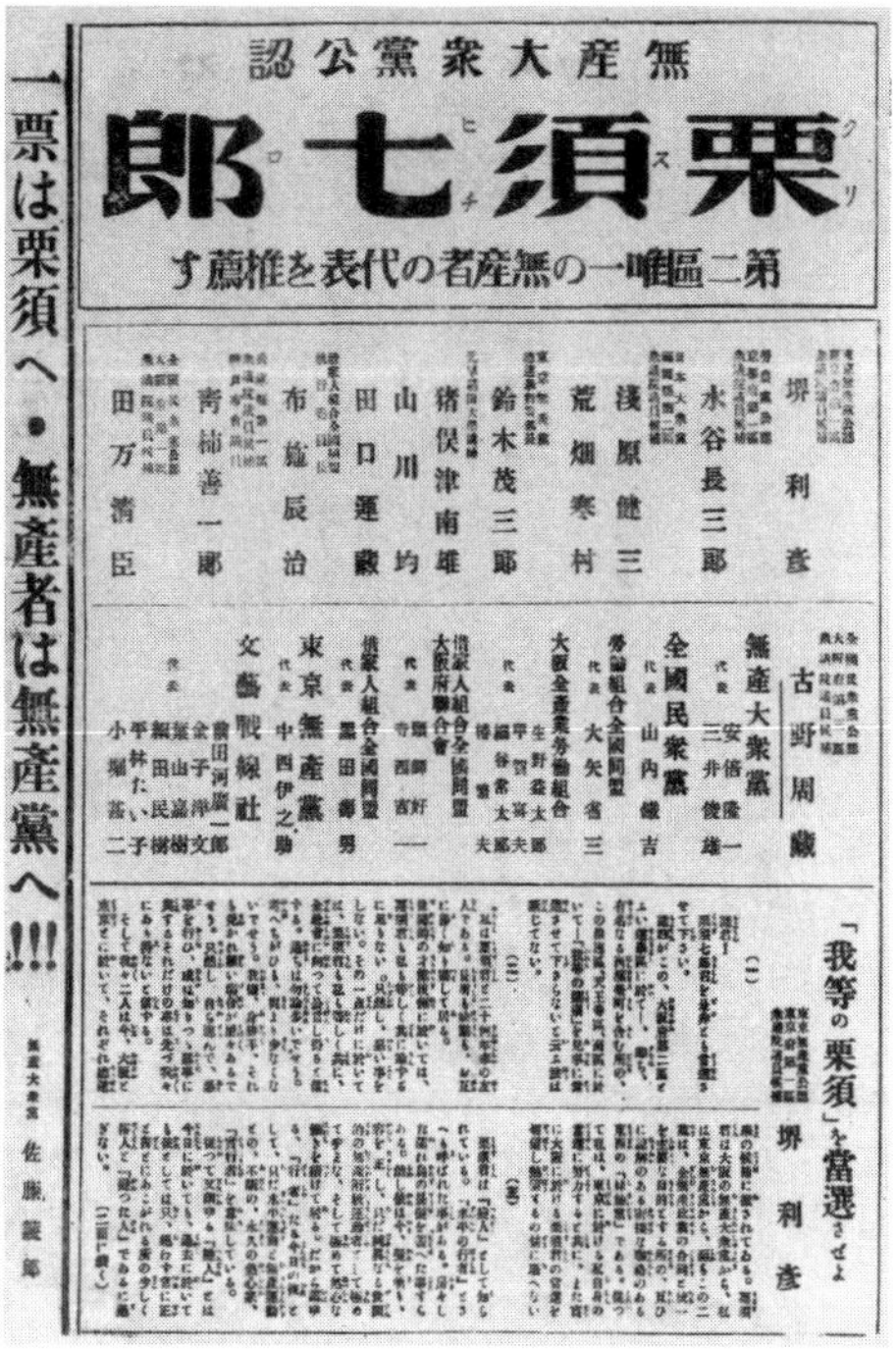

栗須七郎の第17回総選挙リーフレット。『水平の行者 栗須七郎』（西牟婁地方人権尊重推進会，1951年）より転載。

写真③　堺利彦の墓参を行う栗須七郎。1936年7月。横浜市鶴見区鶴見の總持寺。廣畑研二氏提供。

これは一九三〇（昭和五）年、大阪で無産大衆党から総選挙に立った栗須七郎氏の選挙運動に関わっていた椿さんに、堺から「小林一三《いちぞう》（当時の阪急電鉄社長）のところへ行けば一本十円で買ってくれるので、運動の足しにしなさい」と届けられた掛け軸四十六本のうちの一本。椿さんは小林氏のところには持っていけず、大阪南区心斎橋のある掛け軸店に持ち込んだが、「（与謝野晶子や柳原白蓮なみの）一円五十銭だったら買う」と言われて、怒って売らずじまいとなり、のちに社会主義運動の仲間たちに配って散逸した。ところが、一九三二、三年ごろ家宅捜査に備えて田万《たまん》清臣《きよおみ》氏（弁護士、前護憲連合大阪地本議長）宅に隠していたものが、五年ほど前に見つかり椿さんの手元に戻った。

第一七回総選挙翌年の一九三一年、今度は栗須七郎が、堺利彦農民労働学校の校舎建設費として大阪府水平社の同人四二名分五五円を送金した。栗須は同校校舎建設発起人の一人であった（本書第二章）。

廣畑氏提供の写真③は、一九三六年七月、栗須七郎と長女文子が、堺利彦の妻為子の案内で横浜市鶴見区鶴見の總持寺に堺の墓参を行った時の貴重なスナップ写真である。栗須一家は、堺利彦の没後も堺一家やその周辺にいた人々と次世代、次々世代まで親交を続けてきた（廣畑研二「堺・近藤一家三代目の千浪さんと私」（『トスキナア』第二二号））。

例えば、廣畑編前掲『一女性教師の戦後日誌――栗須文子の写真帳と日記帳』の一九四八年の日記には、次のような記述がある。

一月一三日

堺利彦先生の奥さまより年賀状のかへし頂く。もう今年は七十七におなりの由なるが、何時に変らぬ見事な筆勢、感服の外なし。

二月一五日

社会黨左派の代議士として活躍中の荒畑寒村先生より、「寒村自傳」並びに山川均先生の「日本民主革命論」及び雑誌「前進」を御送り頂く。「寒村自傳」を早速読み始めぬ。

廣畑研二氏は、今回の記念講演「堺利彦と水平の行者栗須七郎」を「「水平道舎」や「学習之家」の実践は、いわば「堺利彦農民労働学校」の栗須版だった。堺利彦の存在感は日本アルプスのような隆々たる山脈を想起させ、栗須も堺人脈に連なる一人であり、栗須は堺利彦を終生の師と仰ぎ続けた」と締めくくった。

和歌山県西牟婁郡日置川町の栗須七郎顕彰碑

講演会参加者からは、紀南の地域的特性や被差別部落の歴史、栗須七郎の思想形成、日本社会主義同盟の名簿について、など多くの質問が出された。ささやかな小集ではあったが、堺利彦没後八〇周年記念にふさわしい充実した講演会となり、快く講師を引き受けていただいた廣畑研二氏に深謝申し上げたい。

紀南地方には、栗須七郎顕彰碑が六基もある。那智妙法山阿弥陀寺の人民解放運動戦士之碑は、栗須七郎や大逆事件犠牲者の六人を始めとする紀南地方の先覚者の合同顕彰碑で、その傍らには、除幕式（一九六五年）に参列した荒畑寒村の歌碑「人のため世のため立ちて戦いて仆れし友を豈忘れめや」が建立されている。

三　黒川伊織著『帝国に抗する社会運動――第一次日本共産党の思想と運動』

党史研究の水準と枠組を超えた記念碑的労作

本書はロシア国立社会―政治史アルヒーフで公開されたコミンテルン文書日本共産党ファイルを精査した第一次日本共産党に関する初めての本格的な実証研究である。松尾尊兊、岩村登志夫、犬丸義一ら先行研究の水準を一挙に突破し、本書が明らかにした基本的な事実関係は、今後の一九二〇年代東アジア社会運動史研究で通説的地位を占めることになるであろう。

「第一次世界大戦を契機とした世界的構造変動を受け止めて帝国本国の地下に非合法党を結成し、国際的連関のもとで帝国本国の変革のみならず帝国支配そのものの克服をも目指そうとした人々の思想と運動」（六～七ページ）を〈帝国に抗する社会運動〉と規定する著者は、初期コミンテルンの介入により構築された東アジアにおける国際的ネットワーク――〈東洋革命〉を理念とする「プロレタリア・インタナショナリズム」――の実態解明という一国党史研究の枠組を超えた壮大なテーマを追究した。このような記念碑的労作が刊行されたことを先ずは喜びたい。

本書全体の構成は以下のとおりである。

序章　本書の課題と視座

第Ⅰ部　一九二〇年代前半の思想空間における第一次共産党

第一章　合法メディアと非合法党――『改造』と第一次共産党の関係を中心に

第二章　唯物史観の受容と第一次共産党の同時代認識――山川均を中心に

第三章　第一次共産党の君主制認識――綱領的文書に即して
第四章　第一次共産党・日本在留朝鮮人共産主義者と〈東洋革命〉の理念
第Ⅱ部〈帝国に抗する社会運動〉としての第一次共産党
第五章　帝国秩序の動揺と第一次共産党の成立
第六章　第一次共産党の再組織とコミンテルンの介入の本格化
第七章　国内外の執行機関の軋轢と合法無産政党組織構想
第八章　合法無産政党組織計画の始動と非合法党の解党
終章〈帝国に抗する社会運動〉の射程

本書では、「思想史と運動史の交点に立っての叙述」（序章）が試みられ、①〈日本共産党史としての第一次共産党史の叙述〉からの解放、②〈唯物史観の受容過程とその日本史研究への適用過程〉の解明、③〈絶対主義的天皇制の打倒という理念の遡及的投影〉からの解放、という三つの方法的視座が全体を貫いている。この新規性こそが、本書の最大の特徴と言えよう。

第Ⅰ部では、①「日本共産党宣言」（山川均・近藤栄蔵起草、一九二一年四月）、②「一九二二年九月の日本共産党綱領」（山川均起草＝推定）、③「二二年綱領草案」（ブハーリン起草、一九二二年一一月）、④「一九二四年二月の日本共産党綱領草案」（佐野学を中心とするウラジオストク在外ビューロー起草）の四つの綱領的文書の「君主制」認識を検討した第三章が重要である。

とりわけ、③の一般綱領部分（共産主義インターナショナル綱領草案）を含む完全版と④を発掘した著者の功績は大きい。著者は④を「コミンテルンから一定の自立性を保ったことによって書かれ得たテキスト」（一〇〇ページ）であり、賃金労働者、農民大衆、被差別部落大衆など多様な革命主体を措定した「第一次共産党の独自な到達点を示すもの」（同前）と高く評価し、自立性を確保し得た要因を「第一次共産党が、日本における社会主義運動の歴史的経験を継承しつつその成果を自らの綱領的文書に反映させようとしたため」（一一九ページ）と説明している。

①が最初に紹介されたのは、村田陽一「〈資料〉日本共産党準備委員会の宣言・規約（一九二一年四月）」（労働運動史研究会編『日本の統一戦線運動』労働旬報社、一九七六年）だが、当時一部の研究者を除いて①への関心はあまり払われなかった。なぜならば、村田の解題にあるように党創立に先立つ「準備委員会の一時期」とみなされたからである。

しかし、著者は一九二一年四月に発足し、総務幹事山川均、国際幹事近藤栄蔵のイニシアチブのもと運営された日本共産党暫定中央執行委員会をもって第一次共産党の成立という立場に立つ。片山潜、猪俣津南雄、吉原太郎、田口運蔵ら在外日本人社会主義者をはじめとする当事者たちの同時代認識に即するならば、評者も著者のこの見解を支持する。

そこで、著者は、第五章でこの時期の合法・非合法の運動実態を鮮やかに描き出し、一九二一年九月以降の暁民共産党事件も「第一次共産党の具体的な活動の主要な一環」（一六七ページ）と把握している。この時期の主要な運動課題は、アナキスト、サンジカリストの糾合であり、最終的にそれは失敗に終わり、翌年にはボルシェビキの党として再組織されていく。

ただし、高尾平兵衛らの工作でシベリアに派遣された正進会所属の印刷工六名のうち、北浦千太郎は、再建共産党期に「福本主義の清算」（『社会科学』第三巻第三号、一九二七年八月）を主張して党を除名され、発足当初からの労農派同人となり、また、コミンテルンからの信頼が厚かった長山直厚（労働社同人）は、労農派が三・一五事件後に結党した過渡的地方政党無産大衆党の主要メンバーに加わるので、中期的に見れば、第一次共産党内堺・山川グループの試みは必ずしも失敗に終わったわけではない。

評者が最も強い関心を持ったのは、コミンテルン執行委員会東方部極東ビューローの本格的介入によって生じた党内における政治的・思想的対抗や、コミンテルンとの軋轢と第一次共産党からの働き返しのダイナミズムを実証してこれまでの通説の大胆な修正を迫った第Ⅱ部である。

第六章は、一九二二年八月開催の第一回大会から、一九二三年二月の第二回大会（市川大会）、三月一五日の石神井臨時党大会、六月四日嶋中雄三宅で開かれた政治問題研究会までを対象とする。

ロシア飢饉救済運動、対露非干渉運動、過激社会運動取締法案反対運動など合法舞台での「反議会主義的政治運動」を精力的に展開していた第一次共産党は、コミンテルンの「合法無産政党組織指令」（「二二年綱領草案」）により合法無産政党即時結党派（近藤栄蔵、高津正道）と合法無産政党結党不要派（荒畑寒村）という深刻な党内対立が生まれた。石神井臨時党大会が紛糾したのもこれが主たる要因であり、加藤哲郎が先鞭をつけた高瀬清の回顧録の信憑性を巡る論争も本章の叙述で終止符が打たれることになろう。

第七章と第八章では、一九二三年六月五日の第一次共産党事件以降、堺利彦の指示で設立されたウラジオストク在外ビューロー（佐野学、高津正道、辻井民之助、間庭末吉、荒畑寒村＝議長兼会計）と国内の臨時ビューロー（赤松克磨、北原龍雄、饒平名智太郎、猪俣津南雄〔七月山川均と交替〕、黒田寿男）という国内外の二つの執行機関の軋轢や、堺・山川・荒畑ら初期社会主義以来の社会主義運動経験を持つ旧世代・水曜会系と高津・高瀬・近藤ら第一次世界大戦後に「冬の時代」の終わりとともに社会主義運動に身を投じた新世代・暁民会系の「世代間対立」の諸相が明らかにされ、これらの内部対立が一九二四年四月中旬の解党決定の直接の原因となったと結論づけている。

著者が終章で本書の意義について、①コミンテルンとの関係を前提として第一次共産党史を実証的に描き直したこと、②帝国日本の支配秩序に対する抵抗として第一次共産党の運動を位置づけ直したこと、③唯物史観に基づく同時代社会の認識が成立してくる過程と、その認識に基づく変革の展望が形成されてくる過程とを、あわせて明らかにしたこと、の三点で整理しているように、〈帝国に抗する社会運動〉の射程は、一九二〇年代後半から三〇年代、さらには、「短い二〇世紀」（エリック・ホブズボーム）後半への展望にまで及んでいる。以上のように第一次共産党の思想と運動を国際的な文脈のなかに位置づけた本書は非常に意義深い。

こうした分析視角の重要性と有効性は、かねてより石川捷治が一連のコミンテルン史研究、例えば、「初期コミンテルンにおける民族・植民地問題」（徳永正彦・毛利敏彦・小沼新編『ナショナリズムの動態——日本とアジア』九州大学出版会、一九八九年）などで問題提起してきたところである。

最後に、〈帝国に抗する社会運動〉という壮大なテーマに挑んだ著者の課題意識からするとやや些末なことだが、第一次共産党を〈山川の党〉（二六〇ページ）とする著者の言葉を借りれば、評者は〈堺・山川・荒畑の党〉であり、一時的には〈山川不在の党〉であったと考える。その意味で、本書の山川や荒畑に関する叙述がかなり分厚いのに対し、堺利彦に関する記述は、第二章を除けばあまりに平板という印象を拭えなかった。

著者が採用した三つの方法的視座から第二章、第三章で取り上げた文献以外も含めて「第一次共産党成立の重要な前提」（二〇ページ）として堺利彦の唯物史観史学を再検討する必要があるのではないだろうか。その際、堺や山川の言説を同時代の思想空間に開いて考察した岡本宏の「山川の維新＝ブルジョア革命、資本主義発展に伴う官僚・軍閥のブルジョアによる同化、そしてブルジョア権力の完成という図式は、一九一六年段階で、堺によって、その骨格が描かれていた」（『日本社会主義史研究』成文堂、一九八八年、一一八ページ）という指摘は、現在なお示唆に富んでいる。

また、著者が重視する日本共産党暫定中央執行委員会や、荒畑がいう解党決定に「特別な権限を与えられた委員会」（二五八ページ）の筆頭に堺利彦がいたこと、そして、堺が第一回党大会で国際幹事、第二回党大会で荒畑に代わって総務幹事に選出されたことの意味は決して小さくはない。何より「東回り」の中国在留朝鮮人・中国人エイジェントにとって、堺利彦は「日本社会党の首領」、「日本社会党指導者」として重要な存在であった（山内昭人『初期コミンテルンと在外日本人社会主義者——越境するネットワーク』ミネルヴァ書房、二〇〇九年)。たとえ第二インター世代の堺の反応が、大杉栄や近藤栄蔵のように敏感でなかったとしても、である。第一次共産党が「反議会主義」から鋭角的に方向転換した内的要因は何だったのか、あるいは、解党に至るまですべての主導権を握って組織と政策決定の中枢にいた山川均が、一九二三年末から「共同戦線党」論という限定的な「統一戦線」論を展開し始めるのは何故か、そして、山川がその後、第一次共産党との関係を全否定するに至ったのは何故か、堺利彦の存在抜きにこれらの問いに答えるのは困難と思われる。この点については、小正路淑泰編『堺利彦――初期社会主義の思想圏』(論創社、二〇一六年)所収の著者の論考「公の政党を守り抜いて――第一次日本共産党と堺利彦」から示唆を得ることができる。

(有志舎/二〇一四年一一月/三一七ページ/六〇〇〇円+税)

四　全国水平社青年同盟高橋貞樹の写真

拙著『堺利彦と葉山嘉樹――無産政党の社会運動と文化運動』(論創社、二〇二一年)の第Ⅰ部第七章で、アナ・ボル共同による多元的多数派を志向した創設期の第一次共産党、そして、その影響下で設立された堺利彦主宰の思想団体M・L会(第一次共産党の母体の一つとする犬丸義一説は誤り)の組織と運動を論じた際、全国水平社青年同盟の優れた理論家であった高橋貞樹(一九〇五・三・八~三五・一一・二)にも言及し、山川均・山川菊栄旧蔵の写真④(次ページ)を掲載した。この小文では、拙著に書き込むことができなかった写真④の周辺事情を綴ってみたい。

周知のように高橋貞樹は、一九二四年五月、満一九歳で部落史研究の先駆的名著『特殊部落一千年史――水平運動の境界標』(更生閣)を刊行した。同書は初版と改訂再版が発禁となったため、第三版で『特殊部落史』と改め、原版の「第二編　特殊部落の現在と水平運動」の重要箇所が無残に削除されたのだが、初期水平運動参画

左：写真④　左から高橋貞樹，山川菊栄，山川均。
1924年１月頃。兵庫県の垂水海岸。
右：高橋貞樹『特殊部落史』（更生閣）函。小正路蔵。

者のみならず被差別部落内外の多くの人々に愛読され、部落問題や水平運動に対する理解を促した（吉田文茂『透徹した人道主義者 岡崎精郎』和田書房、二〇〇八年）。

沖浦和光『部落史の先駆者・高橋貞樹――青春の光芒』（筑摩書房、二〇一五年）が、次のように指摘したとおりである。

つまりこの書は、被差別民の社会史を素描した「歴史の書」として読まれただけではなく、虐げられてきたすべての人びとの解放をめざす「運動の書」として、そしてまた、激動する社会の只中にあって、自分はいかに生きるべきかを自らに問う「人間の書」として広く読まれたのであった。

〝幻の書〟と言われていた『特殊部落一千年史』は、近年、国立国会図書館デジタルコレクションとしてインターネット公開され、『被差別部落一千年史』と改題して岩波文庫に収められているので、容易に読めるようになった。本誌（『革』）第三四号の宮本正人論文も同書の一部を引用しており、高橋の文章は力強い。また、朝治武『水平社論争の群像』（解放出版社、二〇一八年）は、他の社会運動より少し遅れて顕在化した初期水平運動におけるアナ・ボル対立を鮮やかに描き出し、宮崎芳彦の遺稿集第三巻『日本共産党と水平社――コミンテルン報告を読み解く』（宮崎芳彦遺稿刊行会、二〇二一年）もコミンテルン文書と独自の分析視角から第一次共産党の「水平部委員長」としての高橋貞樹について検討を加えた。

ところで、高橋貞樹が全水ボル派の理論家として華々しく活躍したのは、一九二二年五月頃、満一七歳で第一次共産党の中心人物であった山川均の門を叩いて水曜会の一員となってから一九二六年五月、モスクワの国際レーニン学校に留学するまでの僅か五年間に過ぎず、その間の高橋の写真はほとんど現存していない。したがって、満二〇歳前後の高橋貞樹の写真④は極めて貴重である。写真④を含む山川均・山川菊栄旧蔵写真の複写は、二〇一三年に神奈川県立かながわ女性センター図書館に寄贈され、二〇一五年に神奈川県立図書館山川菊栄文庫に移管された。

そして、写真④は、すでに山川菊栄記念会・労働者運動資料室編『イヌとからすとうずらとペンと――山川菊栄・山川均写真集』（同時代社、二〇一六年）で一般に公開されていた。ただし、同書では撮影時期や場所、人物が特定されておらず、そこで、労働者運動資料室より写真④の拙著転載の許諾を得て、人物などを特定した。

高橋貞樹が、第一次共産党事件と関東大震災の混乱を避け、肺尖カタルの転地療法を兼ねて妻の小見山富恵とともに現在の大阪市旭区森小路に移転したのは、一九二三年一一月である。高橋はここで『特殊部落一千年史』の執筆を始め、一九二四年三月一八日に「序文」を脱稿し、その後、泉野利喜蔵の世話で大阪府泉北郡舳松村に転居する。『特殊部落一千年史』初版の奥付刊行日は、同年五月二〇日である。

「序文」には、「本書の出版に就いては、先輩山川均氏に色々とご尽力を願った。記して感謝する。また親友泉野利喜蔵、西光万吉両君の力添えに対しても深く謝する」とあるが、小見山富恵は、全水青年同盟の木村京太郎と中村甚哉が校正の労を取ったと回想している。高橋夫妻の舳松時代は、一九二五年春までの約一年間であった。

一方、石河康国『マルクスを日本で育てた人――評伝・山川均 Ⅰ』（社会評論社、二〇一四年）によれば、高

写真⑤　左から山川菊栄，山川均，間庭末吉（ウラジオストク在外ビューローから総同盟神戸地方連合会書記，1938年獄死），藤原栄次郎，小学１年生の長男山川振作。1925年１月。垂水村高丸の借家。

橋夫妻に遅れること約一カ月後の一九二三年一二月一〇日、関東大震災で罹災した山川均と菊栄は、足立克明（水曜会で高橋貞樹と親近、第一次共産党から労農派へ移行）が契約しておいた兵庫県明石郡垂水村の借家に疎開する。しかし、『大阪朝日新聞』の報道で家主に正体がバレて立ち退きを要請され、一週間後に西垂水海岸の借家に一年契約で移転、さらに一九二四年一二月、垂水村高丸に転居し、翌年五月一四日までそこに居住していた。この時期、山川均はカメラを趣味としており、山川家では来客を交えて写真を撮ることが正月の恒例行事となっていた。

以上を踏まえ、拙著では、写真④の撮影時期と場所を「一九二四年一月頃。兵庫県の垂水海岸」と推定した。しかし、この点については、石河前掲書に一九二四年秋以降、西垂水海岸の借家に「大森で『前衛』の編集にたずさわっていた水平社の高橋貞樹が下宿し、阪神方面の活動家がたずねてくるようになる。とりわけ阪本清一郎、西光万吉ら水平運動関係者が多くおとずれた」という非常に気になる記述がある。

つまり、写真④は、『特殊部落一千年史』執筆時の一九二四年一月頃ではなく、『特殊部落史』改題第三版刊行後の翌年一月頃という可能性も考えられるのだ。ただし、石河前掲書と山川菊栄記念会・労働者運動資料室編前掲書の双方に掲載されている写真⑤の山川均と菊栄の服装から判断すると写真④と同時期とは思えない。

写真④の撮影時期を特定するポイントは、高橋貞樹が履いている靴にある。小見山富恵が語った『特殊部落一千年史』に関するエピソードを沖浦前掲書より引いてみたい。

小見山さんからいろんなエピソードを聞いたが、ここでは『一千年史』にまつわるこぼれ話を一つ紹介しておこう。あの本が出て三〇〇円だったか稿料が入った。当時の三〇〇円は、定収入のない高橋にとっては虎の子だった。（中略）

ところがある日、靴屋をやっている水平社の活動家の弟がやってきた。彼は運動をやっていなくてテキ屋か何かやっていたのだが、うまいこと口車に乗せられてその虎の子の三〇〇円を持って行かれてしまった。高橋さんに貸してもらう約束をしていると言って——。

高橋が帰ってきたのでその話をすると、約束したというのは全くデタラメで、だまされたのだった。高橋は一瞬残念そうな顔をしたが、すぐに普段の表情に戻って、一言も愚痴をこぼさなかった。小見山さんの話では、高橋が他人の悪口を言うのは全く聞いたことがなかったそうである。

この話には後日譚がある。その話を聞いた活動家であるその兄がやってきて両手をついて懸命に詫びた。だけれど弁償するゼニが手元にないので、せめてもの償いにと、高橋夫妻のために靴を造って「これで勘弁して下さい」と持ってきた。最高級の牛革で精一杯手間をかけて造った立派な靴だった。高橋は履き心地のよいその靴を大事に愛用した。

——その靴を履いてモスクワへ行かれたわけですか。

「そうね、それから靴を新調しなかったから、そういうことになるわね。何年も大事に履いていましたよ。」

ということで、高橋貞樹が履いている靴が「最高級の牛革で精一杯手間をかけて造った立派な靴」となると写真④の撮影時期は『特殊部落一千年史』刊行後と特定できるのだが、残念ながら高橋の足元は不鮮明でよくわからない。いずれにせよ、写真④は、沖浦和光の言葉を借りれば、満三〇歳で夭折した高橋貞樹の「青春の光芒」の証である。

五　全国水平社創立大会に参加した労働文学作家中西伊之助

（一）

『種蒔く人』・『文芸戦線』を読む会編『フロンティアの文学——雑誌「種蒔く人」の再検討』（論創社、二〇〇五年）所収の拙稿「『種蒔く人』前後の中西伊之助——日朝諸社会運動との連帯を中心に」では、堺利彦の平民社—売文社系譜の労働文学作家中西伊之助（一八八七・二・八〜一九五八・九・一）の日本の水平運動や植民地朝鮮の衡平運動との連帯を論じた。

文芸・思想雑誌『種蒔く人』は、一九二一年二月二五日、秋田県南秋田郡土崎港町（現秋田市）で印刷・発行された部数二〇〇冊、定価二〇銭、菊判一八ページの小雑誌である。同年一〇月、「世界主義文芸雑誌」と銘打ち、「行動と批判」をスローガンとする第二次『種蒔く人』が東京で創刊（発禁）され、同誌は、ロシア飢饉救済、シベリア出兵反対、国際女性デー（三月八日）、そして水平運動の特集など多彩な行動（実践）と批判（批評）を展開していく。関東大震災後の反動期に刊行した『種蒔き雑記——亀戸の殉難者を哀悼するために 第一冊』（種まき社、一九二四年一月、金子洋文執筆）を最後に休刊状態に陥るも、その文化運動は、若干の変質を伴いながらプロレタリア文学雑誌『文芸戦線』（一九二四年六月創刊）へ継承された。

『文芸戦線』への継承と変質については、かつて、池田浩士・小正路淑泰・祖父江昭二の鼎談「文芸戦線創刊80周年——プロレタリア文学が今日に生きるならばそれは何か」（『社会文学』第二〇号、二〇〇四年）で議論したことがあり、近年では、大和田茂「関東大震災で失ったもの・ひと・こと——雑誌『種蒔く人』、小牧近江、平沢計七を中心に」（『初期社会主義研究』第三一号、二〇二三年）が、「行動」の捨象など『種蒔く人』と『文芸戦線』の断絶を鋭く論証している。

種蒔き社の小牧近江、金子洋文、今野賢三ら創刊同人は、阪本清一郎、西光万吉、駒井喜作ら奈良・柏原の水平社創立メンバーとほぼ同世代の青年だった。梅田俊英『社会運動と出版文化――近代日本における知的共同体の形成』（御茶の水書房、一九九八年）によれば、「ロシア革命＝米騒動」後、北海道の小樽啓明会、平原社、青森の北部無産社、黒石革新青年団、岩手の牧民会、宮城の平民協会、山形の谷地緑声社、青潮社文化会、山梨の革人会、新潟の無明会（本書第二章第二節）、石川の異邦人社、長野の下伊那文化会、自由青年連盟などの地域思想団体が東日本を中心に族生《そうせい》していた。こうした地域思想団体のメンバーは、アナ・ボル共同の日本社会主義同盟の地方会員となる。秋田の種蒔き社と奈良発祥の水平社は、地域思想団体の族生という全国的な動向のなかで誕生したのである。

東京市電従業員自治会争議団の激励。1924年。前列左から中西伊之助，堺利彦，稲村順三，小堀甚二。東交史編纂委員会編『東京交通労働組合史』より転載。

中西伊之助は、社会運動と創作活動を並列させた特異な労働文学作家だった。全国水平社が創立された一九二二年の二月、日本統治下朝鮮での実体験を作品化した長編『赭土に芽ぐむもの』（改造社）でデビューし、九月、『改造』掲載の三・一独立運動を描いた「不逞鮮人」で一部文壇の注目を集めた（秦重雄「中西伊之助と三・一独立運動」〔『社会文学』第五二号、二〇二〇年〕）。翌年四月に『種蒔く人』末期の同人となる。

作家デビュー以前の『時事新報』記者時代の中西伊之助は、部落改善団体帝国公道会の「事業に満幅の熱意を示して（それは未だこの方面の何等の運動もなかった頃）、その団体のために、十分の報道の任をつくそう

日本フェビアン協会の四国講演。1926年３月22日。前列右から二人目より中西伊之助，安部磯雄，中西國夫氏提供。

とした。当時、その記事を新聞に掲載することさえ編集長は拒んだものであったが、私は編集長と争論してその記事を大々的に挙げた」（「先ずその罪を謝せ――部落民問題の核心」（『同愛』第三五号、一九二六年六月））という。

その後、中西伊之助は、一九一九年九月、日本交通労働組合を結成して理事長に就任し、翌年の東京市電ストライキを指導した。だが、争議は敗北し、中西も治安警察法違反で投獄される。中西がその既決入獄直前に編んだのが、『芸術戦線――新興文芸二十九人集』（自然社、一九二三年）である。同書は「老革命家堺利彦氏の労に酬ゆ」という献辞があるように、第一次共産党事件で未決入獄した堺利彦を慰問する「思想芸術上の共同戦線」として、青野季吉、秋田雨雀、有島武郎、江口渙、小川未明、夏目漱石、新居格、長谷川如是閑といったアナ・ボル各派や既成文壇など思想的立場が異なる二九人が寄稿している。

中西伊之助は、『種蒔く人』休刊後、一九二四年六月創刊の『文芸戦線』に加わるのだが、翌々年の青野季吉による非マルクス主義系の排除により、江口渙、小川未明らの日本無産派文芸連盟（村田裕和が機関誌『尖鋭』の総目次を『フェンスレス』第五号に掲載）や「非政党的自治制の実現」を綱領に掲げるアナキズム系農民自治会に加盟した。ところが、一九二八年の第一回男子普選第第一六回衆議院総選挙後、堺利彦ら労農派の合法無産政党運動へ合流する。中西伊之助は、福岡県京都郡祓郷村（現みやこ町）在住の福岡県農民自治会連合会児倉輝城《こくらきじょう》（本名児倉勝）に宛てた一九二八年八月（推定）の書簡でこの時の政治的判断を「中心問題は政治の極端な否定が、大衆の支持を受けなかった」、「従来の経済的組合運動、一点張りでは、全無産大衆と共に大きい歩みをつづけることはできない」と伝えている（小正路淑泰「中西伊之助と農民自

治会」〔韓国國際言語文學会『國際言語文學』第六号、二〇〇二年〕）。

（二）

一九二二年三月三日、京都市の通称岡崎公会堂で全国水平社創立大会が開催された時、中西伊之助は、大阪市電労働者の西部交通労働同盟の結成（同年三月一六日）を支援するため、大阪に逗留中であった。そこで、中西は全国水平社創立大会を傍聴し、演説を試みようとする。よく知られた資料だが、京都府警察部・大正一一年七月調「水平社ノ状勢」（『水平運動の研究』第二巻資料篇上、部落問題研究所出版部、一九八一年）は、次のように記している。

（2）創立者タル坂本《ママ》・駒井・清原等ハ部落民中ノ少壮急進派ヲ以テ任ジ、予テ社会主義ヲ云為《うんい》シ且堺利彦又ハ其ノ一派ノ特別要視察人ニ面識アリ、又大会当時幹部ニ入リタル平野重吉、近藤惣右衛門等ハ在京主義者ニ多数ノ知己ヲ有セリ、而シテ坂本《ママ》等ハ大会前既ニ密カニ堺利彦ニ通ジテ同人経営ノ無産社発行「特殊部落民《ママ》ノ解放」ト題スルリーフレット数百部ノ寄贈ヲ受ケ大会当日参会者ニ配付シ、又当日「大会大成功ニ終ル」トノ電報ヲ堺ニ発送シタル事実アリ。

（3）大会席上、特別要視察人大阪府甲号大串孝之助、乙号佐藤藤太、同半谷玉三、警視庁乙号中西伊之助、京都府乙号奥村甚之助、同住吉旗吉等入場出演ノ申込ヲ為セシカ監臨《ママ》警察官ノ注意ニヨリ司会者南ニ於テ出演セシメザリキ。

中西伊之助は、阪本清一郎、西光万吉、駒井喜作が接触していた堺利彦を通じ、全国水平社創立大会の情報を事前に入手していたのではないだろうか。西部交通労働同盟結成大会の一三日前から大阪に逗留していたのは、たんなる偶然とは思えない。中西はこの年四月発行の『内観』(民本主義者茅原華山らが一九二〇年四月に創刊した直接購読誌)第二五号に社会時評「花影暗し」を寄稿し、「水平社大会」の一節を設け、創立大会をいち早く詳細に報告した。

中西は、先ず、「水平社とは、全国の特殊部落の諸君が、自らの解放を叫んで起こった一つの結社」であり、「同情や恩恵を、飽くまでも排するところ」の「荘厳な自覚の下に起こった新しい青年の群れ」と紹介する。次に、「一少代表者の演説は、聴衆をして涕涙せしめた。彼は決して愚痴を云わなかった。その点に於いて、吾々を敬服せしめた。そして彼は、積極的に改造を叫んだ。そしてまた改造の第一歩を、小学校教育の根本的〇〇であると叫んだ。記者はその壮快無比な卓論が、未だ十五六の少年によって強調せられることを、どんなに嬉しく思ったかしれない」と少年代表山田孝野次郎の演説を讃えた。

さらに、中西は、「虐げられてしかも正しいことを信ずる人間の叫びほど、痛烈にして、凄愴《せいそう》なものはない。現代に於ける第四階級は、その社会的代表者であると云っていいけれど、その階級の下に更に理由のない排擠《はいせい》と、蔑視を受けている人々の階級があるとしたら、どうだろうか、記者は、今まで第四階級の人々の叫びを、幾度壇上に聴いたかしれない。けれども、今ここで水平社の諸君の演説を聴いて、はじめて、人間の血を含んだ雄叫びの声に、思わず身顫いを禁じ得なかった。記者は未だ曾て、かくの如く強い、凄い叫びを耳にしたことがない」と述べ、「地上に、不正と、不義と、僻見と、侮蔑があるかぎり、彼等の叫びは、決して絶えない。記者は、水平社の旗上げを祝福する」と結んでいる。

中西伊之助は、前掲の「先ずその罪を謝せ」でも

私は、水平社の同人諸君、最近では、朝鮮の衡平社の同人諸君等には、かなりの知己をもっている。殊に、京都で開かれた第一回大会(発会式)には、大阪にいたので出席した。その時の、あの熱烈な諸君の

意見を見て、涙の迸るような感激を感じた。壇上にいた平野小剣君と熱い握手をして、この運動の起こったことを、どのくらい喜んだことかわからない。私は今でも、あの時の心持が忘れられない。

と記しており、全国水平社創立大会の感動が、中西の日朝のマイノリティとの連帯の原動力となった。中西は平野小剣編集の関東水平社機関誌『自由』創刊号（一九二四年七月）に「プロレタリア芸術について」、アナ派の朝倉重吉が発行した長野県水平社機関紙『全国水平新聞』創刊号〜第三号（一九二七年七月二五日〜九月二五日）に「政治運動と経済運動」、有馬頼寧主宰の融和団体同愛会の機関誌『同愛』に前掲「先ずその罪を謝せ」や「水平運動の経済的倫理的意義と農民運動への共同戦線」（第三八号、一九二七年一月）、「一般民の無智暴露陳謝と水平運動政治主義者への抗議」（第四二号、同年四月）と精力的に寄稿する。サンジカリズムに傾斜していた頃の著作である。

それらに見られる中西の水平運動と部落問題認識の特徴は、第一に、「当然、プロレタリア思想を把持していなければならない、労働組合労働者の間にさえ、いまだ全くこの迷妄から抜け切らないものがある」（「先ずその罪を謝せ」）と労働運動参画者の部落差別意識を衝き、その意識変革を迫ったこと。第二に、「水平運動をもって無意義なるものとし、かくの如き運動は、一つの錯誤であって、プロレタリアが解放されたる暁は、彼等もまた解放されるのであるから、特に水平運動の如きを起こす必要を認めぬ」という「社会思想を有する一部の人々」の主張こそ「大いなる錯誤」（「水平運動の経済的倫理的意義と農民運動への共同戦線」）と述べ、水平運動の無産運動一般への解消を批判した点である。

「階級」の論理を過剰に優先した同時代の労働文学・プロレタリア文学の作家のなかで、「階級」と「身分」と「民族」とを統一的に把握しようとした中西伊之助の個性は際立っている。『種蒔く人』が掲げた「世界主義」の中西伊之助なりの継承であった。

六　葉山嘉樹豊津中在学中の恋人落合サカエと弟の落合久生

（一）

文芸戦線派プロレタリア作家葉山嘉樹研究の泰斗、関西大学名誉教授浦西和彦先生が、二〇一七年一一月一六日に亡くなられた。秦重雄「追悼・浦西和彦先生」（『顕彰会通信』第二一号、二〇一八年）、同「浦西和彦先生インタビュー」（『フェンスレス』第五号、二〇一九年）、竹内栄美子「葉山嘉樹へ、葉山嘉樹から──浦西和彦先生のお仕事」（同前）、大和田茂『日本近代文学の潜流』（論創社、二〇二二年）などが、浦西先生の葉山研究の大きな足跡を振り返っている。

浦西先生には、一九七七年の葉山嘉樹文学碑建立（みやこ町八景山）以来四〇年間にわたり、堺利彦・葉山嘉樹・鶴田知也の三人の偉業を顕彰する会に多大なご支援をいただいた。実は、浦西先生からは、プロレタリア文学の蔵書類やのちに『昭和戦前期プロレタリア文化運動資料集』（丸善雄松堂、二〇一七年）に収録される原資料などの貴重なコレクション全点をみやこ町歴史民俗博物館に寄贈したいというお申し出があった。残念ながら、同博物館の受け入れ態勢を整えることができず、丁重にお断りした次第である。

浦西先生が亡くなられる直前の二〇一七年九月二八日、一個の桐箱が筆者に届けられた。そこには、筑摩書房版『葉山嘉樹全集』全六巻の編纂時に収集した葉山の写真が収められていた。その中に葉山全集に使用されていない一枚の写真があった。それが、ここに紹介する葉山嘉樹の旧制豊津中在学中の恋人落合サカエとその妹の写真である。この写真は、葉山嘉樹と懇意にしていた無産運動の語り部宮原敏勝（本書第六章の注35）が、葉山全集刊行後に浦西先生に謹呈したものだ。

葉山嘉樹と落合サカエについては、庄山奎典『錦陵百年』（西日本新聞社、一九七二年）が、宮原敏勝への取材に基づいてこう記している。

葉山が中学五年生のとき、近くの国鉄マンの娘との間に咲いたラブロマンスは有名。葉山は豊津中きっての美少年で、娘は落合サカエといい、それも豊津小町といわれるくらい評判の高かった美人。サカエはのちに社会主義者となった落合久生（大正十四年卒）の姉で、年齢は葉山より一つ年下だった。家が近所だったせいもあって、いわゆる幼なじみだった。葉山が五年生の秋、二人の間は急速に進展、世間の目をしのんで八景山に登ったり、今川の土手を歩いてデートを重ね、二人は結婚の約束までした。サカエの両親は『郡長のむすこの嘉樹さんとなら、これ以上の良縁はない』と喜んだ。しかし嘉樹の父荒太郎は『ばかもん、中学も卒業できるかどうかわからんのに結婚とは言語道断』と真っ向から反対した。

この父親の反対で、かえって二人の恋のほのおは燃え上がり、かけ落ちもしかねない雰囲気となった。心配した荒太郎は大森校長に相談した。大森校長は二人を呼んで『修学中の身で結婚なんてとんでもない。もっと勉強せよ。恋愛や結婚はそれからでもおそくない』とこんこんとさとし、何日もかかって、やっとかけ落ちを思いとどまらせ通学するようにさせた。

豊津町で造園業を営んでいる宮原敏勝（六五）は『二人の恋愛事件は当時の豊津にセンセーションを巻き起こした。みんなはその成り行きを見守ったものだ。』と話している。

葉山嘉樹の旧制豊津中学在学中の恋人落合サカエ（前）とその妹

落合サカエの弟が、堺利彦農民労働学校主事の落合久生（本書第二章、第六章）である。葉山嘉樹が、落合ら郷里の労農派無産運動を積極的に

堺利彦農民労働学校講師陣の豊津中学校表敬訪問。1931年 2 月14日。左から鶴田知也，落合久生，堺利彦，田原春次，堺真柄。堺利彦顕彰記念館旧蔵資料。みやこ町歴史民俗博物館寄託。

支援したことは、拙著『堺利彦と葉山嘉樹——無産政党の社会運動と文化運動』（論創社、二〇二一年）の第Ⅱ部第三章「堺利彦農民労働学校のアドバイザー葉山嘉樹」で論じた。ここでは、落合久生をモデルとする主人公「越智九州男」を「頭の恐ろしい程冴えた、いい闘士」と描いた葉山嘉樹の短編「空腹と胃散」の周辺を綴ってみたい。

落合久生は、一九三三年三月二九日、三〇日、大阪天王寺公会堂で開催された全国農民組合第六回全国大会に参加して代議員総代の答辞を述べたあと、そのまま上京し、世田谷区和田堀松ノ木一一二一番地の借家に住む葉山嘉樹を訪ねた。『葉山嘉樹日記』（筑摩書房）の四月八日の条には、次のように記されている。

午後二時頃、九州の落合久生が来る。里村が伴《つ》れて来たのだ。例によって談論風発、話の面白い事限りなしである。鶴田や、髙橋一家のことを大分くさしていたが、仕方のない事だ。人間には人間の性格があり、一家には一家の伝統があるのだから。

北九州の弾圧と、農民組合の発展振りは驚くべきものがある。

万年屋から酒一升とって、民坊の病床の枕頭で、落合と飲んだ。快く酔う。交通費がないと云うので一円渡して、再会を約して別れた。夜七時であった。

右の「里村」は葉山の盟友里村欣三、「鶴田」は鶴田知也、「髙橋一家」は鶴田の豊津の実家、「民坊」は六歳だった葉山の長男民樹である。この頃、解体期の文芸戦線派は、葉山らプロレタリア作家クラブ『労農文学』と鶴田ら左翼芸術家連盟『レフト』に分裂していた。落合が「鶴田や、髙橋一家のことを大分くさし」た要因として考えられるのは、①落合らの全農総本部派の農民運動を積極的に支援したのはプロレタリア作家クラブ、②落合とともに堺利彦農民労働学校を運営した豊津中の同級生、髙橋家五男の髙橋信夫が、『レフト』の音楽部門を担うため前年に上京、という落合の喪失感であろう。

髙橋信夫は、桐野一郎のペンネームで『レフト』と第二次労農芸術家連盟『新文戦』に習作（作曲）や音楽批評を発表後、一九三五年に東京音楽書院に入社して作詞、訳詞、編曲、作曲を手がける。入社時に最初に用いた筆名が宮原敏勝だった（関根和江『白薔薇の匂ふ夕は――音楽家髙橋信夫の作品集』福岡県豊津町、二〇〇〇年）。原田吉治堺利彦顕彰会前事務局長の宮原敏勝からの聞き取りでは、髙橋信夫は、宮原に内緒で筆名としたとのことである。

落合が葉山を訪ねた時の「談論風発、話の面白い事限りなし」の一つが、飲み水だけで空腹を満たしつつ大阪の全農第六回大会から上京したという話であった。そこで、葉山はこの実話をユーモラスに描いた短編小説「空腹と胃散」を執筆し、六月に脱稿した。

以下は、『浦西和彦著述と書誌 第三巻 年譜葉山嘉樹伝』（和泉書院、二〇〇八年）の引用である。引用に際しては、漢字の一部と仮名遣いを改めた。

六月一七日（土）

一〇時三〇分から新潮社へ「空腹と胃散」の原稿を持って行く。誰もいないので、原稿と手紙を置いて帰った。

七月二三日（日）

「空腹と胃散」を掲載した「新潮」八月号送り来る。「日記」に「『ああこれで助かった』と、処女作でも発表したようにうれしかった。稿料の当がついたからである。」とある。
七月二八日（金）
新潮社から「空腹と胃散」の稿料を送ってきた。「日記」に「米は無くなるし、どうしようかと心細かったところなので雀躍する。仕事はしておくものだ。」とある。
八月一日（火）
短編小説「空腹と胃散」を「新潮」第三〇年八月号に発表。
「空腹と胃散」は、ライバルだった日本プロレタリア作家同盟（ナルプ）の転向作家林房雄に文芸時評「「改造」の作品」（『文学界』一九三三年一一月）で酷評された。

葉山嘉樹の「今日様」――この小説で、わずかに気持ちがすくわれた。まず、小説らしい小説である。葉山としても、久しぶりの力作であろう。葉山は、ときどきだらしなくなって、たとえば八月号の新潮にのった「空腹と胃散」のような、こまったものをかく。が、「海に生くる人々」、「淫売婦」、「セメント樽の中の手紙」の作者の才能は、やはり、光るときには光るのである。

林房雄には好評だった「今日様」（『改造』同年一〇月）も葉山の豊津中の先輩（明治三五年卒）、夏目漱石門下『反響』出身の文芸評論家小宮豊隆は、「文芸時評（一）――作品採点」（『東京朝日新聞』同年九月三〇日）で「五十点組を出でない。（中略）葉山君は、自分が直接に経験した事を書きさえすれば、もっと厚みのある、もっと立体的な世界を提供する事の出来るはずの人」と評している。

（二）

本書第六章で述べたように、落合久生は、一九三四年一月の社会運動離脱後、満洲国協和会や中華民国新民会の職員となった。落合や古市春彦、浅原健三ら社会大衆党福岡県連の転向者を満洲国協和会に仲介したのは、軍部との結びつきを強めた京都郡城井村出身の政商藤田勇（豊津中明治三二年中退、元東京毎日新聞社長、堺利彦農民労働学校校舎建設に三〇〇円寄付、写真）である。落合の新民会採用は、親戚関係者で冀東日報社長・新民会唐山市指導部委員会顧問黒川重幸の推挙と思われる。

東京目黒の藤田勇邸で開催された豊前同郷会。1936年11月11日。前列左から満州で暗躍する元新興キネマ常務取締役，元大日本生産党常務委員の右翼実業家立花良介（豊津中明治39年卒），陸軍中将平松英雄（同明治34年卒），3月事件と10月事件の軍事クーデターを首謀した桜会の陸軍大佐橋本欣五郎，藤田勇。2列目，藤田の後ろの軍服がこの年の2・26事件時の陸軍参謀次長・陸軍大将杉山元（同明治31年卒），その右に陸軍中将山田陸槌，陸軍少将井森重夫（同明治19年卒）。『福岡県人』（1937年1月）より転載。

落合久生の新民会時代の著書（翻訳書）に新民会中央総会弘報室から刊行したナサニエル・ペッファー『亜細亜に於いて我等相闘はざる可からざるか』（一九四一年）、ヴィクター・ヤコントフ『支那に於けるソヴィエット』（一九四一年）、ハットン・ウェブスター『古代史』（刊行年不詳）やアフマド・カマル『笑いなき国』（中国回教総聯合会・北京、一九四二年）などがある。近年では、菊池俊介『日本占領地区に生きた中国青年たち――日中戦争期華北「新民会」の青年動員』（えにし書房、二〇二二年）が、落合の新民会時代の論考「第一回全聯を省る」、「当面の問題に関する若干の考察」、「中共打倒戦略の先行的条件」（いずれも『新民運動』掲載）を検討している。

敗戦後、郷里に引き上げた落合久生は社会運動に復帰せず、家庭教師で細々と生計を維持した。落合に英語を習った須佐神社宮司高辻安親（豊津高昭和二七年卒）からの聞き取りでは、落合はアフマド・カマル『笑いなき国』を改訂し、日本の出版社からの再刊を期していたという。また、落合の豊津中の同級生だった豊津高校（現育徳館高校）の元教頭永末和利からの聞き取りでは、永末は一九五〇年に落合を講師に招聘し、「民主主義」をテーマとする同校生徒向けの講演会を企画・実施した。

一九五三年一一月、文芸評論家野田宇太郎が、『西日本新聞』に好評連載中の「続九州文学散歩」の取材で豊津の通称石走《いしばしり》にあった枯川堺利彦の旧宅を訪ねた。案内役は、落合の豊津中の一学年先輩、美夜古《みやこ》文化懇話会長の友石孝之（大正一二年準卒で旧制福岡高校へ進学、豊津中の同級生に第一六回直木賞作家神崎武雄）であった。この時、野田は京都郡今元村（現行橋市）に逼塞する落合を取材した。

翌一九五四年一月二八〜三〇日、「豊津（一）「三四郎」の故郷」、「豊津（二）枯川の村」、「豊津（三）枯川の生家」が同紙に連載され、野田は、その初回に「私が豊津を訪ねたいと思ったのは（中略）、小倉藩の文教の地と知られ、その教育の中から堺利彦のような近代の代表的な社会主義者を出した、そういう豊津にたいする関心からであった」と記した。初出を加筆修正し、この年五月に刊行した『続九州文学散歩』（創元社）の二カ所に落合と堺利彦農民労働学校が登場する。

堺利彦を先輩に持つ豊津や行橋地方の落合久生など進歩的な青年たちは、土地の封建性に反抗しながら、行橋出身の田原春次の呼びかけを機に、「堺利彦」の名を冠した「農民労働学校」を開くことになった。郷党のそのような発起をよろこんだ彼は、日頃の社会教育への篤志もあって、求められるままに帰郷した。それは昭和六年二月のことである。

さて、最後に私はいよいよ枯川の生家を捜すことにして、石走という部落に向った。歩きながら私は行橋で会った落合久生さんの言葉を思い出した。

「堺のおじいさん（と落合さんは言った）の思想は今日の時代からみれば社会党くらいかも知れませんが、とにかく人間として偉かっと思うとります」――私は素朴ながらしみじみとしたその言葉の裏に、枯川の名によって生れた農民労働学校の成果が如何に大きく、郷党の枯川敬慕が如何に今もなお深いかをよみとったと思った。

この年八月、落合久生は、姉サカエの嫁ぎ先、京都郡蓑島村（現行橋市）で病没する。享年四六歳という若さであった。郷土史家玉江彦太郎の追悼文「落合久生さんのこと」（『時事新聞』一九五四年九月一〇日）によれば、落合の遺稿は、鶴田知也の実父髙橋𠂤太郎の評伝（未発表・未発掘）だった。

友石孝之は、堺利彦記念碑建立（本書第六章、第七章第八節）を後押しするため、美夜古文化懇話会機関誌『美夜古文化』第一三号（一九五九年一一月）で堺利彦の特集を組み、鶴田知也「『農民学校』の断片」、福田新生「堺利彦と女教師と私」、玉江彦太郎「末松謙澄と堺利彦」、森毅「土蜘蛛旅行の頃」（本書第二章第二節に一部引用）、友石孝之「堺利彦年譜と解説」を収録。友石は編集後記で「今日の新しい文化的立場から、今一度ふりかえって深く堺利彦を理解されんことをお願いします」と堺利彦再評価を訴えた。

その四半世紀後の一九八四年五月四日、永末和利（当時、豊津町教育委員）は、豊津高校開校記念講演会で「学園錦陵を巣立った人々」と題した講演を行い、「堺利彦のように、如何なる弾圧にも屈せず、如何なる障害をも乗り越えて、断固自己の信念を貫徹する。これが錦陵精神ではないかと私は思います」と結んだ（永末和利『日ソ中立条約と北方領土』永末和利、一九九一年）。

「ロシア革命＝米騒動」後の大正後期に多感な少年時代を豊津中で過ごした友石孝之や一学年後輩の落合久生、髙橋信夫、永末和利、三学年後輩の前田俊彦（戦後、個人誌『瓢鰻亭《ひょうまんてい》通信』で痛烈な社会批判を展開）らにとって、同校出身の堺利彦と葉山嘉樹の系譜は、畏敬する先達だったのである。

七　鶴田知也生誕一二〇年　アイヌ表象をめぐって

（一）

鶴田知也（一九〇二・二・一九～八八・四・一）は、鉄道院官吏髙橋岪太郎（植村正久門下のクリスチャン、のち門司鉄道教習所長、第八代豊津村長）・アサの次男として現在の福岡県北九州市小倉北区鍛冶町一丁目に生まれ、七歳の時に母の兄鶴田和彦・ミヨの養子となる。一九二〇年三月、福岡県立豊津中学校（現育徳館中学校・高等学校）を卒業し、キリスト教文学を志して東京神学舎神学専門学校に入学・中退。一九二七年八月、豊津中の先輩葉山嘉樹の誘いで労農芸術家連盟『文芸戦線』の同人となり、プロレタリア作家としてデビュー。プロレタリア文学運動解体後の一九三六年八月、アイヌの英雄コシャマインの和人《シャモ》に対する抵抗と挫折を叙事詩風に描いた「コシャマイン記」（『小説』第一巻第二号、同年二月、同誌は盟友伊藤永之介らと創刊した同人誌）で第三回芥川賞を受賞した（写真）。

戦後は、文芸戦線派の再編組織である日本人民文学会、文戦作家クラブ、社会主義文学クラブや新旧各派の農民文学作家が結集した日本農民文学会などに所属。一九六一年、旧基本法農政に対抗して農業共同化推進協議会を結成し、『農業共同経営』（のち『農業・農民』、『農業・食糧』と改題）を創刊した。この頃より農民文学から農民運動へ軸足を移し、『新しい農民運動の創造』（社会新報、一九六七年）などを刊行。晩年は、草木画家として多くの画文集を刊行し、持続可能な社会の実現をいち早く提唱した。

鶴田知也の回想「目的意識論と青野氏」（『文学』第三一巻第七号、一九六三年七月）、「葉山嘉樹さんの偉業」（『ま

第3回芥川賞受賞決定当夜の写真。1936年8月10日。渋谷区西原町863番地。後列左から小牧近江の父近江谷栄次，鶴田知也夫人勝子，伊藤永之介。中列左から嶋田妙，島田晋作，鶴田知也，伊藤輝子。前列の子どもたち，左から嶋田展代，嶋田親一，鶴田（半澤）励子，伊藤（岡里）苜子。鶴田知也はプロレタリア文学運動解体後，伊藤永之介一家と共同生活を送りながら，この借家2階で「コシャマイン記」を執筆した。半澤励子氏提供。

北海道八雲町の鶴田知也文学碑建立期成会（会長太田正治）が発行したパンフレット。1985年10月15日。

上：鶴田知也『コシャマイン記』（改造社，1936年）。福田新生装幀。小正路蔵。
下：鶴田知也『児童・コシャマイン記』（日本文学社，1939年）函。福田新生装幀。小正路蔵。

1926年頃の髙橋家の人々。福岡県京都郡豊津村豊津498番地。後列左から４男福田新生，５男髙橋信夫，次男鶴田知也。前列左から鶴田ミヨ，髙橋アサ，髙橋庯太郎，右端が７男髙橋隆。半澤励子氏提供。

なぶ』第一四八号、一九七二年一二月）や金子洋文・小牧近江・向坂逸郎・山崎八郎・分銅惇作との座談「続『文芸戦線』をめぐって」（『唯物史観』第一八号、一九七七年一〇月）は、二〇二四年に創刊一〇〇年を迎える『文芸戦線』後期に関する重要文献である。

北海道八雲町ビンニラの丘と福岡県みやこ町（旧豊津町）八景山の文学碑には、「不遜なれば未来の悉くを失う」という鶴田の警句が刻まれている（南雲道雄「鶴田知也文学碑建立に寄せて――故郷の丘で葉山嘉樹と対座」（『月刊社会党』一九九二年一二月））。

鶴田知也の実弟、髙橋家四男の福田新生は洋画家、五男の髙橋信夫は音楽家、七男の髙橋隆は東宝録音技師や帝国劇場音響設計担当者として活躍した（髙橋規生「髙橋家の人々と豊津」（『顕彰会通信』第二五号、二〇二三年））。

福田新生は、一九二三年、豊津中学卒業後、画家を志して上京、一九二六年、川端画学校を修了し、第七回帝展に「静物」で初入選する。『文芸戦線』、『文戦』とその後継誌『レフト』の表紙、カット、挿絵を描き、美術批評やルポルタージュを掲載した。底辺労働者の悲惨な現実をリアルに描くために暗く沈んだ青色を基調としたことや、帝展や新文展など既存の美術展へ積極的に出品したという点で主流派の日本プロレタリア美術家同盟（ヤップ）とは異なる文芸戦線派の美術運動を展開する（喜夛孝臣「プロレタリア美術をひらく――福田新生のプロレタリア美術」（『美術運動史研究会ニュース』第一一八号、二〇一一年））。一九七〇年、北陸の老農夫を描いた「土蔵の前で」（写真）により第二回改組日展で内閣総理大臣賞を受賞した。

福田新生「土蔵の前で」。福田新生『絵と文芸のアラカルト』(六月書房)より転載。

郷里との接点を付け加えれば、福田新生は、一九六〇年建立の堺利彦記念碑の用地を無償で提供するとともにデザインを手がけ、本郷新に堺利彦のブロンズ像制作を依頼した。除幕式前日の一二月一六日、福田新生「人間らしく」、本郷新「美について」の記念講演が豊津高校で行われた。今も同校錦陵同窓会室に展示されている福田の大作「戦おわる」（一九四八年第四回日展で特選）は、この時の寄贈と思われる（小正路淑泰「鶴田知也と福田新生――「造反」と「友愛」の系譜」〔『北九州国文』第五〇号、二〇二三年〕）。

（二）

二〇二二年九月二四日、堺利彦・葉山嘉樹・鶴田知也の三人の偉業を顕彰する会（以下、三人の会と略記）主催による「旧制豊津中出身の芥川賞作家鶴田知也生誕一二〇年記念シンポジウム」が、みやこ町歴史民俗博物館で開催された。コロナ禍にも拘らず、会場は満席の盛会となった。

（1）開会挨拶　三人の会顧問・福岡県議会議員　畑中茂広
（2）来賓紹介　三人の会副会長　塚本領
（3）来賓挨拶　みやこ町長　内田直志
（4）DVD「みやこの歴史発見伝！　鶴田知也編」
（5）研究発表
半澤景子（鶴田知也令孫）「祖父の思い出」

小正路淑泰（元育徳館中学校・高等学校校長）「鶴田知也の豊津表象」
神村和美（城西大学語学教育センター准教授）「鶴田知也のアイヌ表象」
有馬樹《いつき》（京都大学農学部四年生）「小正路淑泰著『堺利彦と葉山嘉樹』第Ⅲ部　鶴田知也を読む」
（6）補足説明
木村達美（みやこ町歴史民俗博物館学芸員）「鶴田知也の曽祖父・豊津藩士高橋（旧姓後藤）駒次郎の禄高「銀一〇枚三人扶持」について」
（7）閉会挨拶
鶴田知也令甥　髙橋規生／鶴田知也令孫　廣瀬恵理子

先ず、半澤景子「祖父の思い出」は、肉親でしか知り得ない数々の秘話を代表作「コシャマイン記」や「山岳を征く部隊」（『文芸』一九三八年九月）、「ピリカベツの駅逓」（『中央公論』同年一〇月）に即して披露した。就中特に

祖父の命日は一九八八年四月一日。意識も混濁しがちになった三月のある日、ふと祖父が天井を指さして『灰が降ってくる』と言い、その灰を払おうとした。二年前に起きたチェルノブイリ原発事故を、人類への警鐘として重く受け止めていたことは十分承知していたが、死の床にあって尚その灰を払おうとする凄みのある姿に、揺るぎない信念の発露を感じて圧倒された。

という最期の思い出は、聴衆に深い感銘を与えた。
次に、小正路淑泰「鶴田知也の豊津表象」は、鶴田の豊津取材作品「僕達と志摩氏」（『改造』一九三七年二月）、

「土塀の中――或る牧師の話」(『文芸』同年七月)、「椎の木の家」(『文学界』一九三八年一二月)から明治維新の〝負け組〟だった豊津藩(旧小倉藩)で醸成された反骨の精神的風土と鶴田の旧制豊津中時代を読み解いた。

続いて、神村和美「鶴田知也のアイヌ表象」は、「アイヌの痛みの歴史に対する当事者性を喚起させ、国のアイヌ政策の問題点をも照射し、今後の多文化共生を支える一つの指標となり得る」と「コシャマイン記」とその前作「ペンケル物語」(『レフト』一九三三年九月)を評価。「アイヌのメンタリティの不在」や「天皇との融和」という鶴田のアイヌ表象をめぐる近年の批判的解釈に対する鋭い反論であった。次の指摘は、示唆に富んでいる。

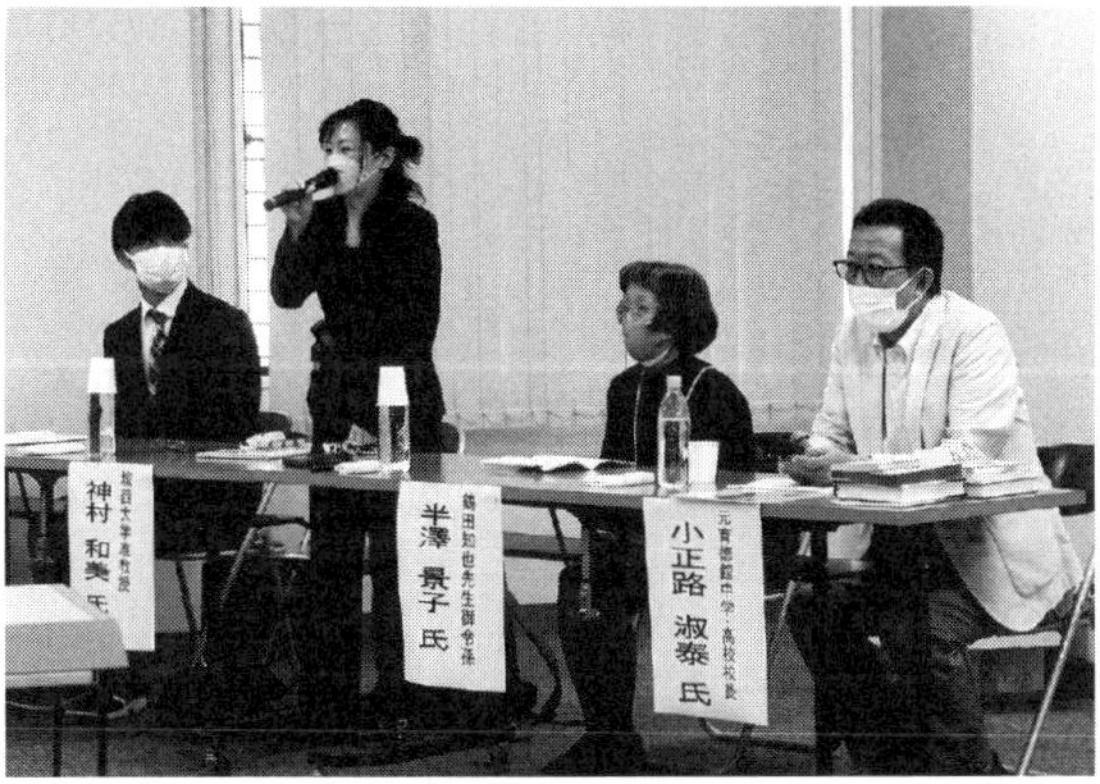

鶴田知也生誕120記念シンポジウム。2022年９月24日。みやこ町歴史民俗博物館。左から有馬樹，神村和美，半澤景子，筆者。

> アイヌのメンタリティの欠如を、当時の鶴田が直面していた困難な情勢と、聖書に関する修養に照合させてみると、アイヌ表象への志向よりも先行していた聖書の世界観への構想、民族の特質よりも共通性を重視する民族観が響き合うことにより、聖書の世界とアイヌ民族の受難を掛け合わせたハイブリッドな文学テクストが誕生したという物語が見えてくる。そして、その背景は「自民族中心性」とは程遠いものであることはいうまでもない。

最後の有馬樹「小正路淑泰著『堺利彦と葉山嘉樹』第Ⅲ部 鶴田知也を読む」については、日本農民文学会副会長杉山武子「「鶴田知也生誕一二〇年シンポジウム」に参加して」(『農民文学』二〇二三年一月)を引用したい。

第２回大逆事件サミットのフィールドワーク。福岡県京都郡みやこ町八景山の鶴田知也文学碑で解説する筆者。2014年10月12日。

最後はパネリスト小正路さん（元育徳館高校長）の教え子で、京都大学農学部四年生の有馬樹さんが登壇。小正路さんの近著『堺利彦と葉山嘉樹』から、第Ⅲ部第四章「鶴田知也と戦後農業問題――酪農・開拓・共同経営・農民文学」について、思うところを率直に語られた。

鶴田は疎開した秋田県横手で戦後も数年過ごしたこと、農民の生活を良くするために水田酪農を提唱したり、共同経営に目を向けた鶴田の着眼点の良さを評価。「日本の農業につきまとう悲壮感があるが、農業に投資すれば農業は良くなっていく」また「農業に希望を与える文学が今後も現れることを期待する」と当会にもエールを送られ、さわやかにシンポジウムの最後を締め括られた。

公益社団法人福岡県人権研究所の機関誌『リベラシオン』は、第一八九号（二〇二三年三月）に半澤景子「祖父鶴田知也の思い出」、神村和美「鶴田知也のアイヌ表象――二つのアポリアをめぐって」、安元隆子「鶴田知也『コシャマイン記』を読む」、第一九〇号（同年六月）に東條慎生「鶴田知也再考――『リベラシオン』第一八九号を読む」を掲載した。安元隆子氏は、その後、「鶴田知也の帝国主義批判と「智慧」の諸相――『コシャマイン記』を中心に」（『立教大学日本文学』第一三〇号、同年七月）という精緻な作品論を発表している。今後、香港大学人文学カレッジ現代言語文化学部日本語学科助教授エドウィン・ミヒールセン氏の「コシャマイン記」論を『リベラシオン』に掲載するなど、鶴田知也のアイヌ表象に関する国際的な議論を深める予定である。

八　平民社一二〇年　堺利彦と現代

第一次平民社編集局。1904年８月。左奥が幸徳秋水，その左が神崎順一。右奥から堺利彦，石川三四郎，西川光二郎，柿内武次郎。堺利彦顕彰記念館旧蔵資料。みやこ町歴史民俗博物館寄託。

（1）平民社一二〇年

日露戦争の危機が切迫していた今から一二〇年前の一九〇三年、『万朝報』の花形記者であった堺利彦と幸徳秋水は、主戦論に傾斜する同社を退社し、一〇月二七日、第一次（有楽町）平民社を創設する。一一月一五日、週刊『平民新聞』を創刊し、警察・司法権力の言論弾圧に屈することなく非戦論・反戦論を果敢に展開した（写真）。

創刊号の第一面には、平民社同人の「宣言」と堺・幸徳連名の「発刊の序」が掲載された。「宣言」は「自由、平等、博愛は人生世に或る所以の三大要素也」とフランス革命の理念を掲げ、「自由」を実現するための「平民主義」、「平等」の「社会主義」、「博愛」の「平和主義」を説いている。「平民主義」は英文欄ではdemocracyと表記されており、「門閥の高下、財産の多寡、男女の差別より生ずる階級を打破し、一切の圧制束縛を除去」することを目指した。

つまり、堺利彦と幸徳秋水は、「階級」の派生要因を「財産の多寡」だけではなく、「門閥の高下」や「男女の差別」にも拡張して多義的に捉えていたし、「平民主義」の理念も読者によって多様に解釈されていた。「宣言」の署名を「平民社同人」としたのは、「支援者や賛同者全体の普遍主義的な意志を代表させる形式」をとり、「同志的マニフェストの意味をもたせようとした」からである（山泉進『平民社の時代――非戦の源流』論創社）。
平民社は、大逆事件で犠牲となった森近運平、のちに中央融和事業協会常務理事として全国水平社と対峙する三好伊平次ら岡山平民新聞読書会（岡山いろは倶楽部）を始め、北海道、上総、下野、常陸、信濃、越後、丹波、紀伊、京都、大阪、神戸、駿河、尾張、山口、豊前、肥前、日向、佐渡、讃岐と瞬く間に地方組織を拡充させた。
ベン・ミドルトンは「平民社とグローバリズム――「下からのグローバル化」という未完のプロジェクト」（梅森直之編『帝国を撃て――平民社100年国際シンポジウム』論創社）で次のように指摘している。

平民社はその原理に従って沢山の集団、グループ、人びとへの「呼びかけ」によって、多元的な運動を作ろうとしていた。こうしたアイデンティティは、流動的な性質を持ち、多数の闘争、多数の場所でおこなうような運動に繋がっていた。平民社は、普通選挙、女性の政治団体の参加権利、環境問題、教育問題、移民問題など、数多くの幅広い意味の社会問題に関する闘争に積極的に活動していた。平民社の「同志」として関連していた集団や運動も多数で多様性があった。

「発刊の序」で「平民、新平民」は「我同胞中の最も神聖なる者也」と謳った週刊『平民新聞』は、「故兆民翁の新平民論」（中江兆民「新民世界」の再録、第五号）、幸徳秋水「兆民先生三周年」（第五号、梅森直之校注の新版『兆民先生 他八篇』岩波文庫に再録）、無署名（堺利彦）「再び新平民諸君に檄す」（第六号）、前田貞次郎（三遊）「新平民をどうする?・」（第一五号）、木下尚江「小諸より（二）」（島崎藤村「破戒」執筆構想、第三八号）、小田頼造・山口孤剣「伝道行商の記（十三）岡山より」（三好伊平次訪問記、第六一号）といった部落問題に関する論説などを掲げた。

地方読者はこれらに敏感に反応し、長野県南安曇郡梓村の小学教師西村今朝善（第六号の「予は如何にして社会主義者となりし乎」欄）、栃木県和田生「穢多村より」（第一〇号）、兵庫県の右岡雅月生「我が地方の小作人」（第一一号）、紀伊S・C・生「卑劣なる付和雷同」（第二九号）など深刻な部落差別の実態と差別撤廃を訴える投稿が続々と掲載されている。部落問題への注視は、後継の初期社会主義誌紙には見られない週刊『平民新聞』の大きな特徴だった。たとえ、その差別撤廃論が未熟で実効性がなかった、としてもである。

週刊『平民新聞』発行兼編集人の堺利彦らは、第二〇号の「嗚呼増税」、第五二号の「小学教師に告ぐ」、第五三号の「共産党宣言」訳出が新聞紙条例違反として軽禁錮や罰金の有罪判決を受けた。第二次平民社の日刊『平民新聞』以降、いわゆる「裁判攻め」は苛烈となり、出版法の安寧秩序妨害による発行禁止の行政処分に加え、朝憲紊乱の司法処分が強行される。「裁判攻め」が頂点に達したのが、治安警察法と刑法の官吏抗拒罪が適用された赤旗事件（一九〇八年）と大逆罪の成立を認めた大逆事件（一九一〇年）であった。

だが、大逆事件後の「冬の時代」、『平民新聞』の読者の中には、売文社を拠点に社会主義の孤塁を守った堺利彦の『新社会』（『へちまの花』改題）や積極的に時機を作ろうとした大杉栄、荒畑寒村の『近代思想』を購読する人々も少なからずいた。平民社の水脈は枯れなかったのである（黒岩比佐子『パンとペン――社会主義者・堺利彦と「売文社」の闘い』講談社文庫）。

(2) 堺利彦の女性論・家庭論

平民社時代の堺利彦は、もう一つの出版事業を展開した。一九〇三年四月創刊の『家庭雑誌』である。堺はそれまでの限定的な「夫婦同権」論を脱し、女性論・家庭論を飛躍的に発展させていく。

例えば、堺は同誌第二巻第一号掲載の「忙中閑話」で同年一月三〇日に誕生した長女に「真柄と云う六かしい名をつけ」た理由を「女の地位が高まって、広く世間に立ち交る事となるならば、余り同名異人が多くては

売文社の集合写真。四谷区左門町13番地。1912年2月。前列左から堺真柄、堺利彦、高畠素之と長女明子。後列右から二人目が堺為子。堺利彦顕彰記念館旧蔵資料。みやこ町歴史民俗博物館寄託。

混雑が生ずる」からだと説明している。そこで、英米小説の登場人物、「マルサ」を「丸瀬」、「マリアンヌ」を「鞠尾」と翻訳していたことにヒントを得て、当初は「ローズ」の「茨」を考えていたが、妻美知の「何だか刺がある様でと云う反対」があり、「マーガレット」の「真柄」と命名した。マーガレットは、真柄の誕生直前に堺が訳出したエミール・ゾラ『子孫繁昌の話』（『多産』の抄訳）の登場人物だった。今から一二〇年前に女性の社会進出に着目した点が、いかにも堺らしい。

堺利彦は、一九〇八年刊行の『男女関係の進化』（エンゲルス『家族・私有財産・国家の起源』英語版がベース）など社会主義女性論を翻訳紹介するとともに、「良妻賢母」主義批判、「内妻」や「女中」の権利擁護、結婚式無用論、虚位虚礼の風習批判など個別具体的な問題の解決策を提起した。

　こうしたアプローチは、日露非戦論で確立した国家を相対化する視座からなされた。堺は国家とは異質の「公」や「社会」の概念を提示し、国家的価値よりも個人的価値を優先させる。したがって、一九〇〇年代に早くも「良妻賢母」主義最大の根拠であった育児を「婦人の天職」から分離させ、子どもの養育の共同化・社会化を主張した。家庭という近代的な親密圏を社会主義を媒介に社会的公共圏に切り開いていく試みである（大田英昭『日本社会主義思想史序説――明治国家への対抗構想』日本評論社）。

　売文社創設直後の一九一一年一月、堺は真柄が満八歳の時に貝塚渋六の筆名で『新仏教』第一二巻第一号に掲載した「子に対する僕の態度」で「僕は娘の所有主で無いから、娘を人にヤルことは出来ぬ。況んや余所《よそ》の男を娘の婿としてトル事などは到底出来ぬ」と述べ、「結婚した後と雖も、別々の苗字を名乗って居れば善い。貧乏人に取っては、是非とも法律上の夫婦にならねばならぬと云う程の事もない」と夫婦別姓を推奨した。堺はさらに「世には、子供を仕立てあげてわが志しを継がせたいと云う人が随分あるが、この思想は封建時代の家業世襲制度の遺物である」と続けている。

真柄は満一八歳で社会主義女性団体赤瀾会の設立世話人（一九二一年四月）となって以降、政治研究会婦人部、無産大衆党系無産婦人連盟、日本大衆党系無産婦人同盟書記長、社会大衆党系社会大衆婦人同盟書記長として無産派の女性運動を牽引した。社会主義書籍出版の無産社の経営を父利彦から引き継ぎ、一九二六年一一月、月刊のＰＲ誌『赤い星』を創刊し、一九三二年二月まで刊行を続ける（法政大学大原社会問題研究所所蔵）。

近藤（堺）真柄は戦後、市川房枝の後を受けて日本婦人有権者同盟の会長を一期務め、大逆事件犠牲者などアナ・ボル各派社会主義者の名誉回復に奔走し、父利彦の「わが志し」を見事に継承したのであった。

真柄の次女近藤千浪もまた、祖父と母の「わが志し」を受け継ぎ、市川房枝秘書、参議院第二院クラブ事務長、市川房枝政治資金調査室長、橘宗一少年墓碑保存会共同代表等々として活躍し、堺利彦顕彰会に対する支援を惜しまなかった（安本淡《あんぽんたん》「惜別の辞」〔『トスキナア』第一二号〕、原田さやか「近藤千浪さんを偲ぶ」〔『初期社会主義研究』第二三号〕）。主要な著作は『捨て石埋め草――近藤千浪遺稿集』（『捨て石埋め草』編集委員会）に収められている。

第一期堺利彦農民労働学校で帰郷した前列左から田原春次，堺真柄，鶴田知也。1931年２月10日早朝の門司駅にて。『大阪朝日新聞附録九州朝日北九州版』同年２月11日より転載。

（３）堺利彦農民労働学校に関する近藤真柄の回想

堺利彦は晩年の満州事変期、福岡県京都郡行橋町（現行橋市）と豊津村（現みやこ町）に堺利彦農民労働学校を開設

葉山嘉樹原作の映画『ある女工記』より。山本由貴演ずる堺真柄が，堺利彦農民労働学校で「婦人問題」を講義するシーン。映画「淫売婦（仮）」製作委員会提供。

した。同校は一九三〇年代に五期の短期講習会を開催し、堺利彦没後（一九三三年一月二三日）にようやく豊津に落成した校舎を行橋に移転、九州農民学校として再建した。

一九三一年の第一期堺利彦農民労働学校に際し、父利彦の郷里を初めて訪れた真柄は、二月一二〜一四日、「婦人問題」を講義し、二月一五日、門司市朝日座、小倉市勝山劇場の演説会で「全九州の無産婦人に訴う」を演説した（写真）。無産婦人同盟福岡支部結成を企図した一連の行動である。この点については、西谷郁編『「ある女工記」DVD　BOOK——葉山嘉樹『淫売婦』、小説家から映画へ』（花乱社）、小正路淑泰『堺利彦と葉山嘉樹——無産政党の社会運動と文化運動』（論創社）の第Ⅰ部第六章「無産婦人同盟福岡支部の光芒——堺真柄と福岡県の無産女性運動」を参照されたい。

ここでは、近藤真柄の堺利彦農民労働学校に関する二つの回想を引用・紹介する。

先ずは、「父・堺利彦のふるさと——生誕九十周年・建碑に寄せて」（『自由思想』第三号、一九六一年一月、のち『わたしの回想（上）——父、堺利彦と同時代の人びと』〔ドメス出版〕再録）。

父の生きていた昭和六年には、故郷豊津に堺利彦農民労働学校を建てることになって、棟上げもし屋根の格好までついた建設途上の写真が何枚も私の手もとにあるが、その建物もそれ以上進展することがなかった。父が死んで残されたものは、書物ぐらいのもので、山川均、白柳秀湖、吉川守圀のみなさんと母と相談のうえ、散逸することを懸念して一部を向坂逸郎氏の書庫にあずけ、一部をやがて建つ堺利彦農民労働学校の図書館に寄贈することになって、私が見聞きした範囲でもそのように運ばれていた。しかし、それっきりで、二十五年たってしまった。

戦前、別府の浅原健三さんから、碑を建てようかという話が母のところにあったらしい。父の書いた「母と共に花しほらしの薬艸の千振つみし故郷の野よ」の半切をお送りしたようであった。戦争のためだろう、それもついにそのままになった。

戦前の浅原健三による記念碑建立の試みについては、本書第二章第二節で簡単に触れた。真柄の没後、堺利彦農民労働学校図書館蔵書の一部は、同校に学んだ堺利彦顕彰会初代事務局長森毅とその遺族が大切に保管していたことが判明し、その中には「赤い星文庫」のスタンプ印がある真柄寄贈の高畠素之訳『資本論』（改造社）も含まれていた。

次に、近藤真柄・桜井純一「父を語る――堺利彦のこと」（『現代と思想』第九号、一九七二年九月、のち改題して前掲『わたしの回想（上）』再録）。

桜井　一九三一（昭和六）年ですか、好きな故郷の豊津に「堺利彦農民労働学校」が創立されていますね。真柄先生はいらっしゃったことありますか。

近藤　一度行ったことがあります。

桜井　どんな学校なんですか。生徒は土地の人が多かったのですか。

近藤　学校といっても、精米所かなにかの二階を借りて、そこに近所の人たちが来て、一週間くらいやったんです。

堺利彦顕彰記念館開館式。福岡県京都郡豊津町(当時)。1973年11月。前列左から白石健次郎，小牧近江，石本秀雄，近藤真柄，荒畑寒村，荒畑初枝，木下郁，菅野継延。荒畑寒村の後ろの左が鶴田知也，右が近藤千浪（近藤真柄次女）。その間の3列目が宮原敏勝。古賀勇一氏（近藤千浪の右後ろ）提供。

桜井　それは土地の人が自発的につくった……。
近藤　第一回のときは、豊津出身の鶴田知也さんも協力してくださって、御尊父の邸に泊めていただきました。豊津に「農民労働学校」を建てるという意見が出て、お金を少しこしらえるために、「堺利彦農民労働学校の夕べ」を東京の飛行館でひらいたりしました。
　その手始めに行橋（福岡県、豊津の近郊）で第一回の学校を開いて、それから建てるといって、なんか棟上げくらいまではした写真がありますが、その後、世話をしているかたがいろんな事情でどこかにいなくなっちゃって、それで立ち消えになっていたんです。
桜井　それは長く続いたんですか。
近藤　一回か二回じゃないですか。数回なんて行っていないと思います。
桜井　その時代に薫陶を受けられたようなかたが、さきほどの記念碑の運動とか……
近藤　やはりそこにはちょっと断絶があるらしいんですけど、でも直接でなくてもなにか関係があるんですね。

このように、近藤真柄には、第三期堺利彦農民労働学校以降の認識がない。堺一家との連絡窓口だった同校

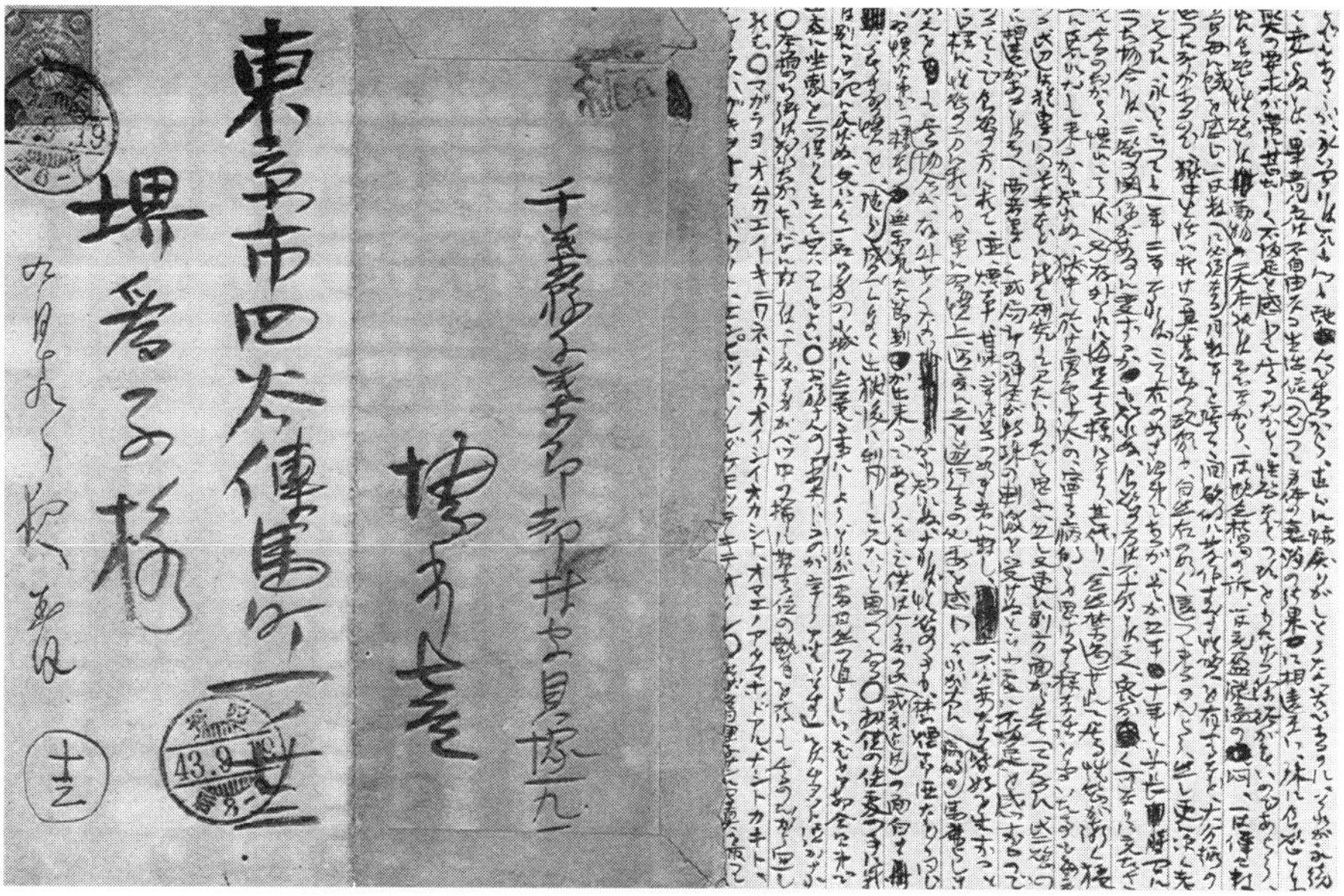

赤旗事件の堺利彦獄中書簡。1910年８月20日付堺為子宛。堺利彦獄中書簡を読む会編『堺利彦獄中書簡を読む』（菁柿堂）が翻刻・紹介。堺利彦顕彰記念館旧蔵資料。みやこ町歴史民俗博物館寄託。

主事落合久生や浅原健三の相次ぐ離脱もあって、学校関係者が、豊津の校舎で開講した第五期や校舎の行橋移転など真柄への経過報告を怠ったからであろう。

　したがって、近藤真柄の回想や落合久生の同時代記録（本書第二章第二節）に依拠した林尚男『評伝《堺利彦》――その人と思想』（オリジン出版センター）、大森かほる『捨石埋草を生きて――堺利彦と娘近藤真柄』（第一書林）、川口武彦『堺利彦の生涯』全二巻（社会主義協会出版局）は、堺利彦農民労働学校があたかも第二期で終息したかのような記述となっている。

　堺利彦農民労働学校関係者とその系譜は、一九五六年に堺利彦顕彰会を結成し、同校跡地付近の豊津町豊津五二番地の一（現みやこ町）に戦前からの悲願であった堺利彦記念碑（一九六〇年）と堺利彦顕彰記念館（一九七三年）を建設した。近藤真柄は荒畑寒村らと記念碑除幕式と記念館開館式に参列。先に引用・紹介した回想録は、この時の執筆である。前掲『わたしの回想（上）』未収録の堺利彦生誕一〇〇年記念祭参加記「せんぶり」（『素面』第三八号、一九七一年三月）は本稿で紹介する。

　近藤真柄が堺利彦顕彰会に寄贈した堺利彦の金曜会屋

「堺利彦先生へ最期の訣れを告げたい」と堺利彦顕彰記念館を訪れた満88歳の荒畑寒村（イス左）を歓迎する堺利彦顕彰会の関係者。1975年12月。塚本領氏（荒畑寒村の後ろ）提供。

上演説事件、赤旗事件、第一次共産党事件の獄中書簡、朝倉文夫製作の堺利彦デスマスク、日記『三十歳記』、追悼記事新聞スクラップ、アルバム（写真一二〇葉）、色紙、短冊、書幅、幸徳秋水、山川均、山川菊栄、荒畑寒村、猪俣津南雄らの書簡類など貴重な遺品は、堺利彦顕彰記念館の閉館に伴い、みやこ町歴史民俗博物館に寄託され、研究者やメディア関係者などの利用に供されている（『堺利彦記念館旧蔵資料目録』みやこ町歴史民俗博物館）。

近藤千浪が祖父堺利彦、母近藤真柄、父近藤憲二から受け継いだ関係資料（近藤文庫）は、千浪の没後、二〇一三年一一月に法政大学大原社会問題研究所に一括して寄贈され、二〇一九年二月六日〜四月五日、同研究所一〇〇周年記念展示第四回「堺家・近藤家関係資料」展が開催された。関係資料には、荒畑寒村、垣上斉《かきがみひとし》、川内唯彦、古賀勇一、鶴田勝子、鶴田知也、原田吉治、堀切利高、森スミ、森毅、山内公二、渡辺英生ら堺利彦顕彰会関係者の近藤真柄宛書簡も含まれていて、非常に興味深い（『堺利彦・近藤真柄・近藤憲二関係資料目録』法政大学大原社会問題研究所）。

堺利彦・葉山嘉樹・鶴田知也の三人の偉業を顕彰する会は、二〇二三年一〇月二二日、「堺利彦没後九〇年・平民社一二〇年記念講演会」をみやこ町歴史民俗博物館で開催する。半世紀にわたって堺利彦らの顕彰運動を推進し、共著『葉山嘉樹・真実を語る文学』（花乱社）などがある顕彰会副会長塚本領《ひとし》氏（写真）、初期社会主義研究を牽引し、大逆事件の真実をあきらかにする会事務局長を務める明治大学名誉教授山泉進氏を講師に迎え、堺利彦と平民社の現代的意義を明らかにする。顕彰会員の坂本梧朗氏が、一〇〇〇枚を超える長編「見果てぬ夢——小説　堺利彦伝」を季刊文芸誌『コールサック』第一一五号（同年九月）から長期連載を開始したことも特記しておきたい。

【資料紹介】

せんぶり

近藤真柄

母とともに　花しほらしの薬草の
千振りつみし　故郷の野よ

今年はこの作者堺利彦の生誕百年ということで、この歌が刻みこまれている碑の前で集りが持たれた。と云えば歌人の供養になり、殊に若い人たちには、どの派の誰の弟子かと思われるであろう。

しかし堺利彦は明治三年十一月二十五日福岡県京都郡豊津村に生れ、昭和八年一月廿三日東京市麹町で死去した社会主義者である。明治十九年十八才の時、政治家を志して東京に遊学。文学を業とする兄の感化をうけて、志望を文学にかえ、小学校教員、新聞記者、小作品の発表などに動き出し、明治三十四年社会民主党の創立につづく禁止をみてから、今後社会主義者として行動することを決め、それ以来、社会主義運動の幾多の場を歩きつつ、正確にいへば六十二年二ヶ月の生涯を閉じた人間である。そして故郷の心ある同志と各地の旧知同志の尽力で、豊津町に前記本人の自筆の歌と本郷新氏作のブロンズ製肖像がはめこまれた碑がたてられたのであった。

それは昭和三十五年十二月十七日で、除幕式の写真には、荒畑寒村、鈴木茂三郎、向坂逸郎、高津正道、小柳勇、吉田法晴氏等の顔があり、その夜行橋市で開かれた講演会には平林たい子氏も出られた。堺利彦顕彰会は豊津町長、行橋市長等と日本共産党京築地区委員会の森毅氏（昭和44年歿）の骨折りであった。父が故郷に帰ったことは少ないが、大逆事件後のときは知る人も少なく、豊津中学では門内にいれて貰えず、その後昭和六年農民労働学校で訪ねた時は、校内を見せて貰い、門前で写真をとったが、その写真屋さんがあとで詰問されたとかのおまけまでついたのに、この時には、一行を校内にいれ、荒畑鈴木氏等に校庭に並んだ生徒の前で話をさせ、碑の前では生徒の校歌合唱もあって私どもはびっくりしたのであった。

さて、今回はそれから十年、送って頂いた新聞記事から抜き書きをしよう。

わが国プロレタリア運動の草分けとして知られる堺利彦の生誕百周年墓前祭が二十三日（昭和45年11月）午後、出生地の豊津町で盛大に堺利彦顕彰会（会長豊津町長）の主催で豊津町錦町の県道筋に建つ顕彰碑前で開かれた。（略）あと豊津小学校で開かれた座談会では、獄中にありながらも故郷を思い、友人知己後輩を大切にし、平和のためにささげた豊かな人間味と一貫した主義を持ちつづけた故人をしのんだ。猶顕彰会では故人の遺徳を末長く残すため顕彰碑横のあき地に近く記念館を建設する。

また十二月十七日夜に行橋市の市民会館ホールで、向坂逸郎、鶴田知也、川口武彦、田原春次氏等による、堺利彦生誕百周年記念大講演会が開かれたのであった。

碑のある場所の日常の清掃は婦人会長他の御厚意にあるときいたし、座談会にも婦人の出席者が多くあり、豊津中学の教師夫人他の発言など以て瞑すべきものがあった。

ことに碑の前に美しい草花が多く供へられたなかに、一つの余りパッとしない小さい鉢植があった。これがせんぶりの花で、今日の日のために育てておいたという心遣ひのものであった。同道した、故人には孫にあたる私の娘も私も、初めて見るせんぶりが印象深く目に残った。(昭和46・1)

(『素面』第三八号、一九七一年三月)

九　安蘇龍生著『筑豊――石炭と人々の生活』

本書は、独自の炭坑文化地帯の歴史的解明に挑んだ著者の初めての本格的な論集である。著者の安蘇龍生氏は、本書刊行約一カ月前の二〇一七年一二月二日に急逝し、極めて残念ながら本書が遺稿集となってしまった。同年一〇月三一日に脱稿した「これまでの心象――あとがきに代えて」の「短絡的に振り返ってみただけでも、常に誰かとつながり、誰かの支援や協力のもとに、その時その時の課題に向き合い続けてきた時空が蘇ってくる。本書のサブタイトルである「石炭と人々の生活」は、ふるさとの旧産炭地で、多くの人々とともに歩んだ著者のこれまでを振り返る意味も込めて、こう名付けることにした」(四六一ページ)からは、生前の著者の飾り気がなく柔和で包容力に溢れた人柄が彷彿とされる。謹んでご冥福をお祈りしたい。

福岡県人権研究所の存続と運営に多大な貢献を行った著者については、本誌(『リベラシオン』)の読者は十分承知のことと思うが、先ずは簡単にその経歴を紹介しておきたい。

安蘇龍生氏は、一九四〇年一月二七日、田川郡伊田町(現田川市)に生まれ、九州大学文学部史学科国史学専攻を卒業後、福岡県立学校教員となり、母校の田川東高校(現東鷹高校)に勤務する。三〇歳代半ばで同校の同和教育推進教員を務めるとともに、福岡県人権研究所の前身、福岡部落史研究会(一九七四年)や、福岡県高等学校同和教育研究協議会(一九七六年)の創立メンバーに加わり、部落史研究と人権教育・啓発の礎を築いた。その後、福岡県教育庁指導第二部同和教育課の総括指導主事、課長補佐、課長を経て、田川商業高校(現田川科学技術高校）校長を最後に定年退職した。

定年退職後は、福岡県人権研究所理事、福岡県同和問題をはじめとする啓発研修講師団講師、福岡県人権啓発情報センター運営協議会委員長、田川郷土研究会長、そして、田川市石炭・歴史博物館初代館長などを歴任し、小倉藩領豊前国田川地域の地域史、石炭史、部落史研究を牽引した。その功績により、田川市教育文化功労賞（一九七九年）や、共同研究に参画した諸団体で朝日学術奨励金（筑豊石炭礦業史年表作成委員会、一九七一年）、西日本文化賞（福岡部落史研究会、二〇〇一年）、福岡県文化賞（田川郷土研究会、二〇〇三年）を受賞している。

私事で恐縮だが、評者が築港時代の福岡部落史研究会に出入りし始めたのは一九九〇年前後であった。以来今日までの約三〇年間、著者には、同じ福岡県立学校教員で大学の後輩ということもあって、公私にわたって何かとお世話になり、多くのご教示とご示唆をいただいた。

なかでも強く印象に残っているのは、第一に、「たとえ苦難の道であったとしても教育と研究の二足のわらじを履き続け、公務を優先しながら寸暇を惜しんで研究に励みなさい」という激励である。第二に、「同じ福岡県といっても豊前、筑前、筑後では地域の実情も歴史的背景も異なっている。豊前地方を研究対象とする後継の研究者を育成できていないため、豊前の研究がなかなか進展しない」という危機意識である。

評者が、かつて『部落解放史・ふくおか』に豊前地方の水平運動、融和運動、農民運動などに関する拙文を長期連載したのは、こうした著者の激励に応えんがためであったし、福岡部落史研究会結成二五周年を記念する『部落解放史・ふくおか』第一〇〇号（二〇〇〇年）に寄せた小文「旧豊前の復権と若手研究者の育成」は、著者の危機意識を代弁しての執筆だった。その後、田原行人氏、川本英紀氏、辰島秀洋氏ら豊前地方を対象とする研究者が、『リベラシオン』の新たな書き手として続々と登場したことを著者も大変喜ばれていた。

さて、ここで再び本題に立ち返ることにしよう。本書は、著者が約半世紀にわたって『部落解放史・ふくおか』や、『郷土田川』、『田川市石炭・歴史博物館館報』、『地方史ふくおか』、『エネルギー史研究』、『歴史と地理』、『西日本文化』などに発表してきた多種・多様な論文を著者の課題意識に沿って、第1編「石炭と人々」、第2編「筑豊産炭地と「友子」」、第3編「田川地域と被差別部落」、第4編「世界記憶遺産と博物館」、第5編「調査抄録」に体系的に再構成した。

先ず、第1編の巻頭に置かれた「藩政時代における田川の炭鉱業——赤池会所の成立をめぐって」は、著者が九州大学に提出した卒業論文（一九六二年）を基に『郷土田川』第二四号（一九六五年）に掲載したデビュー作である。主史料として用いたのは、当時の九州大学九州文化史研究所が所蔵していた田川郡金田手永大庄屋『六角家文書』であり、その膨大な史料群の中に見出した田川郡全体で「一万人の人不足」（一八〇一〔寛政一三〕年）という歴史的実態の解明が、その後の著者の研究に通底していくことになる。

こうしたデビュー作の再録は大変勇気がいることと思うが、著者が「藩政時代の石炭史は、豊前国に関するかぎり、これまでに見るべき研究はなされていないようである」（一二ページ）と指摘しているように、小倉藩の「支配統制制度の成立及びその変転を通じて石炭採掘の産業的発達を考察」（五三ページ）した本論文は、藩政時代の田川地域の石炭史に関する先駆的労作であり、その学術的価値は今でも些かも色あせていない。

第1編には本論文の研究成果を踏まえ、次なる課題に挑んだ「川船輸送と田川の石炭」、「《筑豊》明治二〇年代前後の産炭地の展開」、「「田川採炭会社」の残照」、「産炭地筑豊に生きた人々——労働環境の近代化をめぐって」などが配され、「筑豊地区の炭坑関係者の先進的な横溢な開拓精神と先見性、積極的な受容性、実用性への渇望」（九八ページ）の諸相が明らかにされている。

次に第2編には、明治二〇年代より全国各地の金属鉱山から筑豊産炭地に多数流入した「友子」（友子同盟、友子組合、同盟友子、交際飯場、同盟鉱夫）の実態を究明にした論文七本が再録されている。「江戸時代以来の日本の伝統的技術伝承と自主的共済制度の両面を有する「友子制度」」（二三八ページ）は、著者が田川市石炭・歴史博物館初代館長就任後に最も心血を注いだ研究テーマであり、全国各地の博物館・資料館や関連史跡を精力的に訪れて新史料を発掘するなど、筑豊の石炭史研究に新たな一石を投じた。

筑豊ではイレギュラーの存在とされていた「友子制度」について、著者は「筑豊全体としては、独特の社会風土を醸し出していった炭鉱社会（イシヤマ風）に一部伝承されながらも産炭地筑豊全体のうねりに吸収されていき、制度としての友子は消滅の形になったのではと考えられる」としながらも、「友子に流れていた相互扶助の気風は、筑豊の川筋気質の中に受け継がれ、炭鉱社会での共同体的な助け合い精神を根幹とした生活、気風の中に伝承され生き続けたと言える」（二三八ページ）と述べている。こうした著者の見解は、第1編収録の「川筋気質の原型考――明治三〇年代初頭までの炭坑の人々」を併読するとより明瞭に理解できるであろう。

続いて第3編の「やさしい郷土史　田川地域と被差別部落」と「藩政時代の田川における石炭採掘と被差別部落」は、田川地域の部落史研究の一つの到達点を示した労作である。前者は一般の市民を読者対象として想定し、平易な叙述に努めながらも、検討すべき基礎史料を踏まえた上で、「「解放令」によって「穢多非人等」の解放が法的に打ち出されていながら、身分制度の問題から社会問題に換わりつつ部落差別がなぜ残存拡大したのか」（二四五ページ）が解明されている。前述の「一万人の人不足」に関連し、穢多身分の社会的増加、生業、役目や、幕府に追随しながら独自の政策を付加した小倉藩の差別政策に関する著者の見解は、今日では通説的地位を占めている。

第3編の「田川浄福寺の成立をめぐって」は、福岡県部落寺院研究プロジェクト、「再学〈にんげん・羽音豊〉」は、羽音豊調査研究プロジェクトといずれも福岡県人権研究所における共同研究の成果である。後者は部落解放同盟福岡県連委員長羽音豊旧蔵の運動資料（個人日記帳四一冊、大学ノート八〇冊、一九五三～二〇〇〇年）を丁寧に読み解き、共著『にんげん・羽音豊――鉱害闘争と部落解放運動』（福岡県人権研究所、二〇〇七年）を見事に補完した。第3編との関連では、共著『松本治一郎』（西日本新聞社出版部、二〇〇三年）や本書未収録の論文「高松地方裁判所・検事局差別裁判事件と糾弾闘争より七〇年——その史実をめぐる学習と考察ノート」(『部落解放史・ふくおか』第一一三号、二〇〇四年)も著者の部落史研究の優れた業績である。

最後に、第4編と第5編は、第2編と同様に著者晩年の諸論考が収められている。周知のように、著者が田川市石炭・歴史博物館初代館長に就任した二〇〇六年より旧三井田川鉱業所伊田坑(三坑)の第一・第二煙突と竪坑櫓を含む筑豊炭田関連資産を世界文化遺産に登録しようとする活動が本格化し、二〇一一年五月には、山本作兵衛の炭鉱記録画と日記等記録(山本作兵衛コレクション)がユネスコの世界記憶遺産に登録された。これらは田川地区世界遺産を未来に伝える会など産・学・官・民による協働で実現したのであるが、そのエネルギッシュな活動の中心にいたのが著者であった。

著者の研究と教育、市民活動を支えたのは、田川地域の「混合文化~全国各地より往来、各階層が生活・習慣・文化を持ち込む~先進性」(一三六ページ)の継承、そして、「自立への模索(政治・経済・生活・文化)の試行」と「地域再生への胎動」(三二五ページ)に過去と現在を往還する歴史研究を通じて貢献したい、という強い使命感と熱い郷土愛であった。

著書は、本書第3編の「田川の近代化産業遺産と部落問題」(初出は『リベラシオン』第一六三号、二〇一六年)を「今後の課題は、「筑豊」とは何か、特に「筑豊の地域的特徴」のさらなる追跡的分析を進めることです。そして、石炭産業を通して、日本の近代化を支えた歴史の確信と再発見をする事が重要となります。目指すのは、まず住民各位が誇りを持ち、意欲を発揮して、地域づくりに参画する風潮を醸成することだと思量しています」(三二六ページ)と結んでいる。

公益社団法人福岡県人権研究所には、故安蘇龍生氏ら福岡部落史研究会の先達が半世紀にわたって営々と築き上げてきた文化遺産を継承し、今後更に発展させていくことが強く求められている。

(弦書房/二〇一八年一月/四六四ページ/四五〇〇円+税)

あとがき

福岡県行橋市に在住する独立系水平社・自治正義団の同人であった古老の聞き取りを行ったのは、今から三二年前の一九九一年一二月八日である。一九〇三（明治三六）年一一月二三日生まれの古老は、一九二六年五月一一日の自治正義団創立時に満二二歳で最年少理事に選出され、聞き取り時には米寿を迎えていた。この古老が自治正義団発行の『地殻を破って』（一九二八年）に掲載した「本能の力は無敵」と聞き取りの一部は、第五章で引用した。ここでも「本能の力は無敵」の一節を引用・紹介したい。

> 世界各国から人類愛が叫ばれ、人間性の尊厳が高唱される今日、何等の根拠なき伝統的因襲に捉われて一部同胞を差別賤視している事実は全く諸外国に顔向けできぬだけに止まらず、強大帝国の要素たる精神力の統一を欠くものである。
>
> 一般側の国民よ！　早くこの矛盾から醒めよ。何等根拠なき因襲に捉われず今少し眼を大にして世界をみよ。人生の意義を知れ。
>
> 自覚なき国民の心なき偏見差別が尊き人間の生命や財産を傷つけ社会の安寧秩序を紊《みだ》り遂には三大強国の実力を大きく殺ぎつつあることを知らないのか。
>
> 人間は、自由に生きる本能がある。その生きるのを阻害するものに向かっては、いかなる手段を弄してもこれを打倒して行くのである。それは生きる本能だ。当然のことである。
>
> おお、自由に生きんとするものの本能力の何と強大なことよ！

尋常高等小学校卒業後、過酷な農作業に従事しながら学び続けた被差別部落小作農青年の部落差別撤廃（人間の尊厳と自由）を希求する力強い文章に深い感銘を覚える。

古老は全国農民組合総本部派福岡県連合会に加盟しなかった保守派だったが、田原春次の誘いで堺利彦農民労働学校に参加した。前著『堺利彦と葉山嘉樹——無産政党の社会運動と文化運動』（論創社、二〇二二年）の第Ⅰ部第五章「堺利彦農民労働学校における堺利彦の講義と演説」で言及したように、古老は、一九三一年八月の同校第二期における堺利彦の講義「日本歴史の最後の大変革」の内容と共感——今の社会主義運動・無産運動は、かつて豊津藩校育徳館出身の征矢野半弥《そやのはんや》（のち福岡日日新聞社長から政友会の衆議院議員）がこの地に種を蒔いた自由民権運動の継承・発展——を驚くほど鮮明に記憶していた。

そして、最も印象深かったのは、「なぜ全国水平社に加盟しなかったのですか」という質問に対する「それは、自治正義団があったからです」という憮然とした回答だった。官憲資料（内務省警保局編『社会運動の状況』一九三〇年版）の「反水平運動団体」という規定に安易に依拠し、自治正義団の組織、運動、思想の実態解明を怠る部落史研究に対する怒りと解釈した。

あれから三二年の歳月を要してしまったのだが、本書は、古老が敬愛して止まなかった田原春次、吉川兼光兄弟と多くの無名の被差別部落民衆が担った福岡県京都郡地方における社会民主主義派の水平運動、農民運動に対する筆者なりの結論である。

二〇二三年七月一六日、美夜古郷土史学校主催の田原春次没後五〇年記念集会が、行橋市中央公民館で開催され、公益社団法人福岡県人権研究所理事関儀久氏が「田原春次と松本治一郎」、筆者が「田原春次と戦前期京都郡の農民運動」を講演した。曽祖父が田原春次とともに大正期の学生運動に参画していたという佐賀県在住の方など福岡県内外からの参加者で会場は満席の盛会となり、参加者からは田原春次と妻春子に関する興味深いエピソードが次々と語られた。

高知近代史研究会副会長吉田文茂氏から当日お寄せいただいたメッセージ「小正路淑泰「田原春次――福岡豊前地方の水平運動・農民運動指導者」（『解放の父 松本治一郎への手紙』解放出版社、二〇二三年）を読む」には、「著者は田原に関してたびたび優れた論稿を発表されている。田原に関しては有名な田原春次『田原春次自伝』（田中秀明、一九七三年）があるが、ぜひ田原春次に関する評伝をまとめていただきたいと考える」と記されていた。

神戸から遠路参加された文芸誌『革』編集長善野烺氏の「この地における田原春次の人望は没後五〇年でも抜群。やはり現地に行ってみないとわからない皮膚感覚がある」という感想も併せて紹介したい。

本書の初出執筆時にお世話になった方々と機関・団体には、各章の扉で謝意を述べた。なかでも、恩師の石川捷治九州大学名誉教授、福岡部落史研究会時代から叱咤激励をいただいている朝治武、石瀧豊美、浦杉幸雄、大和田茂、川本英紀、黒川みどり、小西清則、白石正明、新谷恭明、首藤卓茂、竹森健二郎、辰島秀洋、田中建一、田中久子、田中英夫、田原行人、中村久子、西田静、秦重雄、廣畑研二、堀本和夫、山泉進、山内公二の各氏と堺利彦・葉山嘉樹・鶴田知也の三人の偉業を顕彰する会の関係者に深甚なる感謝を申し上げる。

最後に、一一年前に刊行した編著『葉山嘉樹・真実を語る文学』に引き続き、本書を花乱社選書に加えていただいた花乱社の別府大悟さんと宇野道子さんに記して感謝申し上げたい。

二〇二三年七月二八日　田原春次生誕一二三年の日に

小正路淑泰

初出一覧

第一章▼『リベラシオン』第一三八号、二〇一〇年六月（原題「田原春次再考――聞き取りと新資料から」、町田聡名義で発表）

第二章▼『部落解放史・ふくおか』第一二一号、二〇〇六年三月（原題「堺利彦農民労働学校（四）――第三期講義内容の検討」）

第三章▼『リベラシオン』第一八八、第一八九号、二〇二二年一二月、二〇二三年三月（原題「福岡豊前の水平運動・農民運動指導者田原春次（一）（二）――松本治一郎宛書簡の検討を通して」）

第四章▼『初期社会主義研究』第三一号、二〇二三年五月（原題同じ）

第五章▼『佐賀部落解放研究所紀要』第二五号、二〇〇八年三月（原題「独立系水平社・自治正義団と堺利彦農民労働学校――一九二〇～三〇年代福岡県京都郡地方の水平運動・農民運動」）

第六章▼『部落解放研究』第一八三号、二〇〇八年一〇月（原題同じ、「堺利彦農民労働学校の再編――九州植民学校構想から九州農民学校開設へ」と改題して『堺利彦と葉山嘉樹――無産政党の社会運動と文化運動』論創社、二〇二二年再録）

第七章▼

一　『リベラシオン』第一二四号、二〇〇六年一二月（原題同じ）

二　『初期社会主義研究』第二五号、二〇一四年五月（原題「堺利彦農民労働学校の周辺（その三）――堺利彦没後八〇周年記念講演会報告」）

三　『初期社会主義研究』第二六号、二〇一六年六月（原題同じ）

四　『革』第三五号、二〇二一年九月（原題同じ）

五　『部落解放』第五五四号、二〇〇五年九月（原題「全国水平社創立大会に参加した『種蒔く人』の作家・中西伊之助」）

六　新稿

七　新稿

八　『科学的社会主義』第三〇四号、二〇二三年八月（原題同じ、津留湊名義で発表）

九　『リベラシオン』第一七二号、二〇一八年一二月（原題同じ）

小正路淑泰（こしょうじ・としやす）
1961年，福岡県行橋市生まれ。1984年，九州大学法学部卒業。政治史・社会運動史。
公益社団法人福岡県人権研究所副理事長。初期社会主義研究会編集委員。日本社会文学会理事。

◎著書
『堺利彦と葉山嘉樹 ── 無産政党の社会運動と文化運動』（論創社，2021年）。

◎編著
『鶴田知也作品選』（鶴田知也顕彰事業推進委員会，1992年），『堺利彦獄中書簡を読む』（菁柿堂，2011年），『葉山嘉樹・真実を語る文学』（花乱社，2012年），『堺利彦 ── 初期社会主義の思想圏』（論創社，2016年）。

◎共著
『豊津町史』下巻（豊津町，1996年），『葉山嘉樹短編小説選集』（郷土出版社，1997年），『日本の文学館百五十選』（淡交社，1999年），『地域から問う国家・社会・世界 ──「九州・沖縄」から何が見えるか』（ナカニシヤ出版，2000年），『社会主義の世紀』（法律文化社，2004年），『フロンティアの文学 ── 雑誌『種蒔く人』の再検討』（論創社，2005年），『行橋市史』下巻（行橋市，2006年），『福岡県の不思議事典』（新人物往来社，2007年），『「文芸戦線」とプロレタリア文学』（龍書房，2008年），『コシャマイン記・ベロニカ物語 ── 鶴田知也作品集』（講談社文芸文庫，2009年），『近現代日本社会運動家自伝・回顧録解題』（同志社大学人文科学研究所，2010年），『里村欣三の眼差し ── 里村欣三生誕110年記念誌』（吉備人出版，2013年），『大杉栄と仲間たち ──『近代思想』創刊100年』（ぱる出版，2013年），『堺利彦記念館旧蔵資料目録』（みやこ町歴史民俗博物館，2013年），『「ある女工記」DVD BOOK ── 葉山嘉樹『淫売婦』，小説家から映画へ』（花乱社，2020年），『末松謙澄没後一〇〇年記念誌 ── 語り継ぐ末松謙澄』（行橋市教育委員会，2021年），『解放の父 松本治一郎への手紙 ── 全国水平社を支えた人々との交流』（解放出版社，2023年）。

田原春次《たはらはるじ》と堺利彦農民労働学校《さかいとしひころうどうのうみんがっこう》
社会民主主義派《しゃかいみんしゅしゅぎは》の水平運動《すいへいうんどう》と農民運動《のうみんうんどう》

❖

2023年11月23日　第1刷発行

❖

著　者　小正路淑泰

発行者　別府大悟

発行所　合同会社花乱社
〒810-0001 福岡市中央区天神5-5-8-5D
電話 092(781)7550　FAX 092(781)7555
http://karansha.com/

印　刷　モリモト印刷株式会社

製　本　松島製本有限会社

［定価はカバーに表示］

ISBN978-4-910038-84-1

葉山嘉樹・真実を語る文学

榊沢《くるみさわ》健 他著／三人の会編

小林多喜二と並ぶプロレタリア作家であり，世界文学へとつながる不思議な文学を紡ぎ出した葉山嘉樹。その現代性に焦点を当てた講演他，主要な作家論・作品論を集成。

▷Ａ５判／184ページ／並製／本体1600円

筑前竹槍一揆研究ノート

石瀧豊美著

明治６年６月，大旱魃を背景に筑前全域に拡がり福岡県庁焼打ちにまで発展した空前の農民一揆を捉え直す。民衆エネルギーの負の側面を正当に位置づけた画期的論考。

▷Ａ５判／160ページ／並製／本体1500円

野村望東尼《ぼうとうに》 ひとすじの道をまもらば

谷川佳枝子著

高杉晋作，平野国臣ら若き志士たちと共に幕末動乱を駆け抜けた歌人望東尼。無名の民の声を掬《すく》い上げる慈母であり，国の行く末を憂えた“志女”の波乱に満ちた生涯。

▷Ａ５判／368ページ／上製／本体3200円／２刷

頭山満・未完の昭和史

石瀧豊美著

精査した史料に基づき，歴史の闇に葬られてきた頭山満とその仲間たちの和平工作の実相を明らかにする。半世紀の研究成果を世に問う，頭山満・玄洋社研究の金字塔！

▷Ａ５判／390ページ／上製／本体3800円

［新版］フジタよ眠れ

菊畑茂久馬著

戦後長らく忌避・隠蔽されてきた藤田嗣治ら描く「戦争画」の謎に肉薄し，絵画表現についての自立した批評を鋭く問いつづけた画家・菊畑茂久馬の代表的著作を復刊。山本作兵衛炭坑画についての初論考も収録。

▷四六判／240ページ／上製／本体2500円

【歴史散策ガイド】維新秘話・福岡

志士たちが駆けた道

浦辺 登 著

勤皇派・佐幕派ともに有為な人物が数多落命した福岡の幕末・維新。諸国の志士が往来したこの地を舞台に，埋もれた史実を掘り起こし，明治維新の全体像を捉え直す。

▷Ａ５判／200ページ／並製／本体1800円

負け戦でござる。

北九州豊前国敗者列伝

小野剛史著

数多の敗者を生み出してきた豊前国。藤原広嗣，宇都宮鎮房，後藤又兵衛，佐々木小次郎，小宮民部，郡長正……歴史の闇に埋もれかけている12人の敗者の物語。

▷四六判／214ページ／並製／本体1600円

帝国日本の植民地を歩く

文化人類学者の旅ノート

崔 吉 城 著 チェ・キルソン

憎しみ（反日感情）や英雄（殉国者）はどのように作り出されるのか。植民地朝鮮に生まれ，日韓の狭間に生きてきた文化人類学者が曾ての植民地で見聞きし考えたこと。

▷四六判／192ページ／並製／本体1600円

❖花乱社の本